汉学家与中国文化

张生珍 等著

中国社会科学出版社

图书在版编目（CIP）数据

汉学家与中国文化 / 张生珍等著. -- 北京：中国社会科学出版社, 2024.7. -- ISBN 978-7-5227-4103-1

Ⅰ. K815.81

中国国家版本馆 CIP 数据核字第 202402K3Z9 号

出 版 人	赵剑英
责任编辑	孔继萍
责任校对	王佳玉
责任印制	郝美娜

出　　版	中国社会科学出版社
社　　址	北京鼓楼西大街甲 158 号
邮　　编	100720
网　　址	http://www.csspw.cn
发 行 部	010-84083685
门 市 部	010-84029450
经　　销	新华书店及其他书店
印　　刷	北京君升印刷有限公司
装　　订	廊坊市广阳区广增装订厂
版　　次	2024 年 7 月第 1 版
印　　次	2024 年 7 月第 1 次印刷
开　　本	710×1000　1/16
印　　张	15
插　　页	2
字　　数	239 千字
定　　价	98.00 元

凡购买中国社会科学出版社图书，如有质量问题请与本社营销中心联系调换
电话：010-84083683
版权所有　侵权必究

序　言

汉学（Sinology）早已成为一门显学，呈现了外国对中国文化研究的基本形态。汉学家的研究成果既是为外国了解中国的重要窗口，也是中国了解外国如何看待自己的重要途径。习近平总书记在向第三届文明交流互鉴对话会暨首届世界汉学家大会致贺信中指出，不同文明之间平等交流、互学互鉴，将为人类破解时代难题、实现共同发展提供强大的精神指引。可见，海外汉学研究是促进文明交流互鉴的重要方式。

汉学研究是集跨学科、跨文化属性于一身的一门学科。汉学研究的主体特质决定了自身的跨文化属性，汉学既属于"他学"，也属于"我学"。作为研究主体的外国学者和久居海外、深受域外文化影响的华裔学者，他们以文化"他者"的视角对中国进行跨文化研究。汉学研究有助于中国视角的形成，打破了西方文化中心论，证明中国文化是世界文化的重要组成部分，是引领世界文明发展的重要文化形式。其中，对海外汉学家研究的关注更是将东方文化叙事引入西方文化之中的重要证明。

汉学家在中国与其他国家的跨文化交流中发挥着重要作用，其研究成果和主要观点需要以系统深入的方式、深入浅出的风格展现给中国读者，才能助力中国跨文化人才在知己知彼的前提下实现有效沟通。这也是本书的撰写初衷，即以中文为依托，为中国学者以及能够阅读中文的全球学者了解跨文化语境中汉学家对中国文化的理解和阐释提供参考。希冀此研究成果，能够将海外汉学研究的主流观点和思想以更为全面、客观、深入的方式呈现在海内外读者面前，为全球关注中国、关注中国文化之读者，在相互了解的基础上进行文化交流与沟通提供契机。

本书选取了20世纪在汉学界广受赞誉、影响力大、著述等身的12位汉学家作为研究对象。不仅向广大读者介绍汉学家的成长背景、教育经历以及与汉学结缘的原因，更将各位汉学家的研究观点进行提炼、阐释，并指明每位汉学家所作研究的当代价值。不同于以往的"自我中心观"视角，本书研究方向为"世界视角观中国"，使汉学研究升华为"具有完整中国观的汉学研究"。新时代的中国文化对外传播思想不应再局限于"阐释中国"，而是走向更高要求的"中国阐释"的思想转变，促进中外高质有效的文化交流与域外对中国文化的认同，引导规避域外对中国的文化误读与文化偏见，提升中国国际话语竞争力，有助于重塑中国文化的海外形象，推动中国文化的海外传播。因此，本书力争实现的目标是在人类命运共同体倡议下构建"汉学学术共同体"，促进中外学术思想由分立走向整合，由整合走向融合的理想，实现"和而不同""命运与共"。

在人类命运共同体背景下，以"中国视角观世界"和以"世界视角观中国"是世界文明重心转向中国的历史必然，也是中华民族伟大复兴与中国文化"走出去"的现实诉求，是文化自信背景下"学术自信"的时代使命，它要求我们改变"西学东渐"以来文学研究的西方中心观，而采取一种"东学西渐"式的中国中心取向。因此，汉学研究的意义在于为知华、友华、爱华的汉学家们提供更多的发声与合作平台，积极投身于中国文化对外传播工作之中。虽然世界各国汉学彼此交流与影响，但就各国汉学形成与研究特点而言，欧美汉学、日韩汉学都自成一派，有着自己的学术体系与学术传承。第二次世界大战后期，世界汉学重心由欧洲转向美国，以费正清的中国研究为基础开启了"中国学"时代，即汉学研究的对象开始由关注传统中国转向关注中国的现实问题，侧重以社会学等学科交叉方法对当代中国进行实证研究，其中国学研究范式影响了世界汉学的发展方向。

本书中的各位汉学家在不同的研究领域，为汉学发展做出了积极贡献。英国的翟理斯、德国的顾彬和美国的宇文所安对中国文学发展展开深入探讨。翟理斯将汉学研究与文化传播相结合，通过文学翻译，把中国宗教、民俗、礼仪等多个领域的知识都展现在西方读者面前，使得译书超脱了一般翻译作品的价值，具有更多文化传播的意义。顾彬将以往东西方普遍认为是游离于世界文学之外的中国文学重新放入整个世界文学之中，以后现代理论文学史观观照中国文学史的发展，为中国文学史的书写开启了新的面向。美国的孔飞力和加拿大的卜正民挖掘了中国社会发展的历史文明。孔飞力并未沿用其导师提出的"冲击—反应模式"来阐释中国历史,而是提出了"中国中心说",强调以中国社会历史为基础来解读中国的发展变化,从中国内部去探究历史变迁的原因和动力。卜正民通过追溯日用品和艺术品流通途径,把画作中的荷兰和商品产地中国,放在当时的世界版图中,为读者展示了航海、贸易、商业和艺术交流的全球史。瑞典的喜仁龙和英国的苏立文探讨了中国艺术的独特魅力。喜仁龙的研究关涉中国建筑、绘画与雕塑,他将一种东方叙事带入西方历史文化发展之中,在中西文化比较的视野下彰显中国艺术的独特魅力,从而潜移默化地改变着西方学术界对东方文化与文明的认知。苏立文在多重的文化身份交织下确立中国艺术研究体系,形成了一种独特的个人研究风格。法国的葛兰言总结了中国古代文明发展的特征,他深受社会学奠基人涂尔干和欧洲汉学泰斗沙畹的双重影响,成为最早将社会学方法引入古代中国研究的先行者。英国的李约瑟对中国科技文明的进步产生浓厚兴趣,他不仅介绍了中国古代科技及其对世界文明的贡献,而且在一定程度上激发了世界科学家和科技爱好者的兴趣,使得这一研究充满生命力。日本的竹内好从自身经历出发,尤为关注鲁迅的作品创作。竹内好从鲁迅的"绝望"开始理解鲁迅,既是对鲁迅论战思想特质的把握,亦是对自身无法排遣的绝望的倾诉。荷兰的伊维德借助中西比较视野审视中国俗文学的发展,他翻译了无数重要的戏剧文本、满族闺秀诗,将明清到近代的女性文学介绍到国际学术界。荷兰的柯雷则详细阐释了中国诗歌的发展特色,他在中荷现代诗歌的双向译介中做出了卓越的贡献,先后将荷兰语诗歌译为中文,或将中文诗歌译成荷兰语。

各位汉学家均立足自己出生成长的文化语境,并在对中国文化理解欣赏的基础上,穷尽毕生学识创作出具有深厚学理积淀和时代意义的著作、文章。如柯雷、李约瑟等汉学家,他们不仅研究中国文化,也成为海外世界与中国文化之间沟通的桥梁。通过他们的努力,中国文学以译介的形式传播海外,海外的文学同样通过翻译之桥进入中国读者的视野中。从先秦文学到现当代文学,从散文到诗歌,从传统文学经典到流行于乡野的民俗文化,汉学家在不同领域发挥着自己的专长,并以国际学者的学识和专业素养在汉学研究的道路上不断进行理论创新和实践。每一位汉学家自然也有他们的时代局限性和因文化差异而造成的误读，但他们的研究成果依然能够为当代中国文学研究者如何将中国文化介绍给世界朋友，以及西方汉学研究者如何以更为客观、更具信服力的方式将中国文化以不同的语言阐释给海外听众提供启示。

　　本书中部分汉学家名称出现多种译法，这一问题主要集中于中外研究现状和引文注释处。如瑞典汉学家喜仁龙，其名本应译为喜龙仁，却被部分研究者误译为喜仁龙，这一误译名称被沿用下来。因此，在书中正文和注释中出现的"喜仁龙""喜龙仁"均指同一人。有些研究者将苏立文的全名译为"麦克·苏立文"，而有些研究者译为"迈柯·苏立文"等。为确保引用准确，故保留了研究者原文，因此出现同一汉学家名称有不同译法的现象。此外，书中还有书名译名不统一的情况，亦是因为不同研究者翻译差异造成的，但不同译名均指代同一部著作。

目 录

第一章 文心妙笔：翟理斯的中国文学研究 …………………… （1）
 第一节 从外交官到汉学家 …………………………………… （2）
 第二节 翟理斯的《汉英词典》编纂 ………………………… （5）
 第三节 翟理斯的中国文学翻译 ……………………………… （7）
 第四节 翟理斯与《中国文学史》 …………………………… （10）
 第五节 以文化传播为中心的研究综述与当代启示 ………… （11）

第二章 以形写神，畅达神意：喜仁龙的中国艺术研究 ……… （20）
 第一节 喜仁龙的中国建筑研究 ……………………………… （21）
 第二节 喜仁龙的中国绘画研究 ……………………………… （25）
 第三节 喜仁龙的中国雕塑研究 ……………………………… （29）
 第四节 国内外喜仁龙思想研究 ……………………………… （31）

第三章 葛兰言与中国古代文明研究 …………………………… （36）
 第一节 葛兰言的汉学研究之路 ……………………………… （37）
 第二节 多维度的文化史研究 ………………………………… （39）
 第三节 葛兰言研究的论争与接受 …………………………… （47）

第四章 交流·互鉴·共享：李约瑟的中国科技史研究 ……… （54）
 第一节 与中国文化结缘 ……………………………………… （55）
 第二节 旷世之作：《中国科学技术史》 …………………… （58）
 第三节 "李约瑟难题"之探讨与启发 ……………………… （62）

第四节　李约瑟知识遗产的现代意义 ………………………………（67）

第五章　竹内好与鲁迅研究 ………………………………………（73）
　　第一节　影响鲁迅思想形成的六要素 ………………………………（76）
　　第二节　竹内好解读鲁迅的"文学无用"论 ………………………（78）
　　第三节　竹内好的鲁迅"回心"说 …………………………………（80）
　　第四节　国内外研究现状 ……………………………………………（84）

第六章　苏立文的中国艺术研究 …………………………………（90）
　　第一节　从旁观者到亲历者：苏立文文化身份的形成 ……………（91）
　　第二节　在文化之间：苏立文中国艺术研究体系的建立 …………（93）
　　第三节　他山之石：学界对苏立文的研究成果述评 ……………（100）
　　第四节　文化身份的交织：苏立文的中国艺术研究
　　　　　　成就概述 …………………………………………………（105）

第七章　孔飞力：以中国为中心的社会史观和汉学研究 ……（108）
　　第一节　书香门第生飞力 …………………………………………（110）
　　第二节　"十年磨一剑"的汉学家 ………………………………（111）
　　第三节　21世纪以来学术界对孔飞力的研究综述 ………………（120）

第八章　伊维德与俗文学 ………………………………………（127）
　　第一节　课堂中为吾"德"馨 ……………………………………（127）
　　第二节　莱顿大学与通俗文学 ……………………………………（128）
　　第三节　中西方比较视域中的通俗文学 …………………………（130）
　　第四节　元杂剧 ……………………………………………………（131）
　　第五节　书写女性和女性书写 ……………………………………（134）

第九章　顾彬的中国文学研究 …………………………………（141）
　　第一节　从德国到中国："朝向往的方向去" …………………（142）
　　第二节　从初露锋芒到集大成：顾彬的中国文学研究 …………（144）

第三节　从古典到现代：海内外学界对顾彬汉学研究的
　　　　梳理 …………………………………………………… (152)

第十章　宇文所安与中国文学史 ……………………………… (159)
第一节　宇文所安的唐诗研究 ……………………………… (161)
第二节　宇文所安的中国古典文学史研究 ………………… (163)
第三节　宇文所安的跨文化翻译研究 ……………………… (167)
第四节　宇文所安的中国文学研究体系建构 ……………… (169)
第五节　宇文所安学术成果研究综述 ……………………… (173)

第十一章　卜正民——全球史框架中的中国研究 …………… (178)
第一节　卜正民与中国结缘 ………………………………… (181)
第二节　卜正民的明代商业文化研究 ……………………… (183)
第三节　卜正民的明代文化史研究 ………………………… (188)
第四节　卜正民的中国接受 ………………………………… (191)

第十二章　柯雷与中国现代诗歌研究 ………………………… (194)
第一节　中荷诗歌的沟通之桥 ……………………………… (195)
第二节　当代诗歌现场的观照 ……………………………… (200)
第三节　柯雷与莱顿大学的汉学研究 ……………………… (208)

结　语 ……………………………………………………………… (213)

参考文献 ………………………………………………………… (217)

后　记 ……………………………………………………………… (231)

第 一 章

文心妙笔：翟理斯的中国文学研究

"足下昔游敝邦，潜心经史，当必能恍然于敝国古先圣贤王教化文明之盛也。"① 这段文字出自 1896 年 11 月孙中山先生的《复翟理斯函》。孙中山先生向来重视中国传统文化，深信中国文明道德必有胜人之处。而信中提到的这位曾经游历中国、潜心研究中国文化的学者，就是汉学最高荣誉"儒莲奖"的获得者翟理斯先生。

翟理斯（Herbert Allen Giles，1845－1935）为前英国驻华外交官、著名汉学家、剑桥大学第二任汉学教授，其一生都致力于中国语言、文化、文学研究及翻译，尤其在中国文学的传播和研究上，成果显著，为中国语言文化的海外传播，中英两国的交流起到了积极的推进作用。翟理斯热爱中国文学，又是性情中人，这让他的汉学研究具有人性化的特征。在他的笔下，中国的语言文化变得简单易学，生动有趣。精通国学和西学的辜鸿铭，曾称赞"翟理斯先生拥有令人羡慕的清晰、有力且优美的文风优势。每个问题经过他的解读，都立刻变得清晰和易懂"②。英国著名小说家毛姆就是因翟理斯对中国典籍的译介，对庄子及其思想产生了浓厚的兴趣。③ 难能可贵的是，翟理斯将汉学研究与文化传播相结合，通过文学翻译，把中国宗教、民俗、礼仪等多个领域的知识都展现在西方读者面前，使得译书超脱了一般翻译作品的价值，具有更多文化传播的意义。越来越多的西方读者，通过翟理斯走近中国，了解中国，重新认

---

① 张磊主编：《孙中山文粹（特选本）》（上卷），广东人民出版社 2009 年版，第 66 页。
② 辜鸿铭：《中国人的精神》，天津教育出版社 2007 年版，第 182 页。
③ W. S. Maugham, *On A Chinese Screen*, London: Heinemann, 1922, p. 105.

识中国以及中国文化。翟理斯对中国文化的热爱，不仅吸引了一大批海外读者，也直接影响了他的孩子，长子翟比南（Bertram Giles）在中国从事外交工作，次子翟林奈（Lionel Giles）则选择了学术道路，子承父业，关注中国研究，成为大英博物馆东方研究部的负责人。

时间流逝，翟理斯的经典译著仍在出版。2004年，美国加州大学圣塔芭芭纳分校东亚系教授傅佛果（Joshua A. Fogel）重新结集出版翟理斯的作品时，指出今天的读者仍可从中获益良多。近年来，翟理斯的著述也被译成中文，吸引了中国新生代学者的关注。

第一节　从外交官到汉学家

回顾翟理斯的一生，少年浸润家学，青壮年赴中国担任外交官，中晚年执教剑桥，每一个人生的阶段，似乎都在积蓄能量，以完成他的汉学梦想。我们将翟理斯的人生大致分为三个阶段。

第一阶段（1845—1866）：家学浸润，视野开阔。翟理斯出生于英国牛津北帕雷德的文人世家，他的父亲翟约翰（John Allen Giles，又译作"约翰·艾伦·翟理斯"）是英国19世纪卓有成就的作家。翟理斯在父亲的熏陶下，自幼学习拉丁文、希腊文，广泛阅读古希腊罗马神话及历史书籍，涉及文学、历史、艺术等多个领域。古典式的教育方式，为翟理斯日后从事汉学研究事业打下了坚实的基础。这样的经历，让翟理斯能够快速地学习汉语、理解中国文化，向世界介绍中国文化。

第二阶段（1867—1893）：中国情缘，情深义重。1867年3月20日，翟理斯以中国使馆通译生的身份来到中国，开启了与中国的不解之缘。此行也让他深深地爱上了这片古老而神秘的国度。作为外交官，翟理斯正直有为，他先后在天津、台湾、宁波、汉口、广东、厦门等地担任领事馆助理、代领事的职务。任职厦门期间，翟理斯关爱华工、保护华工，被誉为保护华工之楷模。厦门洋商会委派专员赠送红色的万民伞，以答谢他救助华工的义举。

作为汉语学习者，翟理斯拒绝陷入汉学家精致的语法系统，他总结个人的学习体会，探索出一条简单有效的初级汉语学习的方法。他认为外国人学习汉语应该借鉴中国人学习语文的方式，以阅读推动汉语的学习。翟理斯的阅读广泛，从《三字经》《明贤集》、乾隆皇帝的《圣谕广训》、梁启超的《饮冰室丛著》再到上海的《申报》、香港的《中华新报》，甚至是日常工作的电报、公告、传单，无不涉猎。

作为汉学家，凭借翟理斯汉语水平的提升和对中国文化的深入了解，他开始撰写、出版语言教科书，翻译大量中国古典诗文，撰写书评对"一流汉学著作进行批评"，引起汉学界不小的震动，这也逐渐奠定了翟理斯在汉学研究方面的地位。同时，翟理斯对中国哲学、文学、小说的翻译和传播，让英国知名作家王尔德、毛姆开始关注中国文化。

第三阶段（1893—1935）：中西融会，著作等身。因身体原因，翟理斯辞去领事之职，离开了中国，但并未阻断他与中国的情缘。翟理斯接棒威妥玛，成为剑桥第二任汉学教授。任职期间，翟理斯充分发挥其汉学所长，推动了剑桥汉学的发展，也促进了英国汉学研究朝着专业化、职业化的方向迈进，在汉学领域和传播中国语言文化等方面做出了持久有效的贡献。

翟理斯认为，先要从观念上改变英国对中国和汉学的错误认知。当时的英国人普遍认为，中国仅仅是一个商人的国度，是一个没有宗教、没有艺术的国度，而"学习汉学是可笑的，很让人瞧不起的"[1]。翟理斯亦曾感叹在英国注重实利的国家，研究汉学注定清贫而孤独。一语道出了当时汉学发展的艰辛，但翟理斯却并未止步。他颇有远见地提出：将中文列入东方语言学学士荣誉学位考试，增加汉学的投入，以及加强汉学专门人才的培养。在翟理斯的坚持下，汉学的建设与发展从剑桥开始，辐射英国各大学府，使越来越多的英国人乃至西方人开始重新认识中国和中国文化。

为了帮助西方人学习汉语，引起他们对中国文化的兴趣和关注，翟理斯采取切实的行动。他开始不遗余力地编撰和修订中文教材、字典，翻译和介绍中国经典著述，从《汉语无师自通》《三字经》《百个最好用的汉字》到《汉英词典》，再到《古今姓氏族谱》《古今诗选》（英文出

---

[1] 王绍祥：《西方汉学界的"公敌"——英国汉学家翟理斯（1845—1935）研究》，博士学位论文，福建师范大学，2004年，第91页。

版，被转译成意大利、法文)、《中国文学史》《嶰山笔记》《聊斋志异选》(共出版十余次)、《中国之文明》《中国和满人》《异域图志》,意在引起人们对中国和中国文化的关注和兴趣。这些书籍的编纂、翻译也在一定程度上反映了翟理斯从简明汉语入手，以中国典籍为本，引导读者感知中国思维和文化本身的理念。同时，翟理斯对于威妥玛的拼音方案进行了改进，形成"威妥玛—翟理斯拼音法"(Wade-Giles Romanization)，这套方案被称为西方人创制记录汉语普通话最成功的罗马字母拼音系统。为了扩大普通民众对于中国和汉学的了解，翟理斯在英国知名大学开设和组织了非专业性的中国语言与文化的讲座，受到了学生和民众的欢迎，为中英民众交流搭建了友谊的桥梁。由于翟理斯对于中国语言文化的热忱和执着，英国乃至西方对于中国儒家、道家文化、中国文学、中国风俗、民情乃至中国人的性格的认知和理解，都实现了较大飞跃。翟理斯可谓中英文化交流"破冰"的一大功臣。

另外，翟理斯秉承唯有相互批评，汉学才能进步的信念，推动了西方汉学的发展。翟理斯虽然受教育于西方，却有着几分中国文人身上的真性情。他勇于向权威挑战，毫不留情地指出知名学者汉学家詹姆士·莫里(James Murray)编纂《新英语词典》(*A New English Dictionary*)中筷子的翻译错误，庄延龄(Edward Harper Parker)的《中国与宗教》中关于孟子的性本恶之说的错误，以及韦利(Arthur Waley)的《170首中国诗》的翻译错误等。翟理斯的治学精神之严谨、涉猎内容之广博、理解探索之深入，推动了西方学界汉学的发展。

翟理斯的《中国绘画史导论》(*An Introduction to the History of Chinese Pictorial Art*)，自1905年首次出版后，引起了欧洲学者的关注，书评作者用英文和法文撰写了相关评介，并称赞此书内容翔实，所选资料均来自原版中国绘画作品，为英格兰地区中国绘画研究的开山之作。[①] 该书于1918年经修订后发行了第2版，至今翻印不衰。

翟理斯从事中国古典文学的翻译和研究工作，但却始终着眼当下，关心中国的现状与未来，他与孙中山、胡适、蔡元培、董康、中国驻英

---

① Ed. Chavannes, "An Introduction to the History of Chinese Pictorial Art by H. A. Giles", *T'oung Pao*, Second Series, Vol. 6, No. 2, 1905, p. 251.

头等参赞朱兆莘等有书信往来,关心时政,其撰写的《中国之动荡:狂想曲》关注当代中国,对未来中国的发展充满信心。翟理斯领会到了中国人鉴古知今的古训,也给予后世汉学家宝贵的启示:真正了解中国,就一定要从中国的历史文化入手。

翟理斯的汉学影响,已经从剑桥、英国,走向整个欧洲、美洲,各种荣誉也随之而来。翟理斯却说:"以往,这种荣誉对于我来说,或许有着不同寻常的意义,但是,现在,除对汉学的意义外,这种荣誉对我来说,已经没有什么价值了。我所有醒着的时光仍然被汉学占据着。"[1] 翟理斯已经将汉学融入自己的生命,而汉学正是因为有了翟理斯这样的汉学家而充满了勃勃生机。纵然时光流转,岁月更迭,像翟理斯这样热爱中国、尊重中国文化的汉学家依然为中国人民所铭记,他的著述和思想成为中外文化交流史上的璀璨星辰,深邃、永恒。

第二节 翟理斯的《汉英词典》编纂

《汉英词典》(A Chinese - English Dictionary)是翟理斯一生心血的凝聚。翟理斯也因《汉英词典》的编纂获得世界汉学界的最高荣誉奖项"儒莲奖"(Prix Stanislas Julien)。《汉英词典》于1892年由总部在上海的凯莉和威尔士出版公司(Kelly and Welsh)出版。此后,他又花了20年时间对这部词典进行修订,1909年《汉英词典》第一分册修订完成,1910年第二、第三分册修订完成,1911年第四、第五分册修订完成,1912年第六册、第七册继而出版。1912年,《汉英词典》出版了三卷本增订版,在上海、中国香港、新加坡和日本横滨四地同时发行,[2] 1968年《汉英词典》在美国仍然得到重印并继续发行。

《汉英词典》是20世纪初最大的一部汉英词典,共收汉文单字13838个。字典以汉文单字为领头词,领头的汉字按照"威妥玛—翟理斯注音系统"编设。下设多字词目,所收词目有文言和书面词语,有口语和俚俗词语,有专有名词,也有成语、谚语、惯用语。词典对于文化局限词

---

[1] 葛桂录主编:《中国古典文学的英国之旅》,大象出版社2017年版,第127页。
[2] 徐式谷:《历史上的汉英词典》(上),《辞书研究》2002年第1期,第133页。

的历史背景和典故解说详细。此外,这部词典还设了六个附表,分别为官职等级标志表、姓氏表、朝代表、地理表、历法表、杂表(中国数字等)。

《汉英词典》的出版引起了极大反响,褒贬不一,但都无法撼动它在20世纪初中外文化交流中起到的重要作用。褒者认为相较于同时期的词典内容更为丰富,编排已初步具有科学性,检索手段完善,也更加注重中国传统文化。批评者辜鸿铭在其《中国人的精神》一书中直言翟理斯缺乏哲学洞察力,因此,他的著作在组织材料时显得无助,"以他的大字典为列,哪一点都不像一本字典,只不过是由他翻译的一本中文成语和句子的小册子,在挑选、排列、顺序或方法方面也没有丝毫的尝试"。辜鸿铭的批评较为严苛,但也显现出其在材料使用中的短板。[①]高本汉认为:"一部详尽的汉语词典必须包括汉以前时代出现在经典作品中的字和词,特别是那些对于后代中国人来说是神圣宝典的《书经》、《易经》、《论语》、《孟子》、《礼记》和《左传》中出现的字和词。重要的字要根据在这些作品中出现的词和段落情节配以丰富的引用文并仔细标明出处。"[②] 他认为,翟理斯的词典包含了许多类字词和短语,但未指明出处。

一个多世纪以后,新的中英词典进入人们的视野,翟理斯的《汉英词典》仍然为学术界关注和认可。许多学者意识到他的历史价值和翻译价值,"在当时帝制时代官场和市井常见的词语,对我们现在翻译历史文献仍具有重要的参考价值。因为这些词语在当今出版的汉英词典是查不到的……在汉英字典编纂史上,它仍不愧为具有里程碑性质的经典之作"[③]。《汉英词典》在词语排序、准确性和出处说明等方面不尽完美,但瑕不掩瑜,《汉英词典》对于西方了解中国,以及中国语言文化对外传播的贡献不可忽视。

---

① 辜鸿铭:《中国人的精神》,天津教育出版社2007年版,第162页。
② [瑞典]马悦然:《我的老师高本汉:一位学者的肖像》,李之义译,吉林出版集团有限责任公司2009年版,第302页。
③ 董守信:《翟理斯和他的〈华英字典〉》,《津图学刊》2002年第2期,第37—38页。

第三节 翟理斯的中国文学翻译

翟理斯的《聊斋志异选》（Strange Stories from A Chinese Studio）是迄今为止收录聊斋最齐全的海外选本，也是再版次数最多的翻译作品。翟理斯将其与西方人所熟知的《天方夜谭》并论，选择"最好最有特点的作品"164篇。[①] 另外，从题目来看，《聊斋志异选》的英文名并没有采取常规的拼音译法，也并非生硬的直译，而是采用"Strange Stories from A Chinese Studio"，以此激发西方读者的阅读兴趣，并将《聊斋志异选》作为传播东方文化的媒介，让更多人了解中国的风俗和社会的面貌。

翟理斯的《聊斋志异》译本不仅受到民众的普遍欢迎，也受到西方汉学家的认可。德国翻译家马丁·布伯（Martin Buber）从翟理斯的译本中转译了10个故事，加上自己从中文直接翻译的6个故事，出版了德文版《聊斋》故事；德国作家霍夫曼斯塔尔，根据翟理斯翻译成德文译本，并将《梦》改写成芭蕾舞剧《蜜蜂》上演后引起轰动。当代英国汉学家闵福德（John Minford）对翟理斯的《聊斋志异》译名颇为赏识，他保留了主要译名，仅对译本题目进行了微调。[②] 因此，翟理斯的翻译在中国文化海外传播中，起到了重要的媒介作用。

与西方广受好评不同，翟理斯翻译在中国被赞赏的同时也遭遇质疑。辜鸿铭称赞翟理斯的文风优美，其中《聊斋志异》是中译英的典范。[③] 其他学者提出了不同的意见，矛盾焦点主要在于翟理斯是否忠实于原文。翟理斯的翻译被指责不忠于《聊斋》原文，存在大量的误读。也有学者认为，"误读"实际是翟理斯的翻译技巧，乃刻意为之，"迥异于真正的错误解读，是其对源语文本的文化意向、典故修辞等各种文化信息的能动处理，与当时英国的社会语境、译者个人的文人气质及其追求接收效

[①] Herbert Allen Giles, *Strange Stories from A Chinese Studio*, Shanghai: Kelly & Walsh, 1916, p. xxi.

[②] 朱振武：《〈聊斋志异〉的创作发生及其在英语世界的传播》，学林出版社2017年版，第164页。

[③] 辜鸿铭：《中国人的精神》，天津教育出版社2007年版，第182页。

果的翻译目的紧密相关，是其深思熟虑的结果。"① 翟理斯从读者的审美趣味出发，促成了在西方世界对于《聊斋志异》乃至中国文化的了解，翟理斯的《聊斋志异》也成为翻译界的经典之作。近些年来，李芝等编纂的《中国典籍英译析读》遵循选取知名译者的经典译文，用高质量的英文来阐释中国典籍。翟理斯的《聊斋志异选》位列其中。②

翟氏《聊斋志异选》出版至今，始终是学术界关注的焦点，虽然评价褒贬不一，但在《聊斋志异》走出国门的一百七十年间，翟理斯的翻译始终具有不可撼动的地位，成为《聊斋志异》翻译中的经典之作。其宽阔的视角和翻译技巧，值得从事中国典籍外译与中国文化传播的学者思考和借鉴。

翟理斯翻译的另一部较有影响力的中国文学作品为《庄子》（*Chuang Tzu：Mystic，Moralist，and Social Reformer*），《庄子》共分三个部分：引言、庄子哲学札记、译文。本书出版后一直受到读者的欢迎。2017 年此书再版，现代学者推荐为最为重要的《庄子》论研究之一。

这本书的三个特点值得关注：第一，采用"知人论世"的方式介绍和翻译《庄子》。翟理斯翻译了司马迁的《史记·老子韩非子传记》中的庄子部分，以帮助读者了解庄子其人及其作品，这是中国典型的知人论世的研究方法。第二，以比较的视野，寻求东西方思想的相似之处，建立相互的理解。翟理斯专门聘请摩得林学院与基布尔学院的哲学导师奥布里·莫尔（Aubrey Moore），对《庄子》的第一章到第七章即内篇进行哲学解读，他说："试图在东西方之间找出思想和推理的类同，可能对于双方来说都是有用的。这种努力可以激发那些真正有能力在比较中理解两者概念的人们，来告诉我们哪些类同是真实存在的，哪些类同只是表面的。同时这种努力也可以帮助普通读者，习惯于去寻找和期待不同系统中的相似之处。而这种系统在早年的人们看来，只存在差异，没有类

---

① 朱振武：《〈聊斋志异〉的创作发生及其在英语世界的传播》，学林出版社 2017 年版，第 160—161 页。

② 李芝等编著：《中国典籍英译析读》，知识产权出版社 2017 年版，第 160—168 页（其中中篇 小说 第二章明清小说 第三节《聊斋志异》选译翟理斯的翻译本，第 160—167 页，并在第 167—168 页进行英译评述。）

同。"① 以此来改变西方对中国文化的错误印象，寻求中西文化交流的突破点。

翟理斯翻译的《庄子》，文笔流畅，语言典雅，兼顾哲学意味和文学性，译本受到广泛好评。翟理斯逝世之后，剑桥大学的讣告专门提到了庄子："《庄子》译本是非常杰出的译本，他的魅力远远超出了汉学界。"② 西方知名作家毛姆就被翟理斯翻译的庄子深深吸引："我拿起翟理斯教授的关于庄子的书。因为庄子是一位个人主义者，僵硬的儒家学者对他皱眉头，那个时候他们把中国的可悲的衰微归咎为个人主义。他的书是很好的读物，尤其下雨天最适宜。读他的书常常不需费很大的劲，即可达到思想的交流，你自己的思想也随着他遨游起来。"③ 王尔德在 1890 年《言者》杂志发表了针对庄子的书评《一位中国哲人》，文中充满了对庄子思想的认同和嘉许，这让更多英国人了解到中国的哲学思想。④

林语堂认为中国典籍采用严肃性和正式的文体，而翟理斯的翻译口语化太重，背离了文本本身。当代学者徐来认为，"翟理斯对《庄子》的理解和研究，无论哲学内涵还是文学特色，都重点不明、语焉不详，但是他的工作有开创之功，对《庄子》在英语世界的接受和传播产生了重要影响"⑤。《庄子》一书经过一百多年的不断被译介，新的版本不断出现，虽然在学术界的地位和影响力不及后来的理雅格（James Legge）、冯友兰、葛瑞汉（Angus Charles Graham）的译本，但是，他的译本深受普通民众的喜爱，在传播中国文化方面起到了重要的作用，这种现象和翻译策略也值得我们思考。

---

① 葛桂录：《中外文学交流史　中国－英国卷》，山东教育出版社 2015 年版，第 74 页。

② A. C. Moule, "Herbert Allen Giles", *The Journal of the Royal Asiatic Society of Great Britain and Ireland*, No. 3, 1935, p. 578.

③ W. S. Maugham, *On A Chinese Screen*, London: Heinemann, 1992, p. 105.

④ ［英］奥斯卡·王尔德：《王尔德全集——评论随笔卷》，杨东霞等译，中国文学出版社 2000 年版，第 273—280 页。

⑤ 徐来：《英译〈庄子〉研究》，复旦大学出版社 2008 年版，第 115 页。

第四节　翟理斯与《中国文学史》

1897 年，翟理斯的《中国文学史》（A History of Chinese Literature）被列为《世界文学简史丛书》第十种率先在英国出版。翟理斯在本书的序言中写道，"在任何一种语言里，包括中文，这本著作都是为中国文学写一部历史的最早的尝试"，由此可见其开创性。[①]

作为第一本英文书写的中国文学史，本书开拓了诸多第一。第一次将史的意识和总体观念运用到中国文学史的写作中，采取以朝代为纲目，介绍了许多作家、作品及不同体裁的发展历程；第一次从文化学的视野研究文学，涉及文字、宗教、天文、科技、美食；第一次将跨文化研究与文学史相融合，类比了同时期的西方作家及作品；第一次对中国民间文学给予了足够关注，改变中国轻贱戏曲和小说的成见；翟理斯对于将中国文学史作为世界文学来介绍研究，开启了中外文明的交流与互鉴。《中国文学史》凝聚了翟理斯对于中国文学、中国文化的体验，同时翟理斯也总结概括了其他汉学家的研究成果，可以说，此书是对 19 世纪以来西方世界对中国文学翻译、研究的集成，让中国文学以一种全新的面貌出现在世界面前。

《中国文学史》的撰写引起了亚洲学者的广泛关注。长期以来，翟理斯的这本书都被误认为是外国人所作的中国第一部中国文学史，以至于相当一部分学者认为鲁迅先生说"中国之小说自来无史；有之，则先见于外国人所作之《中国文学史》中"[②]，其中外国人所作的中国文学史可能就是翟理斯的《中国文学史》，足见翟氏的影响力。当然，作为外国人较早撰写的中国文学史，尚不成熟，引发了许多争议。郑振铎指出翟理斯此书的疏漏、滥收、详略不均等弊病，但是肯定其"能第一次把中国文人向来轻视的小说与戏剧之类列入文学史中"和"佛教对于中国文学的影响"。这两点足以矫正中国文人尊儒和贱视小说、戏剧作品的成见。[③]

[①] 早在翟理斯之前，有俄罗斯汉学家王西里撰写了中国文学史纲要，被称为世界第一本中国文学史，翟理斯的中国文学史应该是用英语书写的首部中国文学史。

[②] 鲁迅：《中国小说史略》，江西教育出版社 2017 年版，序言第 2 页。

[③] 李孝迁：《近代中国域外汉学评论萃编》，上海古籍出版社 2014 年版，第 421 页。

日本学者市村瓒次郎比较东西方文化的差异，批评翟理斯的《中国文学史纲》远不及已传入泰纳（Hippolyte Adolphe Taine）的《大英文学史》，是因为法国人学英语易，从而能得其文学之味，而英国人了解中国文学难，从而难究其蕴奥。① 由此可见，郑振铎和市村瓒次郎的评论主要是针对翟理斯能否准确地掌握中国文学，郑振铎指向本书的讹误，市村瓒次郎则质疑翟理斯作为英语语境下能否把握中国文学的本质。作为西方人学习汉语和中国文化，确实不可避免地会出现文化误读的现象。然他山之石，亦可攻玉，来自西方世界的中国文学研究，不仅提供了中国文化走出的路径，同时也能够以他者的视角反观中国文学本身。

当代学者对于翟理斯的评价则建立在跨文化、比较文学的视野下，评价也更为客观、公允。张宏就郑振铎先生的指责，提出了不同意见，张宏认为翟理斯先生在编排文学史上的特殊处理并不能将其完全视作文学史撰写的不足之处，而"有些地方，恰恰是作者的匠心"②。张宏是站在读者的角度评价此书，其言"翟理斯对中国文学的译介是相当丰富与实事求是的……使英国读者对源远流长、屡有杰作的中国文学从总体上留下了难忘的印象"③。又言"类似的体例上或者叙述方法上的变通，对外国人了解中国文学都只会有帮助"④。以上论点，具有普遍性，反映了中国学者的翻译不仅停留在信、达、雅上，而且还充分考虑到读者的阅读兴趣。不同时代、不同视角、不同文化背景下的《中国文学史》的评价，可以较为客观、全面地看待本书的价值，这对西方了解中国文学和文化，对中国本土的文学史研究和写作有着重要的意义。

第五节　以文化传播为中心的研究综述与当代启示

翟理斯曾对自己的汉学经历有一段描述："自1867年起，我一生中有两个理想：其一是使中文能够更易被人们理解，使人们对中文的认识

---

① 陈晓兰：《文学经典与当代学术——上海大学中文系学术演讲录3》，复旦大学出版社2015年版，第182页。
② 张弘：《中国文学在英国》，花城出版社1992年版，第95页。
③ 张弘：《中国文学在英国》，花城出版社1992年版，第93页。
④ 张弘：《中国文学在英国》，花城出版社1992年版，第96页。

更准确——无论是口语还是书面上；其二是让人们对中国人的文学、历史、宗教、艺术、哲学、礼仪和风俗有更深更广的兴趣。我可以非常谦逊地说：在我编写的《汉英词典》和《古今姓氏族谱》出版后，对于第一个目标的实现已经迈进了一大步……对于我的第二个理想，我非常失败，恰恰是因为第二个理想的实现更加困难，我也更珍视它。我没能激发起人们对中国及其四千多年文明的兴趣热潮，但是我相信人们对中国文化的兴趣终有一日会苏醒。能够亲眼见证中国文化热潮的成长和壮大是我最大的愿望，到那时我或许已经长居在蒲松龄'其在青林黑塞间乎'？"[①] 诚如其言，百年后的今天，目前全球已有70多个国家将中文纳入国民教育体系，4000多所国外大学开设了中文课程。[②] 世界开启了学习中国文化、中国智慧、中国经验、中国模式的热潮。翟理斯对中国文化的深刻理解，对未来中国发展精准的预测，以及出色的翻译成就，对于新时期中国文化走出去具有启示性。

一　汉语习得经验，助力新时期国际中文教育

翟理斯为国际中文教材提供了简明、有效的编纂理念。翟理斯编写教材的成功之处就在于其敢于向权威挑战，能够针对当时汉语教材的弊端，从实用的角度出发，结合学生的需求，选择简单易懂的方式编纂教材。《汉语无师自明》《字字举隅》《百个最好用的汉字：汉字入门》(1919)、《百个最好用的汉字（二）》《官话习语口语辞典》《汉英词典》《关于远东问题的参照词汇表》等都是针对当时英国人学习汉语所遇到的困难而编纂的应时之需的书籍，这些著述在一定程度上弥补了当时汉语教材的缺失。

翟理斯的汉语观也引起中国学者的广泛关注，研究者主要融合了语言学、传播学及国际中文教育的视角进行相关评述。李长浩、方环海"通过对以翟理斯为代表的汉学家对汉语语音特征认识的比较研究，可以在理论上佐证中国本土韵书和学者对汉语语音发展变化的描述和记录，

[①] 葛桂录主编：《中国古典文学的英国之旅》，大象出版社2017年版，第130—131页。

[②] 新华社：《全球已有70多个国家将中文纳入国民教育体系》，2020年12月15日，http://hn.zhonghongwang.com/show-110-39307-1.html，2023年6月27日。

进一步证明汉语的某些语音变化情况，以填补早期汉语语音学史研究中类型比较研究的不足，扩大当下汉语本体研究和对外汉语教学研究的学术视野"①。罗星则是通过阅读和整理翟理斯的著作、论文及其相关的文献资料，总结出："翟理斯追求语音简明实用，强调语境中的词汇考察，注重汉语的超语法系统以及汉字实践体验。翟理斯实用主义的独特汉语观对汉语在西方的传播和推广起到了非常重要的作用。"② 另外，翟理斯最初出版的各类教材近些年来再一次成为研究者关注的焦点。如翟理斯《汉语口语教材述论——以〈汉语无师自通〉》（1872）为中心，《百个最好的汉字》研究等文章的陆续发表，也都意味着翟理斯汉语习得经验及著述的现代意义。

当代学者对于翟理斯汉语观及相关著述的肯定，再一次证明了其汉语学习经验对于学习汉语的启示性。

第一，以生活和专业为导向的汉语学习策略。翟理斯的汉语学习体系可总结为从实际出发，贴近生活，以专业为导向，学以致用是最简单、易行的学习方法。切勿让学生陷入精致的语法学习系统。

全球汉语热的持续升温，不仅欧美发达国家热衷于学习汉语，越来越多的"一带一路"共建国家的学生也选择到中国留学。"一带一路"共建国家的留学生具有不同于欧美国家的教育文化背景，编纂一套适用于"一带一路"共建国家的中文学习教材，帮助他们快速有效地学习汉语，是当前国际中文教育事业的首要问题。

翟理斯的汉语教材编写充分考虑学习者的实际情况，能够兼顾口语和书面语、注重专业语言学习的理念，同样适用于新时期国际中文教育教材编纂和教学实践。当下，对于国际中文教师而言，就是能够结合学生的具体情况，借鉴翟理斯的汉语教材的编纂方法和教学理念，创设文化语境、专业语境，激发学生的学习兴趣，培养学生学习汉语的良好习惯，让他们从生活环境和专业学习中学习汉语，找到符合自身特点的学

---

① 李长浩、方环海：《翟理斯对汉语语音特征认识的比较研究》，《国际汉语学报》2018 年第 2 期，第 156 页。

② 罗星：《19 世纪英国汉学家翟理斯的汉语观》，《中南民族大学学报》（人文社会科学版）2023 年第 6 期，第 173 页。

习方法和策略，提升个体中文学习的能力。

第二，以阅读推动汉语学习的策略。翟理斯主张借鉴中国人学习语文的方式，阅读中文经典作品，以此走进中国的文化和中国思维。翟理斯自身的经历和丰富的著述充分证明阅读中国优秀典籍对于外国人了解中国文化、向世界展示真实中国的重要性和必要性。

中国自古就有"立身以立学为先，立学以读书为本"。从长远来看，留学生的阅读将决定他的眼界，从近处而言，阅读又与写作息息相关。新时期，技术的进步带来了学习汉语方式的创新性发展，音频、视频成为最受欢迎的学习工具。当下留学生用在视频、音频上的时间，远超阅读时间，这也导致了留学生学习汉语的弊病：听说能力较强，读写能力较弱。阅读带来的感知和思考，是其他形式无法取代的。翟理斯以阅读推进汉语学习，加深对中国及中国文化的理解，正是当前国际中文教育的空白点。大多数留学生为了通过中国地区汉语水平考试（HSK），只是阅读与考试相关的书籍，几乎没有任何课外阅读，这种学习方法很难真正提升汉语学习水平，形成中文思维。

翟理斯始终将汉语学习放在中国文化的大背景中，以专业推进汉语学习，将阅读放在首要位置。这种理念，正是顺应国际中文新标准的发展需求，值得新时期从事国际中文教师思考和借鉴。充分将阅读经典文本与留学生汉语学习相结合，在选取阅读内容和以何种方式呈现方面多思考、多借鉴。真正培养留学生的中文阅读习惯，编纂适合留学生阅读文本，必将推进新时期国际中文教育事业真正进入高品质阶段。

第三，知行合一的实践体验。翟理斯先生还汲取中国读万卷书、行万里路的中国古训。常常行走于不同城市之间，亲身体验中国文化的多样性和独特性。所到之处，必有所思，必有所述，这也让他的汉学著述更贴近真实的中国。翟理斯多次表示其汉学研究著述建立在真实的材料基础之上，这也就告诉留学生来中国学习，了解中国，除了正常的课程之外，还要在中国多走一走，并形成自己的思考和体验；翟理斯结交了许多中国朋友，这也帮助他更加深刻地理解中国的过去与未来，对留学生而言，刚到中国，学习生活还不能够完全适应，与中国同学、师友的交往，能够快速地帮助他们消除文化隔阂，迅速进入中国的学习和生活。

百年之前，翟理斯克服了种种困难，将中国文化带到西方，促进中西方友好交流;百年之后,翟理斯先生的精神长存,期待留学生和国际友人能够多读读中文书、结交中国朋友,走一走中国的山川大河,用心去感受一个民族。

二 妙笔生花,推动海外中国文化的传播

翟理斯的翻译作品广为流传,深受世界读者的欢迎,主要具备三个特征。

第一,文化传播态度高尚。《中国文学瑰宝》扉页引用苏格兰作家汤玛斯·卡莱尔(Thomas Carlyle)的名言:"还有什么比译介他国思想更为高尚?"[1] 翟理斯将中国相关作品的翻译和介绍,视为沟通中西文化的桥梁,也是其一生的崇高理想。对于汉学家来说,研究的出发点各不相同,或服务于政府,或出于个人兴趣,或源于商业交流,但是尊重中国和中国文化是一切研究的出发点。翟理斯对中国及中国文化的热爱和尊重,以及为此所付出的毕生心血,当是今天青年汉学家学习之楷模。

第二,文化译著目的明确。翟理斯的译著是为了向西方读者介绍中国文学、中国文化和中国文明,改变他们对中国的错误认识。如何让西方读者亲近中国文化、中国思想。思想是抽象的,普通民众很难直接通过理论学习了解中国思想;而作家、经典作品,是具体的、生动的,是中国思想的载体。阅读这些作品,获取兴趣,这种兴趣要比在一般事务中获得的更深些,另外,至少可以纠正一些错误的观点,这些观点常常被那些无能的、虚伪的人以欺骗的手段获得出版,而且被看作事实迅速接受了。翟理斯认为很多中国翻译作品,被人们认为是没有第一手资料在内。[2] 因此,他希望读者在享受阅读的快感的同时,获得关于中国的信息。翟理斯在其《中国概览》一书中说"中国是一个勤劳、清醒、乐观的民族,西方人追逐财富的恶习,会带来文化的灾难,而中国人是能够保持中和、适度的习惯"[3],以此说来扭转西方人眼中中华民族是不道德

---

[1] Herbert Allen Giles, *Gems of Chinese Literature*, Shanghai: Kelly & Walsh, 1923.
[2] 葛桂录主编:《中国古典文学的英国之旅》,大象出版社2017年版,第61页。
[3] Herbert Allen Giles, *Chinese Sketches*, London: Trubner, Ludgate Hill, Shanghai: Klley, 1876, preface.

的退化的民族等扭曲错误的认识。他还编纂了《古今姓氏族谱》囊括了杰出的政治家、军事家、诗人、历史学家2579条，这让西方学者有机会了解中国各个领域的杰出人物，他们身上凝聚着中国智慧、中国精神、中国技艺。翟理斯认为，通过这些具体的作品能够帮助西方人消除对中国的误解，让英国乃至西方世界看到真正的中国。

在新时期如何推动中国文化走出去，以文载道，以文传声，以文化人，向世界阐释推介更多具有中国特色、体现中国精神、蕴藏中国智慧的优秀文化，当是今人要从翟理斯的翻译中继续深思前行之目标。

第三，文化转变策略灵活。对于翟理斯的翻译和著述，来自世界各地读者的评价非常重要。里顿·斯特拉奇（Lytton Strachey）称赞这本诗集，出版了十年，人们还是忍不住会说，这本诗集所收录的诗歌是我们这代人读过的最好的诗歌。剑桥大学著名作家本森（A. C. Benson）博士评价道，"我喜欢书中以轻松的方式谈论学识和人的同情心，文笔清晰，自始至终闪耀着幽默的迷人色彩"①。翟理斯作为中英话语转换的居间者，他总是能够找到合适的契机，在中西方文化之间的切入点、在学术研究和大众阅读之间找到平衡点。

具体而言，中国人属文讲究衔华佩实，翻译作品同样讲究内容与形式的相得益彰。翟理斯在对中国作品选与译中，都展现了他对中国文化独特的理解、感悟和转换。从选作来讲，底本佳，选篇精，是翻译和研究的亮点。翟理斯独特的审美眼光和文化积淀，让他能迅速选出中国优秀的作品，其中既包括中国的古典作品，同时也涵盖中国晚近名人著述，比如对梁启超、胡适、孙中山等人作品的译介，这样的学术研究、阅读体验和翻译过程，让翟理斯对于中国的过去和未来都具有更加接近真实的了解，也令他对彼时的中国有了不同于流俗的清醒的认知和判断。

因此，对于从事中国文化译介的学者而言，选出最佳版本，是译介的第一步。从翟理斯的汉学历程和西方对于中国文化接受的情况而言，中国典籍和当代优秀作品，应当是中国文化走出去的主力军。其中，应当对中国历史和当代名人的译介给予充分的关注，通过对他们的人生、思想、作品的介绍，展现中国的面貌，这是一种最直接、最生动的中国

---

① 葛桂录主编：《中国古典文学的英国之旅》，大象出版社2017年版，第110页。

文化"走出去"的方式。从汉学研究历程来看，包括翟理斯在内的许多汉学家，往往都是先为中国知名人物的人格魅力和思想光芒所吸引，进而走进中国文化。过去如此，现在、将来亦如是。

就翻译而言，尊重中国文化，并充分考虑受众群体的接受能力。翟理斯采取以诗译诗的翻译策略，旨在保持中国诗歌的神韵。另外，他采取注释的方式，帮助学生理解文意。翟理斯深信只要在教师的帮助下，把每页上都出现的无数的暗示都解释清楚，它对于外国学生来说就并非难懂了，以上翻译策略，充分展现了翟理斯对中国古典诗歌的尊重、理解和巧妙运用。

翟理斯优美的文笔和巧妙的构思为受众群体所青睐，也让读者在愉悦的阅读体验中亲近中国文化。翟理斯主张在轻松愉快的阅读过程中获得对中国哲学、风俗的知识和体验。因此，他的翻译将文化的获取与阅读享受相结合。这也意味着翻译是一门学问，也是一门艺术。翻译家学养、个性不同，翻译的风格也各具特色，但是，研究受众群体，选择恰当的方式，永远是译介的首要问题。朱炳荪评价翟理斯的翻译诗篇："用词遣韵很有造诣，因此他的译笔不但做到'信、达、雅'，而且还潇洒自如，可以独立成为优美的英国诗。"[①] 翟理斯以忠实、简明、易懂的思想，以晓畅明白的语言风格介绍中国文化，既面向普通民众，又带有学术研究性质，这让翟理斯笔下的译注具有更广泛的接受群体，并带有接触中国文化本质的深度。如此而言，兼顾对翻译对象的理解以及对受众群体语言的灵活运用，才有可能更为贴近读者，在深度和受众群体上找到平衡点。鉴于此，以受众国语言作为母语的翻译家往往比中国学者或者非母语的翻译家更具有优势。中国文化的"走出去"，要有中国学者的努力，也需要有汉学家的倾力加盟。

翟理斯翻译的巧妙之处还在于，以跨学科、跨文化的视野，沟通中西文化，他的一些译著，既包括文本本身，也包括对作家本人的研究，甚至是中国学者对于作家作品的研究，既具有学者的精神，也具有诗人的气质。在翻译细节的处理上，翟理斯还将中国的哲人、文学家与西方

---

① 朱炳荪：《读 Giles 的唐诗英译有感》，《外国语》（上海外国语学院学报）1980 年第 2 期，第 43 页。

的知名作家进行比较,以帮助西方读者了解中国文化的风格、旨趣和地位。如此来看,巧妙地沟通中国文化,让不同国家的人民都能够读中国书籍、读懂中国文化,明白中国的过去、现在以及未来似乎是所有翻译家都需要思考的问题。

随着中国经济实力和全球的影响力的增强,中华民族的崛起之路也备受世界人民瞩目,他们渴望学习中国的先进经验,这也决定了中国文化的海外传播不再局限于精英群体或者学术研究,而是面向世界各国民众,他们则是当下中外文化交流的主要群体。而翻译技巧则与受众国自身的文化特质相关,如何做到普及和深度并存,全面地实现中国文化的精准国际传播,加强新时期的文化交流,这点应当成为新时期中国译介关注的焦点。比如,翟理斯曾经尝试为英国儿童翻译中国作品,虽然在当时限于英国对中国民众的认识还不够广泛,没有引起关注。但是今日越来越多国家,将中文纳入国民教育,那么,与此相匹配的中国文化的读物、中国儿童文学的译介,亦迫在眉睫。

三 批评与交流,推动世界汉学的发展

"儒莲奖"被称为汉学界的诺贝尔奖,翟理斯一生两次荣获"儒莲奖",足见其在汉学界的成就和影响力。勇于为先、大胆质疑的精神是翟理斯难能可贵的品质,他耿直严谨的治学精神,帮助并推动了汉学发展。

大胆质疑的魄力,促进汉学的进步。翟理斯毫不否认自己的观点会受到猛烈的抨击,他认为,这很寻常,因为每一种新观点都应当受到抨击,而其目的就在于检验是否抗震。翟理斯所论述的出发点即是建立在客观公正地研究中国及中国文化,以及对中国文学的解读是否准确的基础之上的。翟理斯的批判精神充分体现在他的《中国评论》和《新中国评论》等杂志文章中。通过学术评论,翟理斯向前代、同代汉学家的成就提出了质疑,并阐明自己对于中国文化的观点,形成了关于老子、庄子、儒学以及中国诗文翻译的大讨论,而讨论的时间长达十余年。这对于推动汉学的发展,起到了至关重要的作用。

中国文化的"走出去",要充分发挥书评的功能,以书评的形式向世界各国读者推荐中国书籍,同时也以书评为阵地,引起讨论,获得反馈。中国学者的书评也要学习翟理斯的大胆批评的精神,而不是中国传统书

评的整齐如一的声音。这仍然是中国学者及批评家需要突破的桎梏。

敢为第一的勇力，开拓汉学的新视野。翟理斯研究中国的视野，关涉哲学、文学、语言学、美术、科技领域，打破了学科壁垒，创造了诸多第一，开拓了汉学研究的新思维、新视角。中国的文明是经历了时间的检验沉积的优秀文化，已经逐步为世界所了解，也需要后生学者进一步的努力，以实现世界对中国文化的深入理解和认知。同时，对于中国的研究不仅是文明的传承，还有以古鉴今的实践运用，以及当代政治、经济、科技、医疗等诸多领域的创新发展，诸如：中国智造、中国脱贫工程等。事实上，这些丰富的当代成果，既展现了新技术、新发展，也承载着中国文化、中国精神，那么汉学家，从事中外文化交流的研究者，还可以有哪些开拓？从何种视角，采用何种方式，推动世界了解全面、真实、立体的中国？

人才培养的远见，成就汉学的未来。翟理斯一直致力于在高校推广汉语学习，并培养专门人才。受翟理斯的影响，英国许多高校逐步设立汉学讲席，开设中国文化的讲座，提升了汉学在人们心中的地位和国际影响力。

东学西渐传汉学，妙笔生花消曲解，可以说是翟理斯汉学成果的集中体现。他的汉学研究视野宽阔，涉及文学、艺术、绘画、语言等诸多领域。作为中国通，翟理斯以文学为纽带，通过鲜活、生动的译介和充满热情的文学研究，努力消除西方社会对中国的曲解，让世界认识一个真实、生动、热情、智慧的中国。今天，中国处于百年未有之大变局，如何让世界了解中国，翟理斯的文学研究和文化翻译对于我们仍具有启示性。一言以蔽之，以治学严谨为本，以真实、轻松、幽默的方式呈现中国文化、中国智慧。

第 二 章

以形写神，畅达神意：
喜仁龙的中国艺术研究

喜仁龙（Osvald Sirén，1879 – 1966）[①] 出生于隶属俄罗斯帝国的芬兰大公国，在当时的荷兰亚历山大帝国大学（Imperial Alexander University of Finland），即赫尔辛基大学的前身接受了高等教育，[②] 开始对艺术史产生浓厚兴趣。之后，喜仁龙前往瑞典，其撰写的有关文艺复兴时期的艺术史论著受到学界肯定，被誉为意大利绘画研究的"权威"，并凭借自己对瑞士艺术的深入研究，于1908年荣任斯德哥尔摩大学教授。[③] 年近40岁时，喜仁龙已经名声大噪，成为艺术史研究领域的权威专家，受邀在耶鲁大学、哈佛大学、波士顿美术馆和福格美术馆等地讲学。1913年的美国之行点燃了喜仁龙对中国艺术的喜爱之情，在参观美国波士顿美术馆时，喜仁龙被中国南宋画家周季常所绘的《五百罗汉图：云中示现》深深吸引。欣赏这幅中国绘画的一刻，喜仁龙感觉自己已经超脱凡尘，内心得到了净化。自此对中国艺术内在气韵的探索成为喜仁龙的研究重点，

[①] 根据中华民国18年8月10日的一份内部文件所示，Osvald Sirén 的汉译名为"喜龙仁"，胡适、鲁迅等学者也指出这位瑞典汉学家的名字应翻译为"喜龙仁"。而北京燕山出版社1985年首次发行的《北京的城墙与城门》一书的中译本，将作者名字误译为"奥斯伍尔德·喜仁龙"。从此以讹传讹，这位汉学家的名字就成了"喜仁龙"。因此，在本书正文和注释中出现的"喜仁龙""喜龙仁"均指同一人。因目前的中文译本大都采用了喜仁龙这一名字翻译，为便于引用，本书使用"喜仁龙"来称呼此位汉学家。

[②] Minna Törmä, *Enchanted by Lohans Osvald Sirén's Journey into Chinese Art*, Hong Kong：Hong Kong University Press, 2013, p. 9.

[③] Minna Törmä, *Enchanted by Lohans Osvald Sirén's Journey into Chinese Art*, Hong Kong：Hong Kong University Press, 2013, pp. xii, 13.

其研究兴趣也由此逐渐转向中国艺术。1922年，喜仁龙获得了游历紫禁城的特许，并得以参观紫禁城的内廷。借此机会，他拍摄了数百张照片，记录了当时皇宫和北京城的景象，并努力探索北京城墙、城门等建筑在中国文化中所代表的意涵。喜仁龙对中国艺术的关注还延伸到雕塑、园林、绘画等形式上，通过比较中西方艺术形式的异同，重在向西方世界介绍"以形写神，畅达神意"的中国艺术。喜仁龙的所有研究都采用图文并茂的方式展开论述，以最为直观的方式使读者体味中国艺术的雄浑博大、绵远悠长。在中国游学期间，喜仁龙结交了多位中国名家，这也加深了喜仁龙对中国的喜爱与了解。胡适曾邀请喜仁龙在北京大学发表演讲，并亲自出任该场演讲的翻译。杨周翰先生曾在瑞典帮助喜仁龙翻译资料，并且在自己的回忆录中多次提及喜仁龙。张元济、蔡元培、黄宾虹、张大千、庞元济、袁同礼等人也同喜仁龙多有交往。此外，鲁迅曾高度赞扬喜仁龙的《中国早期绘画》一书，并将其阐释中国绘画理论的专著《中国画论》寄赠好友。

长久以来，欧洲倚仗发达的经济实力掌控了书写艺术文化话语的权力，为艺术史的撰写提供以理性发展为准绳的历史框架，从而否定其他民族与地区的艺术发展，甚或构建出一个落后、愚昧的神秘东方世界。喜仁龙的研究尽管立足中国艺术，但并未能完全摆脱东方主义束缚，仍有将中国艺术置于西方语境下，被构建为符合西方艺术审美样式之嫌。然而，我们不能用对错这一二元标准来评判其研究，而应看到喜仁龙的研究在某种程度上打破了欧洲中心论，他将一种东方叙事带入西方历史文化发展之中，在中西文化比较的视野下彰显中国艺术的独特魅力，从而潜移默化地改变着西方学术界对东方文化与文明的认知。

第一节 喜仁龙的中国建筑研究

1922年的北京之行开启了喜仁龙的中国艺术探索之旅，喜仁龙首先关注到的是不同于西方建筑的规则整一，中国建筑的诗情画意中更注重凸显人的精神旨趣。喜仁龙有关中国建筑的论述主要集中在《北京的城墙与城门》（*The Walls and Gates of Peking*，1924）、《中国早期艺术史》（*A History of Early Chinese Art*，1929）、《老北京皇城写真全图》（*Les Pa-*

lais Imperlaux de Pekin，1926）三部著作当中，其他的著作中也少见他对中国建筑的评论。随着北京城墙的拆除，喜仁龙著作中对北京城曾经样貌的分析与再现成为人们了解北京的不可多得的资料，具有重要的研究价值。喜仁龙对北京城墙与城门等建筑物的沉醉与赞许，不仅是惊叹于它们在造型艺术上的辉煌与宏大、精美与细致，而更是希望揭示它们所代表的中国建筑和城市的本质特征。在喜仁龙看来，中国的城墙与城市之间密不可分，"一道道城墙、一重重城墙，可以说构成了每一座中国城池的骨骼与框架。它们环绕着城市，把城市划分成单元和院落，比其他任何构筑物都更能反映中国聚落的基本特征"①，城墙也是城市的象征。

在研究北京城墙的过程中，喜仁龙注意到无论是城市之外的城墙还是家庭院落之外的院墙，它们起到的首要功能是严密守卫的保护作用，"房子外面的围墙有力地保护着他们免受外来入侵"②。这使得所有房屋在外观上都给人装饰简单、整齐划一的观感，缺少活跃的光影与生气。喜仁龙因此得出这样一个结论，在中国的北方城市中"很难找到具有建筑学价值的建筑物"③。喜仁龙随之发掘墙内的奥秘，除去原始防御功能外，城墙"也能区分城内城外的不同生活方式"④。只有进入大门才会窥得院中景致，才能体会所居院落之美。大宅之中甚至会包含多层院落，每个院落都有不同安排。第一个庭院往往铺设简单，建筑相对低矮。第二个庭院则会种植花草，并配有池塘、假山、凉亭等构成花园。庭院中建筑的色彩也更为艳丽，与繁盛花木组成一幅美轮美奂的远景图。城墙之内也是呈现出另一番景象，商业街上的店铺多种多样，装饰华丽的店面通常会竖起高大的牌楼，屋檐下饰有雕花饰板或镂空装饰。在城市中匆忙穿梭的人群、手推车、驴拉车等生活图景则刻画出了远比建筑更生动的生活景象。然而民国以来，富有中国艺术特色的建筑逐渐消失，开始被西式的水泥建筑所取代，即使像南京、西安、洛阳等古都也都被半西式建筑覆盖，城市中的生活图景也随之改变。与从外观看来缺少生机的居民建筑不同，牌楼、钟

---

① ［瑞典］喜仁龙：《北京的城墙与城门》，邓可译，四川人民出版社2017年版，第1页。
② ［瑞典］喜仁龙：《北京的城墙与城门》，邓可译，四川人民出版社2017年版，第5页。
③ ［瑞典］喜仁龙：《北京的城墙与城门》，邓可译，四川人民出版社2017年版，第4页。
④ ［瑞典］喜龙仁：《中国风景》，苏清茂译，湖南人民出版社2020年版，第92页。因表达差异，此处的喜龙仁就是喜仁龙。

楼和鼓楼等装饰性建筑则更加生动活泼。牌楼的建立多是为了纪念当地重要人物和重要历史事件，往往庄严大气，横跨整个街道。牌楼多为木质，漆成红色，还饰有各色装饰物。牌楼的顶部有屋顶和屋檐，也饰有各种辟邪物。钟楼和鼓楼也是对街景状况的映射，它们往往位于市中心，城市的街道从它们四面延伸向各个方向，通常展现出古雅壮丽的气派。

除了这些城中建筑外，还有许多皇家建筑修建于城墙之外，具有一定的宗教意义，如寺庙和宝塔等。喜仁龙对这些建筑的研究源于他对中国人思想的探索，"从古老的时代开始，中国人就意识到了大自然的力量……认为神和自然存在着某种等级对应关系"[1]。自然界中的山川河流、风雨雷电、日月星辰都是人类与神祇关联的媒介，如五岳之首的泰山就是古代帝王举行封禅仪式的重要场所，泰山的文化象征意义已经超越了其作为自然景观的意义。为山神修建的庙宇便也成为重要的文化象征符号，"建筑及选址都密切遵循顺应自然、阴阳调和、天人合一等思想，具体来说，就是讲究风水"[2]。因此，像皇宫、祖庙和寺庙等建筑都遵循着同样的修建模式，所有重要建筑都要沿着南北方向延伸，而且要坐北朝南，保持向阳。喜仁龙认为，要想了解中国的宗教建筑，就要懂得欣赏中国的宝塔。宝塔的建筑材料坚固耐用，更能抵抗各种自然灾害的侵袭，而且宝塔多为高僧修建，藏有宝物和舍利子，因此宝塔得到了更为妥善的保护，使人们更能了解中国建筑的风貌和精神。喜仁龙列举了大雁塔，其中供奉的是玄奘法师从天竺取经归来带回的佛像、舍利和经文等，大雁塔的搭建比例精美而且高大挺拔，成为唐朝展现创造力和繁荣盛世的文化象征。

在探究院墙之内的庭院设计时，喜仁龙便已经开始关注其中的山水、亭阁、园林等设计，《中国园林与18世纪欧洲园林的中国风》（*China and Gardens of Europe of the Eighteenth Century*，1950）一书集合了喜仁龙对中国园林艺术的思考与总结。谈及中国的园林艺术，喜仁龙借用威廉·坦普尔爵士对中国园林特征的概括来描绘中国园林的不规则性和复杂性，

---

[1] ［瑞典］喜龙仁：《中国风景》，苏清茂译，湖南人民出版社2020年版，第3页。因表达差异，此处的喜龙仁就是喜仁龙。

[2] ［瑞典］喜龙仁：《中国风景》，苏清茂译，湖南人民出版社2020年版，第109页。因表达差异，此处的喜龙仁就是喜仁龙。

感叹中国园林是一种"诗情画意"的存在。首先，中国园林不同于欧洲园林遵循几何构图等特征，其"最基本的特征就是规避正规化的分析"①。园林与房屋并非两个互不关联的区隔，园林中的建筑并不是用来隔断其与房屋其他部分，而是使园林自然融入房屋的整体结构之中。园林建筑不仅是一种人工设计，而且还要与周围自然景色融为一体，与周遭环境的自然韵律协调发展。园林中镂空的石头、莲花等设计元素成为大自然变化中的一部分，呈现出中国园林自由放纵的状态。其次，"中国园林艺术与绘画艺术息息相关"②，园林造型可被视为绘画艺术的延展。园林可以被理解为立体的三维空间图画，山水和花草树木都是这幅画卷中的重要点缀，构成了一个拥有别致景色的世外桃源。最后，中国园林是由一个个独立景观组成，它们共同组成一个统一的整体，观赏者需要由点到面，逐渐发掘园林的美。随着观赏者穿越迂回通幽的小径，越过山石湖泊，经过亭台楼阁，驻足于小桥流水之上，欣赏沿途的秀丽风光，使人不断沉浸于未知的神秘魅力之中。这些景致构成了一幅长长的画卷，将景色一一展现在人们面前。不同地域的园林景色殊同，南北地域气候差异造就了不同的环境，也就形成了不同类型的园林。在总结中国园林风貌的总体特征的同时，喜仁龙还指出，中国的园林同世界其他国家的园林一样，可以分为城镇园林和乡村园林两类。城镇园林种类繁多，建造也更为富丽堂皇，这类园林多为私家园林，属于某一家庭房屋的组成部分，主要供主人与朋友观赏游玩而不对外开放。

不同于西方园林设计着重关注建筑材料、花草树木、草坪等，中国的园林之中山和水才是基本的构成要素，而花草只是园林的点缀。其中对水的利用程度之高、手法之巧可谓在世界中首屈一指。对水的重视源于道家的自然哲学思想，认为江河湖海是地球的血脉，山川则是地球的骨骼。因此，无论从实际意义还是象征意义上讲，水都是园林生命之所在。中国园林艺术的发展延续了风景画的发展路线，这源于道家哲学的

---

① ［瑞典］喜仁龙：《中国园林》（上），陈昕、邱丽媛译，北京日报出版社2021年版，第4页。因表达差异，此处的喜龙仁就是喜仁龙。
② ［瑞典］喜仁龙：《中国园林》（上），陈昕、邱丽媛译，北京日报出版社2021年版，第4页。因表达差异，此处的喜龙仁就是喜仁龙。

浪漫主义观点。道家主张内在和外在要"回归自然",即人类个体在精神和物质层面与自然建立亲密关系。"人类个体的生命反映出与自然界不断变化的生命形式相一致的节奏"①。艺术家的任务就是创造性地用抽象或具体的方式描绘自然的不同组成部分,并以此来表达生活的美好与和谐。

第二节 喜仁龙的中国绘画研究

《中国画论》(*The Chinese on the Art of Painting*,1936)是喜仁龙讨论中国画作艺术特色的代表性著作,此书以时间为线索详细论述了自汉代到清代中国绘画理论的发展。喜仁龙认为,此书是对其另一本专著《中国早期艺术》的有益补充,其探索目光延伸到了元代之后。② 致力于"尽可能让中国人自己来言说自己"③,不以西方理性、系统的论述破坏中国诗作和绘画中的中国哲学。"中国人的绘画和艺术批评与他们的人生哲学紧密相连。它们反映出来的理念,与启发了哲学与宗教思想的理念相同"④。绘画以独特的符号形式吸引人们欣赏品鉴,挖掘艺术家的心灵奥秘,解读隐藏于视觉作品后的精神和情感力量。

汉代到唐代的绘画创作是"出于明确的道德、仪式或政治目的,而它们的风格特征和面貌则很少被谈及"⑤。绘画成为人类思想的符号化象征,服务于宗教或政治目的,以教化他人。喜仁龙列举了《历代名画记》中对陆士衡、曹植等先贤名人的记述,指出绘画中的人物再现是对后世的垂范,以象征的方式使观画者联想到上古圣人的高洁品行。这些绘画人物作为想象的艺术品是一种"传神之物",传递着特有的民族文化记忆。在此部分,喜仁龙重点论述了谢赫在《古画品录》中提出的"六

---

① [瑞典]喜仁龙:《中国园林》(上),陈昕、邱丽媛译,北京日报出版社2021年版,第60页。
② Osvald Sirén, *The Chinese on the Art of Painting*, New York: Schocken Books, 1963, p. 5.
③ [瑞典]喜龙仁:《中国画论》,张冰译,外语教学与研究出版社2021年版,第7页。因表达差异,此处的喜龙仁就是喜仁龙。
④ [瑞典]喜龙仁:《中国画论》,张冰译,外语教学与研究出版社2021年版,第5页。因表达差异,此处的喜龙仁就是喜仁龙。
⑤ [瑞典]喜龙仁:《中国画论》,张冰译,外语教学与研究出版社2021年版,第13页。因表达差异,此处的喜龙仁就是喜仁龙。

法",这六法贯穿于整个中国绘画创作之中,在之后的时代中六法虽有调整和改变,但其以"气韵"为核心的绘画宗旨奠定了中国绘画理论发展的根基。所谓"六法"指的是"气韵生动""骨法用笔""应物象形""随类赋彩""经营位置""传移模写",其中第一法"气韵生动"最为重要。"气韵"说的是"生命精神或生命力应该通过表达情感或精神意蕴的画作和谐地回荡或回响"①。"生动"中"第一个字通常指生命或出生,第二个字指的是物理意义上的运动或移动"②。张彦远等人的绘画理论中,"气韵"仍然是一种赋予物质形式生命的精神力量,但却更具个人色彩,被视为艺术家将个人内心外化为绘画作品的过程。

五代到北宋期间,气韵仍是绘画中最基本的元素,对于事物的外在描摹是无法实现气韵的,而是"必须与物的内在真实相交融"③。好的画作应拥有气韵,充溢美学活力,而不拘泥于技巧的堆砌。这一时期水墨画得到了长足发展,宋代更多见山水画,尤其是水墨山水画。荆浩在《笔法记》(或称《画山水录》)中对谢赫的"六法"进行补正,提出"六要",即气、韵、思、景、笔、墨。由于"六要"是根据水墨山水画的绘制而提出,具有明确的实施对象,因此比谢赫针对所有绘画形式提出的"六法"更为具体。但无论怎样,"气韵"都是艺术家所应遵循的创作秘诀。郭熙在《林泉高致》的前两章《山水训》和《画意》中对画家创作中的"气韵"进行了明晰的阐释,画家不应受外界环境的干扰,要保持心灵虚静的精神状态。画家的自我认知要与绘画主题的精神世界统一,相互吻合。喜仁龙关注到,北宋最为著名的画家是业余画家,通常被称为"士夫画家"。这些画家往往具有多重身份,既是政府官员也是学者、哲学家,绘画与书法通常是他们生活中的一种消遣,然而,他们对绘画的理解与论述最具诗意性,反映出悠然自适的生活态度。例如苏轼,他擅长绘画竹和水,将柔与力相结合。苏轼所画的竹子充满生机,象征

---

① [瑞典]喜龙仁:《中国画论》,张冰译,外语教学与研究出版社2021年版,第39页。因表达差异,此处的喜龙仁就是喜仁龙。
② [瑞典]喜龙仁:《中国画论》,张冰译,外语教学与研究出版社2021年版,第39页。因表达差异,此处的喜龙仁就是喜仁龙。
③ [瑞典]喜龙仁:《中国画论》,张冰译,外语教学与研究出版社2021年版,第83页。因表达差异,此处的喜龙仁就是喜仁龙。

中国士大夫坚忍不拔的人格特质。除却士夫画家外，禅宗派画家在宋代绘画史上占据着一个特殊位置，禅宗的"教外别传，不立文字，直指人心，见性成佛"①的思想被应用于绘画之中，与留白的艺术效果相互呼应，注重暗示性与启发性的内容，为个体阐释留下空间。客观世界的相只不过是内心现实的符号，现象界充满了心灵幻想，水墨画成为大师心灵事物的映射。

喜仁龙对中国绘画研究的又一贡献在于关注到元代绘画艺术的发展，在此之前少有理论家关注到元代的绘画，元代成为被忽视的绘画艺术时代。然而，元代绘画在中国绘画史中占有重要位置，尤其对于明代绘画有着极大影响。喜仁龙指出元代的绘画倾向可分为两种：一种是相当保守的传统主义，像前代一样，仍被士大夫所支持。保守传统主义的代表画家有赵孟頫、吴镇、黄公望等，注重论述画家精神态度和创作方式的发展。但此种绘画理论发展往往导致一种极端现象出现，画家们致力于系统化、理论化地摸索绘画创作方式，则会造成创造思维的枯竭，最终退变为脱离艺术现实的历史主题研究。由此，历史主义潮流在画家和批评家中涌现，如饶自然和夏文彦等人的著作就是对这一潮流趋势的呈现，他们的著作多是对前人绘画原理的老生常谈，缺少创见。另一种是隐居的学者和画家以北宋山水画家的理想为基础而培养的主观的浪漫主义。②

喜仁龙注意到一部分明代画家接受了元代画家的泛神论态度，如王履在《华山图序》中提倡师法自然，而非临摹之前的绘画大师。还有一部分画家追随佛教禅宗的创作。明代后期逐渐形成对绘画原理的讨论，并推论一些学派或风格的发展历史。明代批评家中能够决定艺术批评走向且极具个人影响力的理论家是董其昌，他提出了山水画的南北宗理论。他认为南宗画家艺术才能出众，而北宗画家则缺少艺术天分。这一划分并非依据相异的绘画风格而界定，而是绘画中的禅宗成分成为这一分野的标准。禅宗的南北宗划分被转化为绘画南北宗，"前者代表自由的直觉

---

① ［瑞典］喜龙仁：《中国画论》，张冰译，外语教学与研究出版社2021年版，第185页。因表达差异，此处的喜龙仁就是喜仁龙。

② ［瑞典］喜龙仁：《中国画论》，张冰译，外语教学与研究出版社2021年版，第225页。因表达差异，此处的喜龙仁就是喜仁龙。

性的创作模式，后者代表较为形式主义的理性艺术方法"①。于此，南宗画派受到推崇，因为这些绘画呈现的是事物的灵魂，表现出的是无须理性阐释的神秘力量。"明代批评家的绘画讨论并不限于宗派、风格传统、学习方法、摹写等问题，也囊括了 5 世纪以降很多作者都曾讨论过的有关艺术欣赏的一般原则。"② 明代理论家们对"气韵生动"这一核心问题再一次进行了充分探讨，反对过度依赖客观物象和过于注重细节，而应注重灵感的创新性与纯粹性。明代画家顾凝远提出气韵并不完全是依附心灵的主观特质，而是"某种可以在客观主题、风景和自然情境中被发现的东西"③，更接近无所不在的道。绘画是一种创造性活动，通过绘画可以展现个体隐含的内在情感与观念，这些抽象思想以可视化的具象形态表现出来。而在当时有理论家提出了继承自谢赫"六法"以来的绘画鉴赏方式并不适用于所有绘画形式，因为传统绘画法则是存在局限的，这些法则并不适用于晚明的绘画艺术，晚明的绘画形成了自身独特的个性特征，谢赫的绘画理论难以衡量绘画中的新发展。

就清代画家而言，喜仁龙将其划分为两类：一类的创作极具个人主义风格；另一类画家的创作沿袭着传统绘画原则。就第一类而言，喜仁龙尤其推崇沈灏和道济（石涛）。沈灏在谈论绘画时极具个人特质，强调绘画中的自发性，"临纸操笔时，如曹瞒欲战若冈欲战，头头取胜矣"。石涛的《画语录》被喜仁龙视为最为卓越的、讨论绘画理论与实践的文献之一，这部著作不仅汲取了道家哲学，也借鉴了儒家经典。石涛的绘画理论强调"绘画是一种微观世界的运动，是与宏观世界力量的创造性活动相平行的微观缩影，这种力量在天体运行和所有自然的生命有机体中得以表达自身"④。并非所有画作都能达到"一画"⑤ 的境界，作者只

---

① ［瑞典］喜龙仁：《中国画论》，张冰译，外语教学与研究出版社 2021 年版，第 275 页。因表达差异，此处的喜龙仁就是喜仁龙。
② ［瑞典］喜龙仁：《中国画论》，张冰译，外语教学与研究出版社 2021 年版，第 317 页。因表达差异，此处的喜龙仁就是喜仁龙。
③ ［瑞典］喜龙仁：《中国画论》，张冰译，外语教学与研究出版社 2021 年版，第 328 页。因表达差异，此处的喜龙仁就是喜仁龙。
④ ［瑞典］喜龙仁：《中国画论》，张冰译，外语教学与研究出版社 2021 年版，第 371 页。因表达差异，此处的喜龙仁就是喜仁龙。
⑤ "一画"这一术语参照"一元""太一"等表达，指向宇宙创生的最初本源。

有追随内心而不是对传统方法亦步亦趋才能到达此境。就保守派而言，喜仁龙认为清代极为推崇唐宋元大师们的画作和理论，但清代画家们的保守倾向主要表现在理论领域而非绘画创作领域，这在某种程度上使得清代画家们的视野更为开阔。清代画家们虽然仍关注南北宗划分问题，但他们认为不必严格拘泥于某一派风格，不同画派风格的融通更有利于形成个人的风格。对于绘画目的和绘画方法的理论文献不断递增，文献更为综合性，注重分析技术性问题。清代著名的"四王"等画家和理论家反对依照固定模式创作、用笔的绘画风格，强调延续思想与灵感的"大师传统"。也就是说，"伟大的艺术家需要遗世独立，对外界环境漠不关心，不受形式规则的阻碍。他须能自如运用自己的天赋"[①]。喜仁龙称赞张庚的画论是对清代绘画美学原则总结最完备的理论，《国朝画征录》囊括了乾隆之前清代画家的传记和评论，《画论》则简要概括了明代以来的绘画发展，对绘画的基本美学和技术要求进行了讨论。喜仁龙认为张庚的著作虽没有重要的创新价值，但对中国绘画文献进行了全面、恰当的整理和总结，这一贡献对当时的绘画理论发展而言是难能可贵的。

第三节 喜仁龙的中国雕塑研究

喜仁龙出版于1925年的《5—14世纪中国雕塑》旨在尝试架构出被西方人所能理解和欣赏的中国雕塑，尤其是向西方读者介绍中国佛教雕塑的内蕴性特征。依据雕塑风格特征的变迁，喜仁龙按照时间将中国雕塑厘分为四个时期：（1）古拙时期：南北朝、北魏、东魏、西魏。（2）过渡时期：北齐、北周、隋代。（3）成熟时期：唐代。（4）衰微以及复兴时期：晚唐、宋、辽。喜仁龙主要对宗教雕像和世俗雕像展开研究。

喜仁龙通过比较中西方雕塑与佛像间的差异，来探讨中国雕塑的表现本质。喜仁龙认为，长久以来，西方文化一直延续着神人同形的理念，"后来其精神上的重要性逐渐消失，艺术便越来越依赖于客观世界

---

① ［瑞典］喜龙仁：《中国画论》，张冰译，外语教学与研究出版社2021年版，第405页。因表达差异，此处的喜龙仁就是喜仁龙。

的变化"①。因此，西方雕塑重在外化人的生命特征，米开朗基罗的摩西雕像通过肌肉和衣褶来加强动作的张力。中国的佛像外表虽与人相似，但本质却不同，它们体现的是人性的基本特征，而不是个体差异。龙门石窟中的大佛虽覆盖衣袍，但是借助衣袍等外物来凸显佛像的内在情绪和意义。"佛像没有个性，不体现任何挣扎，不强调精神意志，不过人们仍然能够在这张脸上看到一种已然融入和谐之中的悲悯。"② 与西方雕塑相比，中国的雕塑更趋于反人格化，难以找到欲望驱使下富于个性化的人。

　　动物和人物也是中国雕像中常见的形象，动物雕像表现的往往是演化、加工过的动物形象，富有象征意义。例如，汉代武氏墓石狮子和梁代陵墓石狮子就艺术特征而言并无太大差别，但两者都没有如实模仿真实的狮子，它们是想象的产物，它们多造型凶猛，呈现出保卫者的象征意义。唐朝及其后的狮子雕像多是佛教造像，伫立在寺庙、石窟入口或佛祖与菩萨脚下，因此它们不像早期的狮子雕像那样凶猛，而是更为沉着宁静。

　　喜仁龙还通过分析佛像衣服样式的变化来窥探佛像造型变革后的文化根源，佛像衣饰的变化受到印度教等外来文明的影响。中国最早或最古老的佛教雕塑的衣褶设计极其简洁有力。北魏孝文帝迁都洛阳后，在推崇佛教文化的同时也大力推行汉化服饰。佛像的服饰也纷纷改变，其中最别致的元素就是"褒衣博带"，大衣内着僧祇支，双领下垂，衣内有双带供作系结。菩萨也同样变为头戴蔓冠，上披帔帛，下着羊肠大裙的式样。云冈前后期"冕服式"服装式样的变化，实与孝文帝一系列的汉化服式改革相互呼应。还有佛像的总体外形不再呈圆柱形，而是变成了卵形，使佛像更富和谐宁静之感，展现出缓慢、顺畅、平衡的动感，不会像圆珠或棱柱造像中那样突然中断。喜仁龙认为隋朝时期的佛像雕塑是中国雕塑艺术走向成熟的前奏，相当于欧洲的文艺复兴早期。从风格演变的角度来看，这一时期的独特价值在于，雕塑已经摆脱了相对抽象的平面模式，开始形成更加纯粹的立体手段。人像比以前更加立体，呈

---

① ［瑞典］喜仁龙：《5—14世纪中国雕塑》（上），栾晓敏、邱丽媛译，广东人民出版社2019年版，第4页。
② ［瑞典］喜仁龙：《5—14世纪中国雕塑》（上），栾晓敏、邱丽媛译，广东人民出版社2019年版，第5页。

卵形。"从这一时期的佳作中，可以感受到全新的雕塑意图和创新的意愿，尽管因为尊重传统形式和线条节奏而受到了一定的限制。"[1]

还有一些雕像是道教造像而非佛教造像，雕塑上的图案、画像非常随意。虽然这些雕像做工粗糙，只是在形式上去除了大部分外来元素的初始寓意，但它们是中国北方早期宗教艺术中最为本土化的作品。

第四节　国内外喜仁龙思想研究

喜仁龙对中国艺术的研究起到推动和示范作用，但长久以来鲜有研究者关注到喜仁龙对中国艺术的贡献，喜仁龙成为一位被忽视的中国艺术研究集大成者。近年来，随着汉学家研究热潮的兴起，喜仁龙对中国艺术的研究逐渐引发了国内外学者的广泛关注。2013 年，香港大学出版社首次出版了芬兰学者米娜·托玛（Minna Törmä）研究喜仁龙的英文专著，其原名为"Enchanted by Lohans：Osvald Sirén's Journey into Chinese Art"；2019 年，上海书画出版社出版了这部英文著作的翻译版本《喜龙仁与中国艺术》。该书详尽记述了喜仁龙 1918 年、1921—1923 年、1929—1930 年和 1935 年的四次中国之行，作者以其旅行笔记所记录的内容为基础材料，探究喜仁龙对于中国艺术收藏与研究的历程及研究成果。研究中，作者还关涉到了喜仁龙与中国学者的交流互动。该专著的出版推动了中西方学界对喜仁龙的关注与研究，但整部著作更类同于传记研究，更多的是分析喜仁龙的人生经历与其中国艺术探索间的关联，对喜仁龙中国艺术研究的学理性分析还并不充分。

中国学界有关喜仁龙的研究成果相对丰富，从建筑学、美术学等不同学科视角出发，剖析喜仁龙的中国艺术观念。程枭翀的博士学位论文《解读近代西方学者"非历史"视角下的中国建筑观》通过梳理 20 世纪 30 年代以前西方人来华的建筑考察活动，将整个过程分为兴趣萌芽、初步探索和考察巅峰三个阶段。并借助系统梳理西方研究成果，揭示西方学者的建筑观，探讨西方世界对中国建筑规律的认识。该研究将喜仁龙

---

[1] ［瑞典］喜仁龙：《5—14 世纪中国雕塑》（上），栾晓敏、邱丽媛译，广东人民出版社 2019 年版，第 51 页。

视为 20 世纪西方汉学建筑研究的代表人物，详尽分析了喜仁龙的《中国古代艺术史》《北京的城墙与城门》和《中国北京皇城写真全图》三部作品，通过与伯施曼等汉学家研究的类比，审视喜仁龙对中国建筑的独特理解。喜仁龙对中国建筑的"关注点并不限于建筑或建筑学本身，更加关注建筑背后某些形而上的内容，如文化、宗教、历史、艺术等"[1]。喜仁龙则在伯施曼研究的基础之上，在横向解读中国建筑的同时加入了时间纵轴，梳理了从商周到秦汉再到唐宋元明的发展历程，使中国建筑研究变得更有层次。杜彬的硕士学位论文《20 世纪初喜仁龙对北京城市与建筑的研究》细致梳理了喜仁龙的学术历程及学术贡献，并对喜仁龙的中国及北京考察活动进行整理。该研究探讨了喜仁龙的城市观、建筑观和园林观，并以喜仁龙作品中的北京建筑作为具体例证，进一步考察了喜仁龙对中国建筑的贡献及影响，"无论从他当时的年代，对中国建筑文化传播的角度，还是他的研究成果对中国本土建筑史研究工作的影响方面"[2] 都对中国建筑研究产生积极影响。

田恬的硕士学位论文《他山之石——从吴派沈周窥喜仁龙〈中国绘画：名家与原则〉研究的基本方法》重点剖析喜仁龙的专著《中国绘画：名家与原则（七卷本）》，尤其探索了喜仁龙对以沈周为代表的吴门画派绘画风格与技巧的关注。该研究关注到喜仁龙由表及里的研究层次，"画作是画家的内心世界凭借形式、媒介向外界的一种表达。而这些与整个社会，从政治经济到社会、文化、教育及师承各个层面息息相关"[3]。

闫爱宾和朱诗漪的《喜龙仁摄影与 1930—1940 年代中国古典园林观念史的转向》一文"从喜仁龙的园林摄影出发，挖掘其拍摄行为背后所折射出的园林观念，指出喜仁龙的镜头开启了在跨文化语境下以园林为主体的认知模式，力图揭示 20 世纪 30—40 年代园林观念的流变历程"[4]。

---

[1] 程枭翀：《解读近代西方学者"非历史"视角下的中国建筑观》，博士学位论文，天津大学，2015 年，第 126 页。

[2] 杜彬：《20 世纪初喜仁龙对北京城市与建筑的研究》，硕士学位论文，北京建筑大学，2017 年，第 53 页。

[3] 田恬：《他山之石——从吴派沈周窥喜仁龙〈中国绘画：名家与原则〉研究的基本方法》，硕士学位论文，中国社会科学院研究生院，2014 年，第 25 页。

[4] 闫爱宾、朱诗漪：《喜龙仁摄影与 1930—1940 年代中国古典园林观念史的转向》，《建筑学报》2023 年第 5 期，第 95 页。因表达差异，此处的喜龙仁就是喜仁龙。

该研究梳理了多萝西、包爱兰等西方摄影者拍摄中国园林时采用的固有模式，他们的镜头之下透视出的仍是对东方土地与文化的凝视与征服，将中国园林视为"他者"存在。喜仁龙率先开始突破此种固有视觉模式，构建起以园林为主体的新模式：（1）以照片的图像叙事揭示了中国园林之中超越物质形式的、对身处其间的直观体验与整体氛围的强调；（2）景象的选择显示出中国园林中各要素构成关系，并通过对山石的大篇幅塑造，确立中国园林所具有的独特艺术价值；（3）对拍摄视角的考量强调了假山石不同于西方石雕塑或方尖碑的立体空间性与环境融合度；（4）利用人物的出镜形象与画面整体面貌提示了中国园林在纵向维度上继续发展的可能性。① 吉灵娟的《苏轼绘画理论在欧美学界的翻译与研究》一文通过分析喜仁龙、汉斯·弗兰克（Hans Frankel）等人对苏轼绘画理论的翻译和阐释，指出20世纪初期苏轼绘画理论的翻译与研究对中国绘画艺术在西方的传播产生深远影响，尤其是苏轼的"诗画一律""气韵""笔法""功夫"等核心术语，逐步推进了苏轼画论在西方艺术史中话语体系的生成，进一步提升了中国早期艺术在西方艺术史中的地位。② 该研究探究了喜仁龙在翻译苏轼的绘画理论时，尤其是关涉到水和竹这两个意象时，非常注重承载表现生命的"点"，并由此构成了苏轼所说的"常形"。吉灵娟和殷企平的《喜龙仁的苏轼书画理论译介研究》一文通过发掘喜龙仁译介苏轼书画理论，阐释苏轼绘画创作理论，如悟道、无我、常理等核心概念，他借用跨艺术诗学的研究方法，为西方艺术史、文化史的学科提供了科学的研究范式，不仅有效推动了中国传统文化在海外的传播，而且为海外汉学学科的发展提供了新鲜的思路和方向。③ 该研究指出喜仁龙在翻译"墨竹""无我与常理""悟道"等苏轼绘画理论的核心概念时，注重其中的中国文化内涵，并形成了自身独特的研究特色：（1）跨艺术诗学的研究方法；（2）对研究材料进行系统的整理和归

---

① 闫爱宾、朱诗漪：《喜龙仁摄影与1930—1940年代中国古典园林观念史的转向》，《建筑学报》2023年第5期，第100页。因表达差异，此处的喜龙仁就是喜仁龙。

② 吉灵娟：《苏轼绘画理论在欧美学界的翻译与研究》，《中国翻译》2021年第6期，第46页。

③ 吉灵娟、殷企平：《喜龙仁的苏轼书画理论译介研究》，《杭州师范大学学报》（社会科学版）2020年第2期，第109页。因表达差异，此处的喜龙仁就是喜仁龙。

纳；(3) 核心术语的翻译精益求精；(4) 在研究中征用了具体的绘画作品进行佐证。①

喜仁龙的大部分作品已被翻译成汉语，每部著作前的序言部分都是对喜仁龙艺术思想的精准概括，是剖析喜仁龙思想的重要文献。朱良志在《中国园林与18世纪欧洲园林的中国风》的序言中从态度、观点和原理三个方面来论述喜仁龙对中国艺术研究的态度。就态度而言，喜仁龙"没有居高临下的态度，他是来中国艺术的领域寻找精神对话的"②。喜仁龙对中国艺术的研究既不是像西方传教士那样为传播某种固有理念而进入中国文明之中，也不同于将中国艺术史作为西方文明的证明材料的研究，他更尊重中国艺术中中国人自己的声音，挖掘中国艺术叙事的独特魅力。就眼光而言，喜仁龙通过对中国艺术史的全面了解，进而拓展细致研究，例如他对元代绘画价值的肯定，指出元代绘画是理解明代绘画的重要源头。就原理而言，喜仁龙对中国艺术诸多领域的研究都极为重视其后的哲学、宗教元素，只有充分了解这些元素才能深刻体味中国艺术的魅力。李孝聪为《北京的城墙与城门》所作的序言中，不仅细致地梳理了喜仁龙创作此书的研究脉络，还对其保护文物艺术思想进行凝练与总结，指出喜仁龙的研究中已经表达出保护作为民族文化象征的传统建筑的重要性。随着全球化和城市现代化的发展，也带来许多负面影响，人们生活条件得到改善的同时也伴随着大面积建设性破坏，城市历史也遭到损毁，动摇了其所象征的民族情结。因此，年青一代应紧守自己的"根"与民族文化，保护民族文化不受破坏。叶公平为《5—14世纪中国雕塑》所作的序言《喜龙仁在华交游考》是对米娜·托玛的《喜仁龙与中国艺术》一书的补充，米娜的著作中虽然详尽地记述了喜仁龙在中国的游学情况，但却忽视了喜仁龙与中国近代名人的交往，而这些交往对理解喜仁龙的中国艺术思想极为重要。叶公平补充了喜仁龙与张元济、蔡元培、胡适、黄宾虹、完颜衡永、袁同礼、杨周翰、梁思成以及其他

---

① 吉灵娟、殷企平：《喜龙仁的苏轼书画理论译介研究》，《杭州师范大学学报》（社会科学版）2020年第2期，第114页。因表达差异，此处的喜龙仁就是喜仁龙。

② [瑞典] 喜仁龙：《中国园林》（上），陈昕、邱丽媛译，北京日报出版社2021年版，第6页。

在华外国人的书信往来与学术交流，以此审视中西文明交流互鉴的过程。叶公平为《中国早期艺术史》一书所作的序言《喜龙仁与中国艺术》一文是为喜仁龙创作的一个人物小传，详细介绍了喜仁龙研究转向、中国之旅、在华交游等情况，使读者在阅读之初对作者的研究有一个初步印象，便于之后的研究阅读。

综上所述，中西方学者已经开始认识到喜仁龙的中国艺术研究的重要性，并展开了诸多颇有见地的阐释。但西方学者对喜仁龙的研究还多停留于人物传记书写层面，缺少对其思想的深入剖析。中国学者对喜仁龙的研究虽更为多元化，但多为碎片化、零散化的分析与研究，并且对喜仁龙的思想多为建筑专业、文物修复专业的研究者重视，更多的是为社会实践服务。真正关注到喜仁龙艺术思想的文学研究者则多是对喜仁龙某部著作中的某一观念进行阐释，或是在考察苏轼等中国文学家的绘画思想时，将喜仁龙的研究作为佐证。可见，对喜仁龙艺术思想的研究尚不充分，尚未产出对喜仁龙艺术思想系统化、理论化研究的成果，亦缺少对其建筑观、园林观、雕塑观、绘画观等具体艺术思想的整体把握。因此，喜仁龙的艺术思想仍有待深入挖掘。

喜仁龙自1913年与中国文化结缘，之后就对中国艺术进行了长达50多年的研究，1922年的紫禁城之行更是奠定了喜仁龙中国艺术研究的基础。喜仁龙的研究从北京的城墙与城门开始，逐渐深入研究中国的绘画、雕塑、园林等艺术形式。喜仁龙在撰述过程中致力于让中国人自己言说，遵从中国艺术自身的叙事模式，而不是将其纳入西方的历史化、理性化的艺术史书写架构中。喜仁龙更为注重中国艺术形式所传递出的神韵和哲思，以此实现与中国的精神对话。喜仁龙与我国近代文学家、思想家、艺术家、哲学家的交往形成了一种相互促进的良性互动，其雕塑研究成果影响了梁思成《中国雕塑史》的撰写。喜仁龙可谓中西文明交流的使者，推动了中西文化间的交流互鉴。

第三章

葛兰言与中国古代文明研究

在海外汉学的诞生与发展历程中，法国无疑是这一领域的先锋与重镇。18 世纪早期的传教士雷慕沙（Jean Pierre Abel Rémusat，1788 – 1832）与儒莲（Stanislas Julien，1797 – 1873）是法国的第一代汉学家，他们的研究是西方汉学萌芽阶段的代表。第二代汉学家沙畹（Édouard Émmannuel Chavannes，1865 – 1918）则将汉学研究推向更深广的阶段。在沙畹影响下，诞生了以葛兰言（Marcel Granet，1884 – 1940）为代表的第三代汉学家。

葛兰言不仅是杰出的法国汉学家，同时也是一位社会学家和民族学家。他深受社会学奠基人涂尔干（Émile Durkheim，1858 – 1917）和欧洲汉学泰斗沙畹的双重影响，成为最早将社会学方法引入古代中国研究的先行者。葛兰言的第一部研究著作《中国古代的节日与歌谣》（Fêtes et Chansons Anciennes de la Chine，1919），就是他将社会学与汉学研究相融合的成果。在这本书的献词中，葛兰言充满敬意地写道："为纪念涂尔干与沙畹。"此后，葛兰言继续对中国社会进行全方位的研究，陆续出版了《中国人的宗教》（La Religion des Chinois，1922）、《古代中国的舞蹈与传说》（Danses et Légendes de la Chine Ancienne，1926）、《中国文明》（La Civilisation Chinoise，1929）、《中国思想》（La Pensée Chinoise，1934）、《中国社会学研究》（La Féodalité Chinoise，1952）等多部著作。1920 年和 1926 年，他分别凭借《古代中国的节庆与歌谣》和《古代中国的舞蹈与传说》两次获得由法兰西文学院颁发、享有汉学界诺贝尔奖之誉的"儒莲奖"（Prix Stanislas Julien），进一步奠定了他在汉学界的声誉。

葛兰言既是涂尔干社会学派的一员，同时也是法国汉学研究的重要人物。他最为人称道的研究方法是将涂尔干的社会学引入中国古典研究中，以新的方法论分析《诗经》等中国历史文献。此种研究路径及其成果对于理解中国文化和传统价值观具有重要参考价值。他的学术贡献得到了国内外学术界的普遍认可，对中国学者的研究也起到了积极的推动作用。透过葛兰言生平简介、代表论作、主要成就、葛兰言研究中的中国文化旨要，国内外对葛兰言的研究情况等多个维度，无疑能够直观呈现这位影响深远的汉学大家对于中国传统文学与文化的独特探查之路。

第一节 葛兰言的汉学研究之路

1884 年，葛兰言出生于法国东南部小镇上的一个知识分子家庭，早年受到了良好的教育。1904 年，葛兰言考入巴黎高等师范学校（École Normale Supérieure，ENS）历史系。巴黎高师是一所曾培养出众多优秀人才的精英学校，其中包括法兰西学院院士、诺贝尔奖获得者。与葛兰言同时在此就读的同学中也有数位在后来取得了非凡的成就，例如同年入学的马克·布洛赫（Marc Bloch，1886－1994）后来成为一名历史学家，也是年鉴学派的创始人之一。葛兰言在校期间博览群书，涉猎颇广，对法律、历史、哲学等多个学科领域都有所关注。这一时期广泛的阅读与思考，为他后来创立独特的汉学研究路径打下了基础。

也正是在大学求学期间，葛兰言接触到了社会学的重要创始人涂尔干，后者对他一生的研究产生了深远影响。涂尔干在 19 世纪末提出的反实证主义社会学研究方法与概念在当时颇有争议，并未被学术界广泛接受。在很长一段时间里，涂尔干都将自己的社会学内容放在教育学或哲学的名目下进行讲授。尽管如此，他所提出的社会学研究还是吸引了很多学生，他们在与涂尔干的交流中接触到社会学的研究路径与思想，并潜移默化地将其带入未来的学术道路中。除葛兰言自己外，他的朋友中也有一批涂尔干的追随者，例如前文中所提到的布洛赫，以及后来同样成为一名社会学家的乔治·戴维（Georges Davy，1883－1976）等。此外，葛兰言还与涂尔干的侄儿、法国社会学与人类学家莫斯（Marcel Mauss，1872－1950）结下了深厚的友谊。

在这一时期，葛兰言还对远东地区的社会文化制度产生了浓厚的兴趣。在与上述深受涂尔干影响的学术群体的讨论过程中，葛兰言决心去研究东亚的社会制度。起初他选中的研究对象是日本，但在机缘之下他遇到了法国汉学家沙畹（当时法国对远东地区的研究相对较少，沙畹是少见的中国研究者）并深受其影响，故最终转向了对中国的研究。除了葛兰言之外，法国汉学家伯希和（Paul Eugène Pelliot，1878–1945）、马伯乐（Henri Maspero，1883–1945）也都出自沙畹门下。在沙畹的引领下，葛兰言开始学习中国传统的语言和文化，并专注研究中国的哲学、宗教和社会制度，日渐成长为中国研究领域的专家。

与此同时，葛兰言所要完成的学业任务也在有条不紊地进行。1907年，葛兰言参加并通过了历史的教师资格证考试。1908年，他又顺利取得法学学士学位。同年，葛兰言还获得了梯也尔基金会（La Fondation Thiers）的资助，支持他进行关于封建主义的学术研究。1911年，葛兰言结束了在梯也尔的工作，同时他也得到了一份支持他前往中国进行中国古典文献研究的政府资金。

葛兰言的中国研究很快结出了果实。1912年，他完成了一篇文章《中国古代的婚姻制度》（"Coutumes Matrimoniales de la Chine Antique"），沙畹对此文十分赞赏，将其发表在自己所主编的汉学杂志《通报》（*T'oung Pao*）上。在中国这一年多时间里，葛兰言亲身经历了辛亥革命所引起的社会巨变，对于这个遥远国度悠久的文化传统和正在经历的变革，有了更加深刻的认知和理解。

1913年，葛兰言回到法国。他先在中学历史系工作了一段时间，在沙畹离职后，又接任了沙畹在高级师范学校的远东宗教研究系主任一职。第一次世界大战爆发后，葛兰言加入了部队，并获得十字勋章。1918年，他还因执行任务再次来到中国。即便在战争期间，葛兰言都未中止他的汉学研究，他陆续撰写完成了两篇博士学位论文《古代中国的节庆与歌谣》和《中国古代之媵制》。

第一次世界大战结束后，葛兰言回到法国，并在1919年6月与玛丽·泰里安结婚。1920年1月，他通过考核获得博士学位。1922年，葛兰言应莫里斯·索洛温（Maurice Solovine）的要求，为"科学与文明"系列写一本短书。葛兰言在六周内完成了《中国人的宗教》（*La Religion des Chinois*）。1926年，葛兰言得到了东方语言学校的教授职位，后来又参与建立中国高级研究院，并担任该学院院长。同年，他又出版了《古代中国的舞蹈和传说》(*Danses et Legendes de la Chine Ancienne*) 一书，该书献词写道"献给莫斯（按：即前述涂尔干的侄儿，也是涂尔干的学术继承人）"。1929 年，葛兰言出版了《中国文明：公开生活与私生活》(*La Pensee Chinoise：Vie Publique et la Vie Privee*)。20 世纪二三十年代，葛兰言主要从事三个部分的工作，即作为院长的行政事务、作为教授的教书生活以及学术研究与写作。1940 年 11 月 25 日，56 岁的葛兰言逝世。

值得一提的是，无论是否在中国，葛兰言对中国社会的现实情况始终有所关注。1921 年 2 月，他受新文化运动中活跃的巴黎中国留学生的邀请，回答关于新旧宗教是否还有存在价值的问题，他回答道："人类由有宗教渐渐变到无宗教，要算是人类的根本进化。"① 葛兰言认为，中国旧宗教已随社会变迁而消灭，无须白费力气以求恢复，希望中国人的思想"永远保守这个无宗教的道德精神"②；他还认为，为一民族重建一种宗教是一件矫揉造作又十分危险的事，新中国"在今日无宗教的需要了"③。这些观点对留学生产生了相当的鼓舞作用。

除了学术研究之外，葛兰言还培养出了一批杰出的中国研究者。例如研究道教文化的康德谟（Max Kaltenmark，1910－2002）、藏学家石泰安（Rolf Alfred Stein，1911－1999）、中国艺术与佛教研究者樊隆德（Nicole Vandier-Nicolas，1906－1987）以及中国学者杨堃、李璜、凌纯声、陈学昭、陈锦等，他们都在葛兰言的影响下，在中国文学、历史、宗教、哲学等领域建树颇丰。

第二节 多维度的文化史研究

葛兰言的汉学研究主要关注中国社会的风俗、制度、信仰等。他多从史料出发，分析其中反映的具体现象，由此引申出对古代中国思想观念与社会制度的广泛考察。他在世时产出的成果包括五部著作与数十篇

---

① 李璜译：《法兰西学者的通信》，《少年中国》1921 年第 3 期，第 37 页。
② 李璜译：《法兰西学者的通信》，《少年中国》1921 年第 3 期，第 37 页。
③ 李璜译：《法兰西学者的通信》，《少年中国》1921 年第 3 期，第 37 页。

文章，大致可分为具体事实或现象的研究与综合性研究两类，前者如《古代中国的节庆与歌谣》，关注上古社会的某些节庆活动，后者如《中国人的宗教》是对古今中国宗教信仰发展的总体考察。下文我们将择取其中较为系统深入的代表性成果进行介绍和评述。

一　风俗与制度的探查

20世纪初，葛兰言发现要想考察中国先秦的社会生活状况，《诗经》是难得的有效文本，其中包含反映民间风俗的情歌，而这些诗歌与"上古中国社会的最高秩序"[①]联系在一起。因此，他自20世纪头10年在中国进行研究考察时，就开始关注《诗经》。葛兰言于1912年发表在《通报》的《中国古代的婚姻制度》就以《诗经》为主要材料，同时参考了儒家典籍中的相关注释，总结出先秦的民间婚姻习俗。

葛兰言在《中国古代的婚姻制度》的基础上，完成了他的博士学位论文《古代中国的节庆与歌谣》。这是葛兰言步入学术之门的一项重要研究，也是他首次得以荣获儒莲奖的代表作。葛兰言以《国风》中的情歌为主要研究对象，通过参阅中国古代的注疏来探讨诗歌的本义。尤为独特的是，葛兰言以社会学的眼光分析这一历史文本中所反映的上古节庆与习俗，由此勾勒出这些习俗及信仰的发展历史。具体来说，该研究主要为两大部分，第一部分通过分析诗歌本义，确定其涉及的仪式内容。葛兰言将诗歌分为田园、乡村爱情和山川三类，分别就这三类主题诗歌所反映的农村的生产生活、男女婚恋以及节日信仰进行讨论。他以描绘田园风光的20首诗歌为例，指出其中对自然景象的描写表达了季节的变化，而与季节变迁相应的就是上古社会的农业历法，这种应时而动的准则就具有一种道德的意蕴，于是感受田园景象、顺应自然就相当于合乎道德。在对爱情主题的诗歌分析中，葛兰言发现这些作品具有非个人性的一般化特征，歌谣意象简洁，对仗与叠词使用较多。于是他推断这些作品是在载歌载舞的场合中使用的诗歌程式。而那些以山川为主题的诗歌则表明，诸侯国在特定的时间和地点会举办大型乡村集会，其活动包

[①]　[法]葛兰言：《古代中国的节庆与歌谣》，赵丙祥、张宏明译，广西师范大学出版社2005年版，第5页。

括歌舞比赛，人们往往会登山过河、采花伐薪，爱情与婚约也多发生于此时。葛兰言对这三类诗歌的分析，勾勒出一幅鲜活的上古民俗图景。第二部分则以诗歌为据，重构上古与封建时代的前后两组节庆形式，研究民间仪式向官方祭祀庆典的发展过程。葛兰言还进一步对上古的思维观念进行了归纳：（1）世界是由阴、阳主宰的。这是两个基本的思想范畴。阴阳合一，促成世界的和谐状态。（2）空间是一个有机的整体，由不同种类，即男性或女性、阴或阳的延展构成，它们是正好相对的；空间是面对面的延展体的集合。（3）时间是由两类对立（阴或阳、男性或女性）的时期重复轮替构成的，这些时期在时限上是等长的。（4）时间和空间形成了一个同质的整体，交替对应的原则和位置对称的原则构成了时间和空间的基础。[①]

葛兰言的另一篇博士学位论文《中国古代之媵制》则关注上古婚姻中，长男一次迎娶多位女性的媵制婚俗，并直观揭示这一习俗背后的社会制度和文化旨归。葛兰言认为，这一制度的确立与族中男子出现地位分化有关，其发生往往有着一定的政治或宗教目的，而这就意味着封建贵族婚姻制度的开始。在《中国古代之媵制》中，葛兰言首先归纳了媵嫁制度的两个基本原则：一位贵族只能一次从一个家族娶若干位女子；嫁女的家族必须一次性嫁去若干位女子。葛兰言根据社会学上的"供给原则"（les prestations），对这一现象作出解读：贵族嫁娶是双方家族结盟的方式，而"一次嫁多女"既体现了嫁女家族的诚意，同时也是双方联盟重要程度的体现。此外，共嫁的姐妹来自同一个家族，其所生子也具有家族亲缘，这样可以避免日后他们之间相互敌对，甚至产生家庭权力斗争。但媵嫁制度也并不意味着所有妻子都是平等的。其中姐姐地位较高，是唯一的"正妻"，其他的妹妹或侄女（"娣"）则均为"媵女"。城市贵族媵制婚姻的动机主要为结成政治结盟，并且服务于家族宗庙祭祀的需要，这些考虑在很大程度上都是为了巩固家族统治权。总之，媵嫁制度产生的关键因素在于男性在族内的权威的建立。长男只有先建立起相对于本族兄弟的内部权威，才能享有对外族女子的婚姻权。可以说是

[①] ［法］葛兰言：《古代中国的节庆与歌谣》，赵丙祥、张宏明译，广西师范大学出版社2005年版，第199—202页。

父权及其代际的传递造就了媵嫁制度,并形成了媵制婚姻下丈夫对妻、媵和其他家庭成员的统治。但葛兰言还指出尽管家族间有结盟的需求,他们也不可以通过婚姻来结成过于紧密的联盟,即双方不能交换嫁娶本族内所有的适龄女性。葛兰言对此的解释是,贵族家族之间既需要维持传统关系,也要各自保持相对的自由,以便提高声望,扩大影响。

葛兰言的两篇博士学位论文解释了上古婚俗、信仰由民间发展至贵族制度的演变过程。他通过对中国上古社会农村和城市在婚姻制度和仪式方面的细致分析,揭示出城乡之间文化差异产生的原因,即在于生产方式以及生产、生活所处的自然环境的差别。两篇论文中考察祭礼的内容后来又分别成为《中国人的宗教》(*La religion des Chinois*)中第一章"农村宗教"("La Religion paysanne")和第二章"封建宗教"("La Religion Féodale")的基础。

毋庸置疑的是,葛兰言的研究为中国文学研究提供了新视角。例如在《古代中国的节庆与歌谣》的篇首,葛兰言特别围绕"如何阅读古代经典"进行了论述。在研究方法上,葛兰言提出了一种解读《诗经》的新范式。他在了解历代对《诗经》注疏的基础上,试图抛开中国传统文人解释《诗经》时一贯采取的道德或政治视角,从反映现实习俗与信仰的社会学角度解读诗歌内容。葛兰言指出,以往评注者们的诠释"着重于象征的秩序,并且建立在一种公共正义(droit public)理论之上:假定,政治行为与自然现象间存在着一种对应关系"①,因此往往把民间歌谣变为深奥的学者之作,偏离了诗歌本义,甚至有时落入荒唐的境地中。葛兰言对《诗经》传统的象征主义解经方式发出了质疑,并重新解释了这些诗歌中的比、兴手法。他将《诗经》的修辞手法看作"对应","不过不是预设的政治与自然之间的对应,而是一种透过对语词内部关系的关注可见的与外部对应关系的'表达的对应'",即诗歌的结构布局与实际的情歌对唱形式相一致。② 因此,这种作品通常是集体的而非个人的,

---

① [法]葛兰言:《古代中国的节庆与歌谣》,赵丙祥、张宏明译,广西师范大学出版社2005年版,第5页。
② 萧盈盈:《结构主义和去结构主义——比较葛兰言和于连对〈诗经〉的解读》,《国际汉学》2017年第3期,第81页。

其中表达的情感、描写的人物往往不具有特殊性或个体性，而多具有一种普适性，个人的情感往往掩藏在古老的情感之下。但与此同时，这些诗歌的表达中，确实传递出一些人生准则或者道德教诲。葛兰言认为，这些象征中的道德观念源自上古仪式。也就是说，《诗经》传递的并非儒家解经评注者所诠释的道德教诲，而是"先于经典的道德教诲而存在的上古习俗"①。这些都为我们理解《诗经》的形式、意义乃至上古思维特征带来新的启发。

葛兰言的研究视角不仅是对中国传统观点的挑战，也对西方汉学的发展也产生了重要的推进作用。他在西方汉学的《诗经》研究脉络中起到了承前启后的作用。《诗经》是受汉学家所重视的一部中国古代经典文献，17世纪就被译介到法国，但直到20世纪以后，才有了较为深入的文本研究。法国汉学家顾赛芬（Séraphin Couvreur，1835–1919）于19世纪末翻译出版了《诗经》在内的多部儒家经典。他延续了中国传统的解经方式，将赋比兴与道德教化相联系。②不过，顾赛芬还是注意到，中国文人传统的"思无邪"的解经方式远不足以涵盖这些诗歌的意义和内容。这一意见得到了葛兰言的肯定。他的研究实际上也是基于这一质疑，不仅对传统解经方式作出了回应，也提出了更丰富的见解。与此同时，葛兰言从忠实反映当时对《诗经》看法的角度，也肯定了顾赛芬翻译的价值。顾赛芬的译本自然也成为葛兰言研究的重要材料。相对而言，理雅各（James Legge，1815–1897）对《诗经》不够系统、深入的解释受到了葛兰言的批评。

而在研究的具体路径上，葛兰言则引入了颇为独特的社会学探查方法。社会学研究方法原本被应用于调查现代社会的问题上，而葛兰言的研究对象以古代中国为主。他将社会学的方法运用于古籍阐释中，融合了史学与社会学的研究理路，可以说是创造了"一种新的史学的方法"③。葛兰言在进行学术研究时，很强调方法论的重要性。他常在著作开头的序言部分，就这本书要使用的分析方法进行一番论述。在1926年出版的

---

① ［法］葛兰言：《古代中国的节庆与歌谣》，赵丙祥、张宏明译，广西师范大学出版社2005年版，第6页。
② 萧盈盈：《结构主义和去结构主义——比较葛兰言和于连对〈诗经〉的解读》，《国际汉学》2017年第3期，第79页。
③ 杨堃：《社会学与民俗学》，四川民族出版社1997年版，第126页。

《中国古代的舞蹈与传说》的序言中,葛兰言首次清晰地阐明了他的社会学分析方法。葛兰言的方法与法国社会学家涂尔干及其继承人莫斯的学说之间联系密切。涂尔干《宗教生活之初级形态》结论中阐发的"全体性"(totalité)理论是社会学研究中重要的方法论概念。它将社会事实当作客观发生的、内部因素相互联系、影响的整体性质的事实来进行把握。此外,社会学研究还多使用比较的方法,考察相似社会模式或文化背景下的社会现象。葛兰言同样是以一些有意义的具体事实为研究对象,进行细致研究,并常立足比较视野、从整体性视角对社会生活和文化进行阐释,在说明事实之后再归纳理论。对于比较的分析方法,他使用得十分谨慎。在连续发展的中国文化内部,葛兰言找到一种制度发展的不同阶段,对其进行参照考察。此外,葛兰言也十分重视社会学方法中的田野调查法。他的研究重点虽以古代社会为主,但同样也观照中国现代社会。葛兰言亦提倡实地调查保留传统文化较好的乡村地区,全面收集相关的数据信息。他在中国期间,就通过观察、交谈、整理大众教化材料等方式调查中国家庭的居住形式和风俗状况。

二 文明发展脉络的梳理

出版于 1922 年的《中国人的宗教信仰》(*La Religion des Chinois*)是葛兰言唯一的一部论述汉代以后中国文明史的著作。此书是葛兰言应莫里斯·索洛文之邀为"科学与文明"丛书而写的一部小书,写作用时仅六个星期,且没有注释和参考文献。在书中,葛兰言试图介绍中国上古的宗教信仰,并展现这种信仰观念如何随着社会变迁而演进变化。这本书共分五部分,大体按历史时间发展脉络展开,由上古中国写至近现代中国,具备一定的"宗教通史"性质。第一章"乡村宗教"和第二章"封建宗教"以葛兰言擅长的"城—乡"二分对立的视角模式展开。通过对大量先秦时期的资料(尤其是《诗经》)进行解读,力图重建中国宗教的最初形态基础,同时分析中国人对天地祖先的崇拜、传宗接代对中国人的重大意义,以及凡俗生活与神圣生活二者间的对立转换。第三章"官方宗教"主要论述中国儒家士大夫阶层的崛起,以及儒家思想成为主流"官方宗教"的过程。葛兰言认为儒教是"一种没有神职人员和实质性教义的宗教,一种仅仅是建立在社会规范性和道德实证主义之上的宗教"①。第四章"宗教的复兴"分两节讨论了道教和佛教的特点及二者在中国宗教史上的作用。第五部分"结论：现代中国人的宗教情感"论述了中国近现代宗教。葛兰言尝试以自己亲身观察的视角出发，对近现代中国人的"宗教情感"进行考量，并认为这种宗教情感是建立在良好信念的基础之上的。

《中国人的宗教信仰》一书问世于葛兰言学术生涯前期，虽篇幅短小，但已涉及了他学术生涯中所关注的绝大多数重要问题，如节庆、歌谣、仪式、圣地、山川、封建社会、礼制、道教等，由此可见，葛兰言学术道路的延续性。同时，书中"中国人并没有分成信仰各自宗教的不同群体；依照固有的传统，他们会同时求助于和尚或道士，甚至是士大夫"。②"中国人的生活包含着许多带有宗教性质、但又实难定义的行为，这使得他们看起来似乎生活于完全世俗的理想中。……但实际上，中国人并不缺乏宗教精神，只是它表现为另一种形式"③，"如果宗教被定义为信众对教条的信奉，或者他们对教士阶层的尊敬，那么所谓中国人信仰两三种或一种宗教的说法，也同样是不正确的……教条和僧侣都不统领中国人的宗教生活"④ 等观点，在百年后的今天看来仍颇具意义。

1929 年，葛兰言出版了《中国文明》(*La Civilisation Chinoise*) 一书。该书分政治史和社会史两部分，在"从记载政治生活、社会生活史实的历史中，把已深入其中的教条化观念去掉"的前提下，⑤ 对中华文明走向大一统的早期历程展开论述。内容断代大体自上古（三皇五帝）写至汉武帝。第一部分"政治演进史"，由"传统史料记载下的历史""中国上古历史的主要文献"两编组成。在政治史部分，葛兰言首先分析了古代中国的传统史观，并以此为基础结合中国地理环境等要素展开论述，认为中国文

---

① ［法］葛兰言：《中国人的宗教信仰》，程门译，贵州出版集团公司、贵州人民出版社 2010 年版，第 3 页。
② ［法］葛兰言：《中国人的宗教信仰》，程门译，贵州出版集团公司、贵州人民出版社 2010 年版，第 148 页。
③ ［法］葛兰言：《中国人的宗教信仰》，程门译，贵州出版集团公司、贵州人民出版社 2010 年版，第 154 页。
④ ［法］葛兰言：《中国人的宗教信仰》，程门译，贵州出版集团公司、贵州人民出版社 2010 年版，第 151 页。
⑤ ［法］葛兰言：《中国文明》，杨英译，中国人民大学出版社 2012 年版，第 4 页。

明是"一种渐进组合形成了的文明",自发产生的可能性极小,是外来移民与外族侵略带来的"统一共同体的情感"共同造就了早期文明。古代中国人"以建立大帝国的方式来接受统一"①。古中国的传统史观则始于汉武帝时期。第二部分"中国的社会",由"平原上的人民""封建君主权威之基""领主的城邑""帝国时代开端时期的社会"四编组成。葛兰言认为:在古代中国,相比连续存在的法律和制度,反而是道德与价值观在某些点上的倾向改变、推动了社会的变化,但对这些关键细节的记载在历史材料中屈指可数。因此他试图"建立起另一种材料层累的建构"②,借助整体性的视角对这种中国古代社会历史进行研究。在全书的最后,葛兰言还指出:自然亲情的缺失是中国古代家族组织中最占统治地位的特征。古老的封建宗法时代的道德观是正统史观和教育所要维护的主要思想,然而,随着贵族政治传统的渐渐出现,历史记载对普通百姓的道德风尚和社会风俗的演进的记载越来越少。此书运用社会学于史前时代,已近于人类学的研究方法,至今仍是西方学者上古中国社会史研究的经典之作。

不过,此书问世后不久,便受到以丁文江(1887—1936)为代表的中国学者的批评。究其受批评之主要原因,一是葛兰言以社会学方法(而非扎实的文献材料解读)解析中国古史"与中国史学的特性不尽吻合",其"将社会分析即对社会事实的分析直接用于历史研究,尽管他对从文献中发现史实已经十分慎重,在史家看来依然破绽百出"③,亦即"方法"与"资料"之争;二是葛兰言"虚实不分",试图贯通历史与神话的研究观念无法被当时的中国学者所接受。葛兰言"既想从口述传统中的神话、传说、歌谣中窥见古史真相,又想从史学家迷信的文字资料中看到所谓'历史真实性'含的神话般的虚幻"④。除此两点之外,限于时代和资料条件,葛兰言无缘见到后来的史前考古学成果,又因其所引据文字材料多为二手译本(如《史记》主要使用其老师沙畹的法译本),亦为遗憾。然而瑕不掩瑜,其研究视角和思维方法仍然值得今天的我们去借鉴。

---

① [法]葛兰言:《中国文明》,杨英译,中国人民大学出版社2012年版,第6页。
② [法]葛兰言:《中国文明》,杨英译,中国人民大学出版社2012年版,第7页。
③ 桑兵:《国学与汉学——近代中国学界交往录》,浙江人民出版社1999年版,第10—11页。
④ 王铭铭:《人类学讲义稿》,世界图书出版公司2011年版,第421页。

但毋庸置疑的是，葛兰言的中国研究在某种程度上呈现出一种新的史学研究形态。与以往史学家相比，葛兰言的研究角度、方法有许多创新之处。首先，葛兰言对史料的考证重点不在于文字版本与产生年代，而在于内容中反映的社会事实。即便是伪书，葛兰言也可以从其内容中得到有价值的信息。例如他可以在时间上作伪的材料中，分析造假者的社会心理及其神话学中的意义。在这一方法的作用下，葛兰言得以"在孔子文化之前，突又发现出一些更为野蛮，然而却亦更为富于神话、传说与创造力的中国文化。因之，中国文化的编年表，乃能往上溯得很远"①。其次，葛兰言对史料的选择也比较有特色。他十分重视民俗学材料，认为这其中保存的上古社会"活的传统"最为丰富。这种重口头传统而轻视笔述传统的选择史料的方式，与一般史学家态度相反。轶事、杂记等反映社会生活一角的小事也常得到葛兰言的关注，他总能小中见大，从中看到更大的价值。此外，葛兰言的研究方法也确实为史学家的写作带来启发。罗马尼亚著名宗教史家米尔恰·伊利亚德（Mircea Eliade，1907 – 1986）的著作《宗教思想史》（*Histoire des Croyances et des Idées Religieuses*）第 2 卷第 16 章"中国古代宗教"几乎完全依赖葛兰言的著作《中国人的思想》来行文，② 足见其研究在欧洲同行中受认可程度之大、影响之深。

第三节 葛兰言研究的论争与接受

葛兰言以跨学科的方法研究中国古代历史文化，这使得他在文学、历史、社会学等多方面都有所突破。然而，当下中外学界对葛兰言的讨论和重视都相对不足。相较于同时代的伯希和、马伯乐等其他汉学家，葛兰言较晚进入中国学术界的视野。葛兰言在中国很长时间内都较少为人所知，正如桑兵所言："葛兰言以社会学方法解析中国古史的创新，在中国本土却长时间反应平平。"③ 这一现象一直是葛兰言研究涉及的重要

---

① 杨堃：《社会学与民俗学》，四川民族出版社 1997 年版，第 129 页。
② 吴银玲：《葛兰言〈中国人的宗教〉研究》，硕士学位论文，中央民族大学，2011 年，第 3 页。由于翻译差异，此处《中国人的宗教》与《中国人的宗教信仰》为同一部著作。
③ 桑兵：《国学与汉学——近代中国学界交往录》，浙江人民出版社 1999 年版，第 8 页。

话题之一。葛兰言在中国的关注度较低，一方面是因为他与中国学界的实际接触相对较少，另一方面也因为他的研究方法既与西方汉学主流不一致，也与中国传统和现代学术理路不甚相合。此外，葛兰言在西方社会科学学界也一度被忽视。他的研究也鲜少受到西方社会学领域的关注。究其原因，可能有以下几方面：一是在以英美为中心的学术主流中，汉学成果往往被视作较为边缘的地区研究；二是葛兰言的研究主要从自然主义、神话主义和封建社会主义的理论出发，不同于英语世界主流的神圣主义、历史主义和民族国家主义理论。①

早在民国年间，葛兰言的研究就引发过一些争议。1931年，地质学家兼人类学家丁文江在《中国社会及政治学报》（*The Chinese Social and Political Science*）第15卷第2期发表了一篇抨击葛兰言著作的文章《葛兰言教授的〈中国文明〉》（"Prof. Granet's *La Civilisation Chinoise*"），指出后者的研究中存在三大错误：（1）误将理想当事实，如以男女分隔制为古代普遍实行，殊不知那只是儒家的理念；（2）误读文献而得出与自己方法相合的错误事实观念；（3）《诗经》并非都是情歌，许多作品也未必出自农民之手。"乡村爱情"主题下的诗歌中描写的农民生活过于富裕，近似于城市生活。丁文江还认为葛兰言举出的山川歌谣是宫廷作品。也就是说，丁文江认为，因葛兰言对文献的理解存在错误，故而他所发现的事实未必是历史真相，其方法的合理性也受到质疑。此外，从哥伦比亚大学社会学学成归国的吴文藻也对葛兰言有所批评。吴文藻认可葛兰言是以涂尔干社会学方法考察中国的第一人，但同时也批评道："葛氏大都是根据历史文献，来作比较研究，其方法尚欠谨严。"② 这一批评意见与丁文江相近。王铭铭认为此观点可能是受丁文江的影响。

曾从师于葛兰言的民族学家杨堃认为，丁文江对葛兰言的看法存在很大误解。1939年，杨堃在《燕京社会学界》（*Yenching Journal of Social Studies*）发表英文文章《葛兰言导读》（"Marcel Granet：An Appreciation"），详细介绍了葛兰言研究的学术师承、研究方法、著作书目以及对

---

① 王铭铭：《葛兰言（Marcel Granet）何故少有追随者》，《民族学刊》2010年第1期，第7—9页。

② 吴文藻：《吴文藻人类学社会学研究文集》，民族出版社1990年版，第189页。

葛兰言的评论文章。此文怀疑丁文江是否完全的懂法语，也对丁文江是否真正理解葛兰言的研究发出了质疑。而后，杨堃又于20世纪40年代在《社会科学季刊》上连载长文《葛兰言研究导论》（1943），细致而全面地阐述葛兰言的学术背景与方法论。杨堃是国内首位正式介绍葛兰言的学者，在《葛兰言研究导论》中，他给予葛兰言以高度的赞扬，称其为"法国现代社会学派内一位大师，西洋中国学派内一个新的学派之开创者"[1]。在这篇文章中，杨堃并没有正面回应丁文江所指出的葛兰言所发现的事实的真伪问题。他以大量篇幅细致论述了葛兰言收集和使用史料的方法，指出其优点与创新之处。杨堃以此说明即便材料是伪作，对葛兰言而言依旧有可发掘的内容价值。这在很大程度上回应了丁文江关于葛兰言方法的质疑。

此外，杨堃还详细展开了葛兰言在学术之路上受到的史学家、社会学家、汉学家等不同领域学者的影响。总体来说，葛兰言的学术研究有两大渊源：涂尔干、莫斯代表的法国社会学派以及沙畹开创的中国学派。杨堃首先把葛兰言置于西方汉学发展脉络中，考察其地位与受到的影响。西方汉学在其文章中被称为西洋中国学。杨堃采纳沙畹的看法，认为中国学（Sinologie）由法国传教士雷慕沙（Jean Pierre Abel Rémusat，1788 – 1832）与儒莲等第一代汉学家所开创，他们主要用语文学的方法阐述中国典籍。沙畹则被划入第二代中国学派，他融合了语文学、史学等社会科学研究方法，并亲身实地调查，以整体的、鲜活的中国文化为研究对象。在他的影响下，又有了巴黎与瑞典两派中国学家，前者以伯希和、马伯乐、葛兰言为代表，后者以高本汉（Klas Bernhard Johannes Karlgren，1889 – 1978）为代表。在这一阶段，中国学研究也从沙畹时期的以整体性研究为主过渡到对局部的细化探索。第三代中国学派的汉学家各有所长，杨堃认为葛兰言的创新之处主要在中国宗教社会学方面。他将葛兰言的这一研究兴趣部分归功于其老师沙畹的《史记》翻译与《中国古代的社神》一文中对中国宗教的论述。其次，杨堃还就葛兰言与多位法国社会学家之间的影响关系进行了分析。他第一位重点介绍的是社会学开创者涂尔干。他的学术研究包括社会学理论与具体的社会事实两大方面。葛兰言

---

[1] 杨堃：《社会学与民俗学》，四川民族出版社1997年版，第108页。

受后一种社会事实研究影响更多,因此他十分推崇涂尔干的《自杀论:社会学的研究》(*Le Suicide：Étude de Sociologie*) 与《宗教生活的基本形式》(*Les Formes Élementaires de la Vie Religieuse*)。葛兰言与涂尔干在探究社会现象的原因时,都避免心理或道德的主观解释,而注重从社会学的角度寻求科学的说明。杨堃认为葛兰言的研究青出于蓝而胜于蓝,"葛氏的方法与学说,特别是他的《中国古代之婚姻范畴》一书,不仅超过杜氏,而且亦可视为《宗教生活之初级形态》一书之一补充"①。最后,杨堃还结合他与葛兰言的交往经历及对葛兰言的研究,指出葛兰言受涂尔干的学术继承人莫斯的影响更大,其多部研究就是对后者学说的充分运用。葛兰言的"《中国古代舞蹈与传说》与《中国思想》两书,莫斯那两篇文章的精华及其妙用,已全被他抓住了"②。

国外对于葛兰言的关注也相对较晚。直到20世纪70年代起,才陆续产生几篇重要的介绍性文章。英国人类学家弗里德曼(M. Freedman)的序文《葛兰言1884—1940：社会学家》(1975)、法国当代社会学家古蒂诺(Y. Goudineau)的《葛兰言社会学研究导论》(1982)、法国当代汉学家雷米·马修(Remi Mathieu)分别为《中国古代的舞蹈与传说》《中国文明》所写的序言和后记(1994)等文章都介绍了葛兰言的生活与学术状况。其中较为重要的是弗里德曼的文章。弗里德曼翻译了葛兰言的《中国人的宗教》一书。此英译本被放置在"社会学丛书"中出版,弗里德曼专门声明这本书是"涂尔干派社会学年度文献中的重要文本"。《葛兰言1884—1940：社会学家》一文是他为这本书写下的序言。弗里德曼认为,葛兰言《中国人的宗教信仰》一书主要揭示了中国古代城市生活与乡村生活之间对立与互补的特征,以及中国上古的宗教信仰从乡村向城市"自下而上"的发展过程。葛兰言也对法国著名汉学家、历史学家、社会学家谢和耐(Jacques Gernet,1921 - 2018)的中国社会史研究产生了重要影响。谢和耐的《中国社会史》《中国和基督教》《中国的智慧》等著作均与葛兰言的学术路径相近。谢和耐称赞他:"在那个时代,葛兰言的思想颠覆了传统的汉学,即便当时这门学科并没有做好迎接这种思

---

① 杨堃:《社会学与民俗学》,四川民族出版社1997年版,第113页。
② 杨堃:《社会学与民俗学》,四川民族出版社1997年版,第115页。

想的准备。"① 法国当代汉学家弗朗索瓦·于连的博士学位论文《鲁迅：文字和革命》(*Lun Xun：Écriture et Révolution*，1979) 中，从解读文本的方式到符号、象征与心理学的研究方法都有着葛兰言的影子。② 于连建立了葛兰言中心，并担任该中心主任。同时他也不断反思葛兰言的研究方法及其观点。其著作《迂回与进入》中对于《诗经》修辞手法的诠释，在很大程度上也可谓是与葛兰言《诗经》研究的隔空对话。

目前，葛兰言作品在中外的译介和传播还较为有限。其代表作《古代中国的节庆与歌谣》一书相对影响较大，现已被翻译成英、德、意、日等多种语言，如英译本 "*Festivals and Songs of Ancient China* (E. D. Edwards，1932)"；日译本《支那古代の察礼と歌謠》(内田智雄，1938)。但该书进入中国较晚，目前已出版了两个译本，分别是张铭远译《中国古代的祭礼与歌谣》(1989) 和赵丙祥译《古代中国的节庆与歌谣》(2005)。葛兰言的著作中，译入中国最早的是《古代中国的舞蹈与传说》。民国22年 (1933)，李璜以《古中国的跳舞与神秘故事》为名译述此书，但他只是简述该书的内容，并没有提供一个忠实的译本。葛兰言的演讲《中国的尚右与尚左》有简涛的译注版，于1999年发表于《国际汉学》。21世纪以来，葛兰言又有几部作品的中译本出版：程门译《中国人的宗教信仰》(2010)、汪润译《中国人的信仰》(2012)、杨英译《中国文明》(2012)。

随着葛兰言著作中译本的增多，国内学界对葛兰言的研究也逐渐升温，尤其是2010年以后呈现出明显的增长趋势，但研究总体数量依然较少，全面而深入的研究更是不足。以知网发布的学术文章为例，以葛兰言为主题的研究成果约40种。2010年（含）之前共有文章8篇，2011—2020年有文章30余篇，2021年（含）至今则有4篇。在这些成果中，学位论文共5篇，其中博士学位论文1篇，硕士学位论文4篇。这些研究主要关注三大主题：葛兰言的《诗经》研究、古代制度研究与宗教研究。其中关注《诗经》研究的成果最多。卢梦雅的博士论文《葛兰言〈诗

---

① 卢梦雅：《葛兰言的汉学发生研究》，山东大学出版社2018年版，第160页。
② 萧盈盈：《结构主义和去结构主义——比较葛兰言和于连对〈诗经〉的解读》，《国际汉学》2017年第3期，第83页。

经〉学研究》是在这方面探索得最为充分的一篇。该文以葛兰言《诗经》学的发生、研究方法、研究内容三方面为研究对象,阐释葛兰言如何综合运用历史学与社会学的研究方法,解读《诗经》及其他官方文献中呈现的事实,并在此基础上说明中国社会风俗的发展历程。同时,卢梦雅也通过原始的文献档案展示葛兰言的教育背景及其延续的汉学、史学、宗教学、社会学、民俗学等学术传统,以澄清中国学术界对他的一些误解。葛兰言研究中的错误也同样为学者所关注。朱丁《试论葛兰言〈诗经〉研究的得失》一文指出,葛兰言对《诗经》以及大量传、笺、序、疏等文献都存在大量错译。他以《关雎》《采苹》《草虫》等诗歌为例,指出葛兰言对中国历史和文献的理解存在一些偏差,因而他在将不同时代、不同国家和地区的材料进行比较研究时,未能区别它们在时代性、地域性上的差异,统统放在一起作为他的论据,忽略了其中可能存在的习俗产生的时代先后、人口迁移带来的习俗传承等种种因素,也就大大降低了资料的说服力。①

事实上,葛兰言的研究方法、理论框架和研究成果对中国学者一直有着重要借鉴和启发意义。许多中国学者都通过阅读或研究葛兰言的著作,拓展了对中国文化的认识和理解,并在解读中国古代文化和传统价值观方面取得了重要成果。吴银玲指出:"作为一位长期对中国的上古史进行古典学研究的学者,葛兰言对中国式社会理论的生发作出了奠基式的贡献。在葛兰言之前,西方社会科学学者少有将中国与西方放在对等的位置上进行思考。"②

汉学研究是一个丰富且多样化的范畴。它不局限于研究汉语或中国文化,而是涵盖了对中国历史、语言、宗教、哲学等多方面的综合研究。研究方法也可以借鉴多学科领域的成熟方法论。葛兰言的学术研究路径就体现了这样一种学科共融的意识。不仅如此,葛兰言将其历史学、社会学方法引入中国文化研究的同时,还天然带有文化他者的旁观性视角,这都使他得以跳脱出既有的研究范式与文献阐释模式,重新发现历史材

---

① 朱丁:《试论葛兰言〈诗经〉研究的得失》,《国际汉学》2005年第1期,第255页。
② 吴银玲:《葛兰言〈中国人的宗教〉研究》,硕士学位论文,中央民族大学,2011年,第2页。由于翻译差异,此处《中国人的宗教》与《中国人的宗教信仰》为同一部著作。

料的新价值。葛兰言一方面带着不同的学科视角考察中国历史文化，也天然具有文化的"他者"视角，将中国置于世界文化背景下发掘其特殊性与一般性。在社会学家与汉学家身份之外，弗里德曼（Maurice Freedman，1920 – 1975）还注意到进行跨文化研究的葛兰言的另一面，他指出："葛兰言是一个追求普世性的人文主义者，对中国文明的研究只是突破欧洲地方主义的局限，探索另外的文化世界的一种方法。"[1] 葛兰言的研究对于比较和把握不同的中西思想文化观念做出了很大贡献。

---

[1] 王铭铭主编：《20 世纪西方人类学主要著作指南》，民主与建设出版社 2018 年版，第 37 页。

第 四 章

交流·互鉴·共享:李约瑟的中国科技史研究

剑桥大学的汉籍私人图书馆里,藏有一枚"和光同尘"的中国印章。"和光同尘"语出老子《道德经》,意指不露锋芒,与世无争的处事态度。这枚印章的主人就是对中国文化情有独钟,曾致力于中国科学史研究的英国汉学家李约瑟(Joseph Terence Montgomery Needham,1900 – 1995)先生。

低调和平凝聚着中国道家文化的精髓,也是李约瑟所崇敬的东方智慧。然而树欲静而风不止。彼时,中国屡屡被西方社会误解和质疑。1958 年 12 月 6 日,英国《新政治家》周刊对中国的人民公社进行了不实的报道。李约瑟听闻,振臂而呼,以他对中国建设和人民公社的亲见亲闻,还原真相,在给杂志社的信中反驳"许多年来,我一直是贵刊的读者,我的意见也常常和你们不同,但是看了这一次你们对现代中国所作的估计之后,我和你们之间的意见距离更远了。你们在 12 月 6 日的第一页上搬用了'统一狂热和精神上的不容忍'等名词,像我这样一个今年夏天刚在中国住过三个月的人看了这些话,只觉得你们显然是顽固无知。在那三个月内,我或者是搭火车,或者是坐飞机或乘汽车在中国旅行了 12000 里,搜集我的'中国科学技术史'的进一步材料。我不但遇见了不少科学家和学者,而且还遇见了各式各样的人"。李约瑟一针见血地指出,英国媒体的错误评价"是以高度工业化的西方社会的表象来衡量",是脱离中国实际的凭空论述。对此,李约瑟毫不留情地谴责《新政治家》"对于新中国作出的歪曲的判断,本身固然不是一件好事,对于英国人民来说，使他们产生误解，也是大大对不起他们"①。诚如其言，20世纪新中国成立之初所面临的艰难国际形势，在政客的扭曲导向下，西方民众对中国、中国文化产生了错误的认识。

在这样的政治环境下，李约瑟先生能够秉承公心，仗义执言，以一己之力，反对西方媒体和政客对中国的歪曲和抹黑。1950年，首创英中友好协会（British-China Friendship Association，BCFA），促进中英友好交流；1952年，参加国际科学委员会，顶住政治压力，客观地陈述了美国在中国和朝鲜的战争中使用了细菌武器的调查事实；1960年，拒绝台湾参加国际科学联合理事会和各协会。在中国主权问题上，李约瑟始终尊重中国。除此之外，李约瑟还以拒绝参加美国邀约的一切学术活动，抗议美国发动的越南战争，表达热爱和平的愿望。李约瑟先生展现了一个学者的客观公正，亦诠释了与中国人民的深厚情谊，他也被亲切地称为中国人民的老朋友。

第一节　与中国文化结缘

李约瑟（1900—1995）为英国近代生物化学家、科学技术史专家、汉学家。李约瑟打破学科界限，不拘一格，在生物化学、中国科学史、中英友好事业等领域均做出了卓越贡献。李约瑟出生于知识分子家庭，父亲是全科医生，讲究科学，严肃认真，藏书丰厚，母亲是音乐家，他从父亲那里得到了科学的头脑和全力以赴的工作热情，并养成了阅读的好习惯；母亲则给了他宽大的胸襟和有谋划、有创造的精神。② 广泛的阅读和师长的教诲，为李约瑟开启了与众不同的人生之路。中学时期，李约瑟从中学桑德森校长身上学会了"用开阔的胸襟思考问题"，接触到"你对过去理解得越透彻，你对未来将是什么模样的推测就越正确"的观

---

① 王钱国忠、钟守华编著：《李约瑟大典：传记·学术年谱长编·事典》（上册），中国科学技术出版社2012年版，第187页。

② 王钱国忠、钟守华编著：《李约瑟大典：传记·学术年谱长编·事典》（上册），中国科学技术出版社2012年版，第22—24页。

点，形成了最初的历史意识。① 负笈剑桥，李约瑟师从威廉·哈代爵士（Sir Willian Hardy）和弗·高·霍普金斯爵士（Sir F. G. Hopkins），从事生化研究。与此同时，李约瑟热衷于参加各类学术研讨，与来自不同领域的教授和同窗交谈甚欢。农学教授伍德（T. B. Wood）、天文学家斯特拉顿（F. J. M. Stratton）、遗传学教授庞内特（R. C. Punnett）激发了他对科学史的兴趣，李约瑟对科学、哲学以及其他学科彼此之间关系有了深入的思考，他较早地意识到科学与人文存在抵触，但又可以相互解释，科学家绝不能忽视历史学家和哲学家的洞察力。

　　执教剑桥，李约瑟遇到了改变其一生命运的爱人，来自中国的鲁桂珍女士。② 自此开启了他对中国文明的"一见倾心"，而见证这份情缘的就是鲁桂珍所赠送的中国典籍《三字经》，这也是李约瑟阅读的第一本中文书。除此之外，李约瑟每周用两个小时研究剑桥汉语教授、捷克学者古斯塔夫·哈隆（Gustav Haloun）即将出版的中国古代哲学经济著作《管子》。此时，李约瑟已经接近不惑之年，学习汉语困难重重，令人惊叹的是短期内，他居然通过阅读中国典籍和自创的汉语学习法，快速提升汉语水平。李约瑟一来到中国，就可以说汉语，这给当时的外交官和中国官员留下了深刻的印象。

　　1943 年，李约瑟以皇家学会代表的身份来到中国，原本只是作几场鼓舞士气的报告。然而，这次出访，李约瑟目睹了中国所经历的战争苦难，更发现了中国深厚的文化底蕴和科技文明。他毅然决定留下，凭借自己在科学技术领域的优势，给予中国切实可行的帮助。在此期间，李约瑟设立了中英科学合作馆，持续为中国引荐科学家和提供科学研究的

---

① 王钱国忠、钟守华编著：《李约瑟大典：传记·学术年谱长编·事典》（上册），中国科学技术出版社 2012 年版，第 25 页。

② 鲁桂珍（英文名：Lu Gwei-Djen）（1904—1991 年），中国科学技术史专家，是英国剑桥大学中国古代科技史权威李约瑟（Joseph Needham）主持的《中国的科学与文明》（《中国科学技术史》）项目的重要研究员和作者。鲁桂珍也是李约瑟的长期助手、合作者，李约瑟的第二任妻子。华裔学者、前任剑桥大学李约瑟研究所所长曾说，"我认为，鲁桂珍对中国科技史的最大贡献就是引出一个李约瑟。假如她没有在 1937 年去英国，恐怕在科技世界不会有一个李约瑟，而仅在生物化学界有一个'Joseph Needham'（李约瑟原名）。——华裔学者、前任剑桥大学李约瑟研究所所长何丙郁"（唐水：《鲁桂珍：她让他爱上中国》，《中华遗产》2011 年第 1 期，第 84 页）。

物资，推进中英科技专家的交流与合作。为了真正走进中国和中国文化，李约瑟先后访问了 300 多个文化教育科学机构，接触了上千位中国学术界的著名人士，行程 3 万英里，足迹遍布中国大江南北，此行他与中国的科学界结下了深厚的友谊，也萌生了撰写一部全面系统地展现中国古代科技史的想法，此书将用无可争辩的事实向世界证明中华民族为人类文明与进步，做出了不可磨灭的贡献。在中国考察期间，李约瑟受到中国传统文化的影响，尤其对道家思想情有独钟。他以李约瑟作为自己的中文名。以"李"作为姓氏，以表达自己对老子的崇敬。而约瑟夫（Joseph）最古老的译音是"十宿"，即"十宿"谐"约瑟"，1972 年 8 月，他访问中国时，递给别人的名片下角就印有"十宿道人"的字样，由此可见，他对道家思想的向往。①

李约瑟对中国文化的热衷，同样可以在其所著的《中国科学技术史》(*Science and Civilisation in China*) 中找到印证。《中国科学技术史》自 19 世纪 50 年代开始出版第一卷，先不论其学术价值，此书的编写过程，体现了李约瑟秉承尊重中国、倡导国际化科学的理念，此书的撰写、出版亦翻开了中西科学家通力合作，文明交流的新篇章。撰写过程中，李约瑟始终坚持科学本身具有国际性，科学不分种族、肤色、信仰和地域，科学是人类共有的，不是西方的科学，任何人都有资格，都能参加，合作具有永久性。② 黄仁宇、钱存训等受邀参与本书的撰写。傅斯年、李四光、李书华、叶企孙、陶行知、郭沫若、赵元任等中国一流学者鼎力支持本书的撰写，并为之提供人力和文献支持。李约瑟还不遗余力地邀请和支持中国学者参加世界科学史方面的会议，让世界重新认识中国和中国科技文明。在李约瑟的引荐下，中国科学家与世界各国学者、科学家结下了深厚的友谊。

为了满足《中国科学技术史》的撰写需求，促进中西方的学术交流，李约瑟在剑桥开设李约瑟图书馆，"它应该不但为编写计划之用，而且要

---

① 王明钦、史周宾：《一位英国科学家与一所中国大学的"双向奔赴"》，中工网，2023 年 7 月 6 日，https://baijiahao.baidu.com/s?id=1770634528832151699&wfr=spider&for=pc，2023 年 7 月 7 日。

② 王钱国忠、钟守华编著：《李约瑟大典：传记·学术年谱长编·事典》（上册），中国科学技术出版社 2012 年版，第 326 页。

供世界各国研究比较科学史的后世学者自由使用，从而促进对各种文明树立公平合理的世界性的理解，正如我们这时代已经体验到的"①。经过李约瑟和中国科学家共同的努力，图书馆约有一半中文藏书，涉及领域广泛。今天，李约瑟图书馆的关于李约瑟个人笔记，已经实现在线阅览，供全球读者免费使用。2020 年，"国际著名汉学家与汉学机构藏汉籍善本图目"系列第一部《英国剑桥李约瑟研究所东亚科学史图书馆藏汉籍善本书目》② 正式出版，这意味着李约瑟图书馆，真正实现了他最初的文献共享、文明互鉴的愿望。李约瑟的真诚和努力也赢得了中国人民的尊敬和钦佩，临近九十华诞，中国政府向其颁赠"人民友好使者"荣誉证书和勋章，赞扬其"为促进两国科技交流和两国人民之间的相互了解和友谊，以及向全世界介绍我国古代的科学成就，作出了重大贡献"③。时光流转，斯人已逝，但关于李约瑟的著述、传记和相关学术研究在汉学及科学史领域依然受到读者和学者的欢迎，这足以说明其人格魅力和学术影响力。

第二节　旷世之作：《中国科学技术史》

李约瑟的学术成就有：《化学胚胎学》（三卷本）、《中国科学技术史》（Science and Civilisation in China）、《中国古代科学》，其中影响最大、成就最高的是他编著的《中国科学技术史》。

《中国科学技术史》是李约瑟主持编撰的多卷册中国古代科学技术史著作，英文原著由英国剑桥大学出版社出版。按照最初的规划，预计出

---

① 王钱国忠、钟守华编著：《李约瑟大典：传记·学术年谱长编·事典》（上册），中国科学技术出版社 2012 年版，第 255 页。

② 有关李约瑟博士的《中国科学技术史》的相关报纸文章，详见《文汇报》2020 年 9 月 3 日提名为"访谈：李约瑟和线装书的故事"的报道，其中说明《英国剑桥李约瑟研究所东亚科学史图书馆藏汉籍善本图目》，精选英国著名科学技术史专家李约瑟博士藏书中的汉籍善本 100 部，加以科学准确的著录，希冀从一个特殊的侧面，展示李约瑟对于中国文化的理解，并一窥其编撰《中国科学技术史》的经历。宋专专：《李约瑟和线装书的故事》，https：//wenhui.whb.cn/third/baidu/202009/03/369107.html，2023 年 6 月 26 日。

③ 《李约瑟博士逢九秩华诞 我驻英大使送荣誉证书》，《人民日报》1990 年 12 月 11 日，第六版（国际）。

版七卷28个分册。1954年出版第一卷，1956年第二卷，1959年第三卷，至1971年出齐第四卷三个分册，其后第五、六、七卷各分册陆续出版。直至今日，已经跨越一个世纪，另有三个分册仍在撰著中，即第五卷（化学卷）的第八分册《纺织机械》、第十分册《有色金属冶金》和第十四分册《盐业》。①

《中国科学技术史》自第一版出版以来，陆续被翻译成中文、韩文、日文等多种语言版本，引起学界的广泛关注。为了让更多普通民众能够阅读，剑桥大学还推出了简体中文版本。关于《中国科学技术史》的中文翻译，早在1964年，周恩来总理就作出指示，要促成英国李约瑟（Joseph Needham）博士编著的《中国科学技术史》的翻译和出版，并由中国科学院中国自然科学史研究室（中国科学院自然科学史研究所的前身）负责具体组织这项工作。1975年，科学出版社出版了《总论》《天文》《数学》《地学》等共7分册的初译本。1986年，李约瑟著作翻译出版项目再次启动，由时任中国科学院院长卢嘉锡担任"李约瑟《中国科学技术史》的翻译出版委员会"主任委员。中国科学院自然科学史研究所为此成立"李约瑟《中国科学技术史》翻译出版委员会办公室"，具体组织这套书的翻译和出版。从1990年开始，科学出版社与上海古籍出版社合作，先后出版第一卷《导论》、第二卷《科学思想史》等卷册，到2019年已经出版15册。②

关于这套书的写作意图，1948年5月15日，李约瑟给剑桥大学的"机密"信件中阐述了其初步写作方案，信中他特别强调了这套书的读者群体。这套书的写作"不是写给汉学家，也不是写给普通民众，而是写给所有受过教育的人，不管他们是不是科学家，只要他们对与人类文明史相关的科学史、科学思想史和技术史，特别是对亚洲和欧洲发展对比研究感兴趣，就都可以阅读"③。李约瑟最初写作方案中的关键思想也贯

---

① 赵静一：《着墨科技史，无问西与东：剑桥李约瑟研究所梅建军所长访谈录》，《科学文化评论》2023年第1期，第11页。

② 详见李约瑟《中国科学技术史》翻译出版委员会办公室，http：//www.ihns.ac.cn/njgsz/yjxt/ lyszgkxjssfycbwyhbgs/，2023年6月26日。

③ ［英］文思淼：《李约瑟：揭开中国神秘面纱的人》，姜诚、蔡庆慧等译，上海科学技术文献出版社2009年版，第156页。

穿了整个书籍的写作与出版。从某种角度来看，李约瑟表现出卓有远见的特质。他不仅介绍了中国古代科技及其对世界文明的贡献，而且在一定程度上激发了世界科学家和科技爱好者的兴趣，使得这一研究充满生命力。至今，《中国科学技术史》多语种持续再版，就是对此最好的回应。

《中国科学技术史》自1954年首卷的出版，引起了一场关于中国科技的持续不衰的学术风暴。随后相关的评述来自世界各地，涉及医学、天文、地理、物理诸多领域。概而言之，赞誉与批驳并存。赞赏者言其开拓中国古代科技的新领域，以广阔的视野研究中国思想和科技，囊括了跨越时代的珍贵史料，蕴含了神秘的东方智慧；驳论者多指向李约瑟欧洲中心主义学术背景下，对中国思想的错误理解以及引证文献不准确。

《中国科学技术史：导论》的出版在学界引起轰动。来自不同领域的学者、科学家就本书于中国科技史，以及中国古代科技与世界文明的关系所展开的研究给予了正向回应。中国物理学家叶企孙在《科学通报》上评论："这部著作将成为中国科学史方面的空前巨著。因为全球的学术界将通过这部书而对于中国古代的科学技术得到全面的清楚了解，所以，正如著者在序言中所说，这部著作也是对于促进国际间了解的贡献。"[1] 美国汉学家富路特（L. Carrington Goodrich）在纽约的《远东瞭望》（*Far Eastern Survey*）中指出："正是这样一部书在改变着所有后来的中国思想史和整个世界范围内的思想史。"[2] 剑桥大学教授毕铿（Laurence Picken）在《曼彻斯特卫报》（*The Manchester Guardian*）发文评述李约瑟的著作："或许是一个人所独自进行的历史综合与沟通各国文化的最伟大的前所未有的举动。"[3]

随着《中国科学技术史》的持续出版和影响，来自不同领域的科学家对李约瑟的研究展开了具体深入的评述，针对其观点、论证方法和论据，提出各自的见解。中国学者普遍不认同李约瑟过于重视道家学派在

---

[1] 叶企孙：《介绍李约瑟著〈中国科学技术史〉第一卷》，《科学通报》1957年第10期，第317页。
[2] 王钱国忠：《李约瑟传》，上海科学普及出版社2007年版，第166页。
[3] 王钱国忠：《李约瑟传》，上海科学普及出版社2007年版，第166页。

中国科技发展过程中的作用。任鸿隽认为,"李约瑟教授重视道家的思想而轻视儒家的看法,我们以为值得重新考虑一下"[1]。陈荣捷则直言,"李氏以儒学之阻碍科学,非在其缺乏科学兴趣,而在其官僚主义。此论贯通全书。汉后儒者与官僚无异,自无待言。然官僚制度何以阻碍科学,则李氏并无清楚解释"[2]。林继平则提出佛学可与科学融合、仙学可与科学并行不悖及儒学可以指导科学发展的观点来对抗李约瑟的观点。[3] 还有学者认为,李约瑟的论证方法和材料的准确性还值得再商榷和修正。杨联陞在《哈佛亚洲学报》第一卷第 18 期发表评论"此卷的某些内容给人以业余的印象"[4]。李济在《评介李约瑟的〈中国科学技术史〉第一卷(英文本)》中罗列了本书的错误,认为"这些错误证明,作者不但没把原始资料弄清楚,连中国史的基本训练尚有不够的地方"[5]。胡道静质疑李约瑟分析表中所引用的文献的准确性。[6] 何炳棣认为,"李氏深潜的西方优越感,便使他不能完全冷静客观地作纯理性的权衡判断,便不能严肃地评价所有的实物和文献的证据,便不免采取'从西到东激发性传播'的预设了。农业、青铜和天文便是我亲知的三例"[7]。韩国学者认为其中涉及中国及古代韩国科技的文献并不准确。[8]

---

[1] 任鸿隽:《评〈中国科学与文明〉第二册——中国的科学思想》,《科学》1957 年第 2 期,见王钱国忠编《李约瑟文献 50 年(上)1942—1992》,贵州人民出版社 1999 年版,第 497 页。由于翻译差异,此处《中国科学与文明》与《中国科学技术史》为同一部著作。

[2] 陈荣捷:《评李约瑟〈中国科学思想史〉》,《东方杂志》1969 年复刊第 3 卷第 12 期,见王钱国忠编《李约瑟文献 50 年(上)1942—1992》,贵州人民出版社 1999 年版,第 506 页。由于翻译差异,此处《中国科学与文明》与《中国科学技术史》为同一部著作。

[3] 林继平:《对李约瑟〈中国科学思想史〉之商榷——从陈著评李约瑟一文说起》,《东方杂志》1974 年第 8 期,见王钱国忠编《李约瑟文献 50 年(下)1942—1992》,贵州人民出版社 1999 年版,第 518—525 页。由于翻译差异,此处《中国科学与文明》与《中国科学技术史》为同一部著作。

[4] L. S. Yang, "Reviews", *Harvard Journal of Asiatic Studies*, Vol. 18, No. 1/2, 1955, p. 274.

[5] 李济:《评介李约瑟的〈中国科学技术史〉第一卷(英文本)》,李济《李济文集》,张光直主编,上海人民出版社 2006 年版,第 257 页。

[6] 胡道静:《梦溪笔谈校证》,虞信棠、金良年整理,上海人民出版社 2016 年版,第 16 页。

[7] 何炳棣:《读史阅世六十年》,广西师范大学出版社 2005 年版,第 416 页。

[8] Jongtae Lim, "Joseph Needham in Korea, and Korea's Position in the History of East Asian Science", *East Asian Science, Technology and Society: An International Journal*, Vol. 14, No. 2, 2020, p. 393.

瑕不掩瑜，尽管《中国科学技术史》存在一定意义上的缺憾，但是，该书的持续出版，无疑已经向世人证明此书是世界上研究中国科技史最完备、最深刻、最具特色的一部里程碑式的著作，也是影响最大的一部书。

第三节 "李约瑟难题"之探讨与启发

李约瑟《中国科学技术史》陆续出版，在科学界引起广泛关注和激烈讨论。在众多评议中，"李约瑟难题"① 则成为至今为止讨论最集中、最激烈的议题。

一 关于"李约瑟难题"的溯源

早在《中国科学技术史》出版之前，李约瑟在中国科学社成立30周年纪念大会的一个分会场上发表了题为《中国之科学与文化》的演讲。他对于"中国自古以来无科学"的观点进行了批驳，同时，强调中国古代科技对人类的重大影响，随即就"现代实验科学和科学理论体系为何在西方而非中国兴起"的问题进行了深入探讨。此后，陆续出版的《中国科学技术史》，关于"尽管中国古代对人类科技发展做出了很多重要贡献，但为什么科学和工业革命没有在近代的中国发生？"的疑惑多次出现在不同时期的著作中。但是"李约瑟难题"的正式命名是在1976年，肯尼思·艾瓦特·博尔丁（Kenneth Ewart Boulding）为纪念范德比尔特大学的经济学家尼古拉斯·乔治库斯—罗根（Nicholas Georgescu-Reogen）而写的一篇纪念性论文中，一个偶然的归纳产生了"李约瑟难题"的正式命名，并迅速成为学界讨论的焦点。

但是，众多学者对"李约瑟难题"进行溯源时，发现"李约瑟难题"所观照的中国古代科学有无的思考，并非李约瑟首创，而具时代特点。张雪撰文"从中西文化交流史上考察，在'李约瑟难题'问世之前，明末清初来华的耶稣会士（传教士）们虽已意识到中国科技文明的独特之处，但也发现了它们相对于西方科技文明的落后性，并分析了出现这一状况的原因。这意味着，在长时段的视域下思考'李约瑟难题'更具有

---

① 李约瑟难题，也称李约瑟之问、李约瑟问题。

历史意义与现实价值"。① 刘纯在剑桥李约瑟研究所的图书馆里，找到一本贝尔纳 1939 年亲笔题赠李约瑟夫妇的《科学的社会功能》中发现了"近代科学何以未曾诞生在中国"的表述，由此推测关于"李约瑟难题"也许有不同的思想来源，是 20 世纪 30 年代剑桥左翼知识分子之间的交互影响。② 这样看来，李约瑟对中国科学技术的思考是在中西方古代文明交融互通下产生了，李约瑟对这一问题的思考将中国古代科学技术推向更为广阔的视野和空间。"李约瑟难题"成为研究中国科学技术史的重要议题，引发来自世界不同领域科学家的大讨论。

二 围绕"李约瑟难题"的争辩

从"李约瑟难题"的整体研究来看，涉及领域广泛，包含科学、教育、历史、政治、文化、社会等多方面。由于不同学者研究视角的差异，使得该问题逐渐复杂化，产生了不同的见解。

"李约瑟难题"本身的局限的讨论。评论者认为，"李约瑟难题"的提出带有"欧洲中心论"的思想，存在方法论上的局限。美国科学史家席文（Nathan Sivin）指出："如果历史学家在研究一种非西方文明时，从一开始想的就是它为何没能以西方特有的某个事件而告终，那么他就不能纯粹为这种文明本身而作自由研究。"③ 李婷婷认为："这就带来了一个悖谬：李约瑟猛烈地抨击欧洲中心主义，却又落入了一个陷阱：仍然以欧洲的标准在讨论中国，并未真正深入中国传统本身。"④ 中国学者唐定坤也持此观点，他以考辨风水源流来反对李约瑟《中国科学技术史》中所提出的"审美"说，认为李氏"审美"说关注的是风水选择之后的结果，未能明辨风水的"科学"和"迷信"成分，忽略了风水的实用功能，缺乏思想史的深度勾连。其形成原因，与他未完全跳出"西方科学中心

---

① 张雪：《"李约瑟难题"的长时段考察》，《东北师大学报》（哲学社会科学版）2014 年第 2 期，第 52 页。

② 刘钝：《贝尔纳赠书中的"李约瑟问题"》，《中国科技史杂志》2014 年第 3 期，第 355—356 页。

③ ［荷］H. 弗洛里斯·科恩：《科学革命的编史学研究》，张卜天译，湖南科学技术出版社 2012 年版，第 610 页。

④ 李婷婷：《镜中观镜，似幻还真——评李约瑟〈文明的滴定〉》，《科学文化评论》2016 年第 5 期，第 121 页。

论"和"术"的研究太"简略"有关。①就这一问题，钱斌等学者通过对指南针进行研究，质疑"李约瑟难题"，认为其将中国问题研究纳入西方概念框架之中，既不客观，也不恰当。继而提出"中国古代科技的特点与欧洲迥乎不同，亟待依照本国的文化体系传承、科技发展路径，并借鉴西方研究成果，建构自己的一套观念体系，以便树立文化的自尊和自信，并梳理出民族文化和科技传统，促进当代中国科技的发展"②。清华大学科学史系教授吴国胜则提出了李约瑟之问是伪问题的观点，他的《时间的观念》认为，李约瑟的研究"缺乏一个纯粹的测度时间是中国未诞生近代科学的重要原因之一。如果历史真可以由我们设计的话，如果近代科学真具有超文化的普遍品性的话，那我们就可以做此结论。不过，历史并不由我们设计，科学也并不具有超文化的普遍品性。也许，李约瑟问题只是一个由现代性话语拼凑起来的伪问题"③。

与此同时，更多学者对于"李约瑟难题"的提出持肯定和包容的态度。孙冠臣认为，"李约瑟难题"本身是在跨文化比较的研究思路中提出的，意在考察、分析东西方文化的不同，以便更好地理解中国文明体系的特质。但部分中国学者形成了思维定式，一味地分析中国传统制度和文化的缺陷与不足，以此视作中国没有率先产生现代科学的原因，这其实与欧洲中心主义同出一辙。在现代性语境中，"李约瑟难题"是一个隶属于罗格斯中心主义的问题，但这并不意味着"李约瑟难题"是一个假问题，相反，"李约瑟难题"在现代性语境中所彰显出来的特殊性、差异性再次将跨文化比较研究的社会学原则、大历史原则提到了问题的中心。随着海德格尔等对现代科学尤其是技术本质的深入反思，各种异质文明在技术全球化浪潮中的历史意义也再次得到确认，李约瑟难题不是对中国的贬低，而是在现代技术统治全球的危险之下保留了可贵的可能性。④

---

① 唐定坤：《堪舆源流考辨与李约瑟"审美"说》，《文化遗产》2019年第6期，第62—68页。
② 钱斌、李彦燃：《中国古代科学技术归属的悖谬》，《中国科技术语》2020年第6期，第100页。
③ 吴国盛：《时间的观念》，中国社会科学出版社1996年版，第57页。
④ 孙冠臣：《现代性视域中的"李约瑟问题"与中国》，《中国社会科学评价》2020年第1期，第109—110页。

李婷婷也肯定了"李约瑟难题"所存在的问题,正是研究中国科技的契机,"他对中国文明的洞见,源于他身为'他者'的视角,这种视角是国内研究者很难具备的;同时,他对西方文明的批判,又是以长期深入中国文明为基础的反观,这一点是为其他西方科技史家所不及的。批判李约瑟的偏颇很容易,但镜中观镜,由幻观真,从这偏颇中看到值得借鉴和反思之处,才更为可贵"①。这些评论者多为年轻学者,彰显出年青一代科学家对于老一辈科学家的学术成果的继承和反思。

愈来愈多的年轻学者积极投身于"李约瑟难题"的讨论,并以此为契机提出了中国科学技术史的见解和研究思路。王时中从滴定问题入手,主张以马克思主义实践哲学的立场探讨破解李约瑟问题的方法,"如果基于马克思实践哲学的立场,区分普遍性与特殊性之间的三重关系,并以之作为破解'李约瑟难题'的可能方案,则不仅可以回应李约瑟'滴定'中西文明的方法论疑难,而且还可能在一个新的立场终结中西文明对话中的诸多外在纷争。"② 李博认为,应当采取更"一体化"的研究方法回答"李约瑟问题"。"一体化"的研究方法则是"问题导向"的,唯有放弃特定的理论预设和范式之争,才能够转向常规科学的研究。③ 为李约瑟问题的回答找寻新的研究方法。

纵观"李约瑟难题"的溯源和争论,不难发现,围绕此问题的讨论已成为中国科学和技术发展历程中不可或缺的一部分。其意义和价值已经无法被替代。随着研究视野的扩展,这一难题还将引导人们对科学革命、现代化的途径等问题进行更加深入的思考。同时,它也将为世界科学史和中国科学史开启新的研究方向,成为具有启发性和延续性的问题。

三 全球视角"再看李约瑟"

在李约瑟的研究群体中,李约瑟研讨会的召开汇集了世界各国来自

---

① 李婷婷:《镜中观镜,似幻还真——评李约瑟〈文明的滴定〉》,《科学文化评论》2016年第5期,第122页。
② 王时中:《破解"李约瑟难题"的实践哲学进路——以普遍性与特殊性的关系为线索》,《中南大学学报》(社会科学版)2021年第1期,第18页。
③ 李博:《从"问题之谜"到"范式之争"及其超越——一个关于"李约瑟难题"的文献综述》,《天府新论》2016年第4期,第157页。

不同领域的科学家和学者。研究主题从最开始的《中国科学技术史》的价值评论、李约瑟工作中的天下大同观，推及欧亚大陆的科学活动，关注欧亚大陆中各种科学技术的传播和流动，再到聚焦作为多文明成果的科学概念。随着时间的推移，研究范围变得更加广阔，学术视角呈现出多元化的特征。

中外学者，汇聚一堂，思想碰撞，彰显了李约瑟研究全球性和持续影响力，也极大地丰富了李约瑟的研究成果。不同于早期学者苦苦追寻"李约瑟难题"的答案，新生代学者从不同的角度提出了李约瑟研究的新的方法，为李约瑟研究及中国科学史的研究注入新的活力。在《中国科学技术史》所涉及的研究主题、方法论和研究路径上提出独特的见解。

在研究主题方面，多种视角的切入和多元化的解读使李约瑟的研究超越了学科和时代的限制，发现了更具有现代意义的价值。法国国家科研中心和巴黎第七大学的教授林力娜（Karine Chemla）从语言学的角度切入，强调了语言与科学活动的关联性，凸显了汉语在科学实践中的价值[1]；中国科学院自然科学史研究所的张柏春和田淼关注了李约瑟对中国机械的跨文化比较研究。李约瑟采用跨文化比较方法，在全球背景下，创作了一部关于中国科技的"关联史"。[2] 美国斯沃斯莫尔学院副教授陈步云（Buyun Chen）认为，李约瑟提出了一种历史观，即一种将他对物质世界的理解与社会过程的解释相统一的历史视野。其研究重点从"科学"转向"唯物主义"，思考如何建立一个能够兼顾文化政治、社会生产关系和历史偶然物质的/物质性/物质主义的框架。[3] 英国剑桥大学李约瑟研究所所长梅建军教授从世界知识流通史的角度对李约瑟的知识遗产进行了思考。他以白铜和钢铁的两个案例研究为切入口，考察了研究范式的转变，从爱国主义或民族主义的路径到全球史的路径。他认为，李约瑟的研

---

[1] Karine Chemla, "Needham and The Issue of Chinese as a Language for Science: Taking a Linguistic Turn Materially", *Isis*, Vol. 110, No. 1, 2019, pp. 109 – 115.

[2] Zhang, Baichun and Tian Miao. "Joseph Needham's Research on Chinese Machines in the Cross-Cultural History of Science and Technology", *Technology and Culture*, Vol. 60, No. 2, 2019, pp. 616 – 624.

[3] Chen, Buyun, "Needham, Matter, Form, and Us", *Isis* 110, Vol. 110, No. 1, 2019, pp. 122 – 128.

究仍然在许多方面为正在进行的研究树立了一个标志，特别是就全球知识和技术流通的跨文化比较方法对当代学者仍然具有深远的意义。①

在研究方法上，新方法的尝试也带来了新的研究路径，产生新的见解。美国匹兹堡大学历史系教授那葭（Carla Nappi）与纽约新学院大学媒体和文化研究教授麦肯齐·沃克（McKenzie Wark）的合作研究颇具特色，他们以视为概念的档案和创生性叙述碎片的档案的双视角重新解读《中国科学技术史》，探寻文本中隐匿的李约瑟的思想。在这个对话中沃克结合李约瑟早期著作对正文进行了研究，探讨其所使用的概念工具；那葭研究脚注，从脚注中发现正文中沉淀的思想。这种合作模式也鼓励读者在接触其他学术作品时采取创造性和创新性的方法，摆脱传统的解释方式，形成新的观点。这种探索未来的方式有望拓展人们对历史、科学和文化的认知，促进知识的创新和进步。②

中国年轻学者亦围绕"重审李约瑟问题：中西科学、技术和思想体系的历史比较研究"的议题展开，如晋世翔的"从历史知识论视角下的'李约瑟之问'"、孙萌萌的"从环境史视角理解'李约瑟问题'：以中国古代月令思想的地方化为例"、李润虎的"日本近年来科技政策的改革及启示"等报告从不同维度对李约瑟问题进行解读，结合历史经验关注科技政策演变对当代的启发。③

第四节　李约瑟知识遗产的现代意义

李约瑟知识遗产展现了世界各国学者对于李约瑟学术思想的当代启示的挖掘。从 2015 年 7 月 4 日，在剑桥李约瑟研究所举行了以"李约瑟的知识遗产"为题的学术研讨会，到 2020 年由中国国家创新战略研究院

---

① 北京大学科学技术与医学史系：《再看李约瑟——浅谈李约瑟在当代的意义》，2022 年 4 月 21 日，http://hstm.pku.edu.cn/info/1183/1929.htm，2023 年 6 月 26 日。

② Carla Nappi, and McKenzie Wark, "Reading Needham now", *Isis* 110, Vol. 110, Issue 1, 2019, pp. 100 – 108.

③ 清华大学科学史系："重审李约瑟问题：中西科学、技术和思想体系的历史比较研究"课题研讨会顺利召开，2023 年 7 月 16 日，http://www.dhs.tsinghua.edu.cn/?p=10493，2023 年 7 月 17 日。

创办的《科学文化（英文）》（*Cultures of Science*）出版一期关于李约瑟知识遗产的专刊，以纪念李约瑟逝世25周年。来自世界各地的科学家、学者就李约瑟知识遗产进行了热烈的讨论。

英国伦敦大学学院中国健康与人类中心的罗维前教授认为，李约瑟倡导的是世界共同体。李约瑟愿景的吸引力不仅在于其对科学史的欧洲中心主义叙事的去中心化，还在于他对一个更好的世界的追求，即"天下大同"。在文化意义上，李约瑟倡导的是文化的互通互融，和谐共存。她强调科学史研究者有必要重新理解和反思李约瑟的思想遗产，从而建立新的国际学术合作网络，在全球化的世界中发挥应有的作用。①

作为李约瑟知识文化遗产的一部分——李约瑟研究所，也产生了巨大的价值和持续的影响力。剑桥大学李约瑟研究所图书馆馆长约翰·莫非（John Moffet）在科技史前沿讲座《李约瑟、李大斐与中国：新的线上资源》中，介绍了李约瑟研究所正在进行的工作，即通过剑桥大学数字图书馆将李约瑟访问中国时期的照片、日记、笔记本和其他文件数字化并提供给公众。② 相信随着越来越多的研究者走进李约瑟研究所，越来越多的有价值的文献将会呈现在世人面前。例如，乐桓宇在李约瑟的故纸堆里发现了老舍《老张的哲学》的英文翻译稿。而在追逐翻译稿的艺术价值和出自何人之手的过程中，给作者无疑带来了惊喜，正如其所言，"能偶然发现这躺在时间遗忘角落的褐黄信封，多少我还是感到一些幸运的"。③ 乐桓宇无疑是幸运的，但更为幸运的是，现在年轻的研究者可以在世界任何一个地方通过网络资源查找到来自剑桥大学的资源，科学无国界，这应当也是李约瑟一直以来坚定的信念和努力的方向。

英国剑桥李约瑟研究所所长、剑桥大学麦克唐纳考古研究所研究员梅建军教授认为，李约瑟"百川归海"的发展愿景不仅是对历史的观察和总结，也是对人类文明的一种预测。李约瑟坚信人类的文明必将融合

---

① Vivienne Lo, "How Can We Redefine Joseph Needham's Sense of A World Community for the 21st Century?", *Cultures of Science*, Vol. 3, Issue 1, 2020, pp. 58 – 61.
② 《一位英国科学家与一所中国大学的"双向奔赴"》，中工网，2023年7月6日，https：//baijiahao. baidu. com/s? id =1770634528832151699&wfr = spider&for = pc，2023年7月17日。
③ 乐桓宇：《李约瑟研究所新发现老舍〈老张的哲学〉英文译稿》，《书屋》2023年第6期，第80—85页。

第四章　交流·互鉴·共享:李约瑟的中国科技史研究　/　69

归一,不仅仅是科学发展本身,而且是人类文明的整体趋势,人文与科学的融合统一。①

李约瑟的研究涉及科技、医学诸多领域,注重整体观和辩证的思维模式,开拓了中国古代科学研究的新视角,嘉惠学林,意义非凡。李约瑟采取跨文化、跨学科的视野和方法来从事专业研究和思考,倾其一生,推进世界各国科学家的交流与合作,这种开放的科学精神,值得永远尊敬、铭记。李约瑟借助中国典籍深入学习汉语和文化的汉学历程,是当代青年汉学家学习的楷模。

一　开阔的视野：全球视野建构全面、客观的中国科技发展史

李约瑟的科学史观最重要的特点就是考察科学史与人类文明史的关系,他认为,科学史是人类文明史最为重要的组成,科学史影响人类文明史的进程,同时也受人类文明史的制约。因此,科学史的研究必须具备俯瞰人类文明的广阔视野。李约瑟研究中国科技史即从人类文明史的关系中,在中国文化的背景下考察中国科技,又将中国科技史放在世界文明的宏阔背景中。这种研究模式无论对于中国还是世界科技史研究都具有开拓性。但是,由于当时文献匮乏,以及李约瑟本人非中文的学术背景,中国科技史的撰写还存在商榷之处。建构更为完整、准确、客观的中国科技史,当是从事科学史、文明史专家一生的追求和担当。

首先,以充足、准确的文献和考古发现来推动中国科技史的研究。中国科技史应当是一个再发现、再完善的研究历程,李约瑟开启了中国科技史的研究篇章,更留下了广阔的研究空间。中国学者应当充分利用好已经发掘的与科技、医学等相关的文献和文物,探求中国科学技术与中国文明、世界文明的关系,提升中国古代科技史研究的精准度。

其次,以中国视角,建构中国科技史的体系,还原中国科技本身。尽管李约瑟尝试着用从中国文化探究中国科技文明的发展,他也极力反对欧洲为中心的科学观,但李约瑟的学术背景决定了他无法脱离西方世界,完全进入中国文化,因此,修正、完善、建构中国科技史,还原中

---

①　北京大学科学技术与医学史系:《再看李约瑟——浅谈李约瑟在当代的意义》,2022年4月21日,http://hstm.pku.edu.cn/info/1183/1929.htm,2023年6月26日。

国古代科技发展史，探究这些发明与哪些人、哪些文化、哪些历史大事、哪些考古实物，存在什么样的联系，这必然是深谙中国文化的学者才能够厘清其脉络发展与演变历程。

最后，重视中国与邻国的科技发展与传播历史，推进睦邻友好。中国科技史不仅是中国的科技史，也归属于世界的科技文明史。中国古代科技发明大多是通过周边国家传至西方，影响世界。李约瑟的论著中也关注了中国和周边国家的科技交流，但其论述往往因文献使用不准确而遭到韩国学者的质疑。当代重启古代中国与周边国家科技交流的历史研究，追究每一项技术如何发明，发明者是谁，传播路线又是怎样的，只有翔实的文献考证、考古发现以及实地调研和严谨的考证相结合，方能令各国学者叹服。

二　文明互鉴：以中华文明和智慧，解决当下世界难题

李约瑟反对科学主义，尤其重视科技发展对于人类社会的负面影响。李约瑟预言中国将引领人类走出唯科学主义的困境，并向世界发出"按照东方见解行事"的建议。李约瑟认为，中国人民具有"特殊天赋"，这种天赋来自中国文化的积淀。但是李约瑟并没有明确指出中国文化如何解决人类所面临的困难？如何充分发掘中国文明，又如何运用到现实中，这是中国人文和科技工作者的职责，任重道远。

一方面，蕴藏在中国文化中的"东方见解"有待被发现及推广。中国人所遵奉的天人合一、兼爱非攻、阴阳平衡的思想实际上折射出尊重自然，热爱和平的理念，直接影响中国科技发展。中国的哪些典籍、哪些俗语、哪些观念能够为科技发展保驾护航，从而化解科技发展带给人类的负面影响。这必须紧密结合当下科技发展所面临的问题，以及未来将会出现的危机，形成应对方案。

另一方面，中国典籍里的智慧尚需被提炼及应用。中国典籍中的智慧，是中国科学史发展的宝藏。而随着对中国典籍文化的重视，越来越多的学者投身于中国典籍的研究，将中国好的方法和方案推广到世界。屠呦呦受中国典籍《肘后备急方》启发，成功提取出青蒿素，被誉为"拯救2亿人口"的发现。青蒿素的成功应用告诉世人，中国典籍里蕴藏着丰富的宝藏，一朝重启宝藏，必将福泽今朝。开启中国典籍里的宝藏，

以古人智慧解决世界难题，这不仅是科技史研究者的责任，也是人文学者的担当。后起之秀，应当能在这些沉寂千年的智慧中找到与当代对话的途径，用古人的智慧来解决世界的难题，以中国智慧造福世界。

李约瑟的研究让世界认识了中华文明。对于中国学者而言，也同样需要具有世界眼光，即充分认识、学习和借鉴各国文明，同世界各国开展多层次、有深度的对话交流与合作。

三 后学楷模：打破学科和国家界限，从典籍阅读走进中国文明

作为一个优秀的科学家和中国人民的老朋友，李约瑟开放的科学精神和阅读中国典籍的经历，对当代学者、科学家及青年汉学家的成长，意义非凡。

李约瑟认为，没有一个民族可以垄断所有的科学，各个民族的成就应当由全世界人民携手共同赏识，纵情歌颂。[①] 李约瑟能够在当时国际环境非常紧张的形势下，承担起科学家的责任，打破国界，消除偏见，以跨国界、跨文化、跨学科的思维从事中国科学技术史的研究，为中国和世界科学家建立起交流合作的桥梁，完成世界瞩目的《中国科学技术史》。这种破除国界、跨文化、跨学科的思维，是当代科学家应该具备的魄力和眼界。中国的崛起，经济的发展，中国在国际事务中的影响力与日俱增，中国的学者和科学家首先应当具备全球视野，承担起大国的责任，提升学科国际话语权和学术国际影响力，破除阻碍，积极与世界科学家沟通，秉承文明交流互鉴之原则，促进世界和平与发展。这当是李约瑟开放的科学精神的延续。

李约瑟开放的科学精神，与其广泛的阅读息息相关。李约瑟后半生深潜中国典籍的经历对于中国学者和青年汉学家也极具启示意义。

对从事中外文化交流的学者来说，研究汉学家，不仅要研究他的成果，还要关注他读了哪些中国典籍[②]，中国典籍对他们从事汉学研究产生

[①] 李丰：《李约瑟》，海南出版社1997年版，第107页。
[②] 李约瑟图书馆的藏书就是最好的见证。2020年，中英双语版《英国剑桥李约瑟研究所东亚科学史图书馆藏汉籍善本图目》已经问世，本书精选英国著名科学技术史专家李约瑟博士藏书中的汉籍善本100部，从一个特殊的侧面，展示李约瑟对于中国文化的理解，并一窥其编撰《中国科学技术史》的经历。

了什么样的影响。李约瑟从生化学科背景投身中国文化和中国科学史的研究，他的阅读涵盖了中国的经史子类，涉及医学、物理、水利、天文等领域，这些书籍则直接影响了李约瑟的学术观点。李约瑟为什么会在研究中国科学史中产生重道轻儒的想法？学界争辩不休的是李约瑟编纂的中国科技史研究方法，是按照欧洲的科学体系，还是遵循了中国传统的研究方法，是否存在偏颇。只有通过对李约瑟阅读的中国典籍有充分的了解和认知，才能作出更为客观、准确的判断。

  李约瑟博士的读书和研究经历，为青年汉学家的成长提供了一个可资借鉴的模式。青年汉学家，尤其是"一带一路"青年汉学家的培养，将来要从事中国相关的研究。首先要明确中国是一个注重传承的国家，与中国相关领域的学习和研究，都离不开中国文化的大背景。确切地说，了解当代中国，就必须了解中国的历史与文化，而了解中国文化最直接、最有效的方式就是阅读中国的典籍。从目前的研究来看，阅读典籍，几乎是每一位成功的汉学家共同的经历。但是，这似乎还没有引起教育者足够的重视。如果青年汉学家能够在中国老师的悉心指导下诵读中国典籍，相信定能够开启未来汉学研究的新篇章。

第 五 章

竹内好与鲁迅研究

竹内好（1910—1977）1910年10月生于长野县，童年经历了家道中落，给其一生带来极大影响。竹内好作为中国文学研究者，与鲁迅研究结缘一生。鲁迅也同样在童年时代经历了家庭变故，相似的人生经历使竹内好更能理解鲁迅的精神追求与价值选择。竹内好的文学才华在小学和中学就已显现，在一些学生杂志上发表了短文、诗歌等。1931年4月，竹内好进入东京帝国大学支那文学科学习，学习期间他不仅接触到了鲁迅作品，也结交了武田泰淳为其挚友。1932年8月7日至10月8日，竹内好第一次游学中国，他参观了故宫、前门、长城等北京名胜古迹，还努力学习中文，购买中文书籍。此次北京之行让竹内好感觉到日本和中国民众的连带感，此后的研究多聚焦于中国现代作家之上。"1934年，竹内好、冈崎俊夫、增田涉、松枝茂夫、武田泰淳等创立了中国文学研究会。尽管泰淳在1931年刚进大学时是在东京帝国大学支那哲学文学系，然而，中国文学研究会并不把中国称呼为'支那'，当时汉学主流依然沿袭古旧态势，他们对这样的研究状况提出异议，并把该会的目标定位研究同时代的中国文学。中国文学研究会在泰淳的同年级好友竹内好的指导下运作，并创办《中国文学月报》（1935年3月，后改名为《中国文学》）"[①]。1937年10月至1939年10月，竹内好前往北京展开了为期两年的留学生活，向周作人进一步了解鲁迅，同时更近距离地接触中国现代文学，以发掘其价值与真谛。1933年12月竹内好提交了他的本科毕业论

[①] ［日］竹内荣美子：《武田泰淳的中国——鲁迅与竹内好》，侯冬梅译，《鲁迅研究月刊》2018年第11期，第48页。

文《郁达夫研究》,这篇论文虽是竹内好对中国现代文学研究的一个尝试,但这一研究中的论点在今天看来仍具有借鉴价值,成为他理解鲁迅精神的桥梁。竹内好的这些经历都为其1943年出版的鲁迅研究专著《鲁迅》奠定了基础。

  1934年大学毕业后,竹内好开始潜心研究中国文学,成立了中国文学研究会,并创刊《中国文学研究月报》。竹内好成立中国文学研究的动机在于"对东大'汉学'的反拨,对京都'支那学'的不满和对普罗科学研究所对中国研究的批判"①,因此批判日本学界僵化的汉学和"支那学"研究,了解中国现实是中国文学研究会成立的原因。竹内好自己也作出解释,"正如同支那学在否定汉学的意义上确立了自己的学术一样,我们也试图通过否定官僚化了的汉学和支那学,从它的内部谋求自身的学术独立性。……这个学术上的自我改革欲望,催生了中国文学研究会"②。1939年底,竹内好结束了北京留学生活,返回日本。此后,随着珍珠港偷袭、太平洋战争爆发,战时日本的言论管制达到白热化状态。竹内好对《中国文学月报》中表现出的学院派作风大为谴责,决定解散中国文学研究会,停办《中国文学月报》。竹内好这一决定的缘由有三点:第一点原因是中国文学研究会丧失了党派性。党派性"不是在知识界取得某种固定的位置和影响力,而是在充满矛盾的混沌状态中不断寻求自我确立,通过不断的自我否定而在环境中选择自己,同时通过这样的自我确认改造整个知识界"③。竹内好在创立研究会和创办《月报》时,希望在事物内部的本源性矛盾中培养怀疑精神,从而使研究会不断成长。而当时的研究会,在竹内好看来已经"不发出疑问的思想,不以自己本身的力量完成生成发展的文化"④,这样的研究会在竹内好看来是毫无意义的存在。第二点原因是文化官僚化和文化自律性的丧失违背了研究会和《月报》的创办宗旨。竹内好对日本明治以来东亚观持批判性

---

① 靳丛林:《竹内好的鲁迅研究》,北京大学出版社2012年版,第34页。
② [日]竹内好:《近代的超克》,李冬木等译,生活·读书·新知三联书店2016年版,第248页。
③ 孙歌:《竹内好的悖论》,北京大学出版社2005年版,第42页。
④ [日]竹内好:《近代的超克》,李冬木等译,生活·读书·新知三联书店2016年版,第245页。

态度，竹内好感到遭到"大亚洲主义"理念的背叛，意识到国家行为的欺骗性。竹内好"未能达到对于战争本身的否定，而仅仅达到了对于支持这一战争欺骗性的文化基础的批判"①，因此，竹内好批判官僚文化，"今日的文化在本质上是官僚文化。官僚文化的性格是自我保全的"②。这种"自我保全"的性格仍然抛弃了自我否定的立场，也不能实现"世界不是通过掠夺，而是通过给予被建构的"设想。③ 第三点原因是中国现代文学会必须走向自我否定。"中国文学研究会必须否定。就是说，现代文化必须否定。所谓现代文化，就是在现代这个时代里欧洲的近代文化在我们自身的投影。我们必须否定以那样的方式存在着的自己。为什么呢？因为我们是作为从自己内部创造世界史的创造者而存在的。"④ 竹内好构建了自身的文化理念，文化在自我否定的过程中才能进步。而竹内好认为，自己一手创办的中国文学研究会若失掉了自我怀疑的能力，形成对中国的固化认知模式，则会失去其存在意义。

竹内好生活在战乱年代，在这个时代与鲁迅相遇，激活了他内心中的鲁迅式绝望的思想能量。鲁迅的绝望既来自辛亥革命失败这种外在因素，也源自自身对中国精神文化的反思，"他对于同时代的精神生产方式本身具有根深蒂固的怀疑，并无法摆脱这种怀疑"⑤。鲁迅并未沉沦于绝望之中，而是以积极的姿态投入思想论战与对光明的探索中。竹内好从鲁迅的"绝望"开始理解鲁迅，既是对鲁迅论战思想特质的把握，又是对自身无法排遣的绝望的倾诉。竹内好可谓日本鲁迅研究的集大成者，其研究成果大力推动了海外鲁迅研究的发展。

---

① 孙歌：《竹内好的悖论》，北京大学出版社2005年版，第43页。
② ［日］竹内好：《近代的超克》，李冬木等译，生活·读书·新知三联书店2016年版，第246页。
③ ［日］竹内好：《近代的超克》，李冬木等译，生活·读书·新知三联书店2016年版，第247页。
④ ［日］竹内好：《近代的超克》，李冬木等译，生活·读书·新知三联书店2016年版，第250页。
⑤ ［日］竹内好：《从"绝望"开始》，靳丛林编译，生活·读书·新知三联书店2013年版，第395页。

第一节　影响鲁迅思想形成的六要素

在《思想的形成》一文中，竹内好指出影响鲁迅思想形成的要素有六点："那就是梁启超、严复、林纾、章炳麟、欧洲弱小民族的文学以及尼采"[1]。前三项影响发生在鲁迅留学日本之前，可能是鲁迅被动接受的影响因素。后三项影响发生在鲁迅留学日本期间，有着自己选择的倾向。

梁启超（1873—1929）对鲁迅思想的形成有着重大影响，他创办了《清议报》《新民丛报》《新小说》三种报纸杂志，传播自己的政治启蒙思想。在《新小说》创刊号卷首，梁启超发表了《论小说与群治之关系》（1902）一文，其政治小说论影响了当时人们的思想，他提出小说之用有四种力：熏、浸、刺、提，兼有四力的中国小说则可以整治中国群治腐败的根源。梁启超的思想自然而然地影响了进步青年鲁迅，鲁迅相信科学本身即政治，并翻译了"科学小说"《月界旅行》《地底旅行》，以此来支持梁启超的理论思想。但不久后鲁迅便摆脱了梁启超的影响，"对于小说的性质与种类后来意思稍稍改变，大抵由科学或政治的小说渐转到更纯粹的文艺作品上去了"[2]。之后，对鲁迅产生重大影响的人是严复（1854—1921），严复首次将欧洲近代思潮引入中国，是将中国导向近代开放的先觉者。他翻译的赫胥黎的《天演论》（1897）最为著名，"清末青年无人不读，广为流行。中国思想因此而第一次有了进化的观念"[3]。鲁迅在南京求学期间阅读了严复翻译的《天演论》，了解到"物竞天择，适者生存"的进化论思想。鲁迅接受的是进化论的发展观，认为社会应该发展进化，但不是达尔文主义中的弱肉强食。另一位对鲁迅产生重要影响的中国思想家是林纾（1852—1924），林纾被竹内好称为"欧洲文学的介绍者"，但林纾不懂外语，他的翻译多是在他人译文基础上的再创

---

[1]　［日］竹内好：《近代的超克》，李冬木等译，生活·读书·新知三联书店2016年版，第133页。

[2]　［日］竹内好：《近代的超克》，李冬木等译，生活·读书·新知三联书店2016年版，第141—142页。

[3]　［日］竹内好：《近代的超克》，李冬木等译，生活·读书·新知三联书店2016年版，第137页。

作，而且经常在译作中加入中国的伦理评价。林纾翻译了上百本小说，在当时颇具影响，鲁迅便对林纾翻译的小说每本必读。林纾一直是一位激进者，但"五四"期间他反对文学革命，被称为"冷血"。但林纾的翻译小说对鲁迅的影响不容忽视，其文风就可能深受林纾的影响。日本留学期间，鲁迅的思想和视野都发生改变，他极为钦佩章太炎（1869—1936）的革命精神，并以之为榜样。章太炎，本名章炳麟，号太炎，是清末著名的文学家和革命家。鲁迅曾在新京民报社听章太炎先生讲学，讲解《说文解字》。竹内好认为，鲁迅并非钦佩章太炎先生的学识而听其讲学，而是敬佩其革命精神，"他学严复、林纾和梁启超，没多久便摈弃了，这个过程和清末新青年多走的道路相同，没任何不可思议之处，只是他摈弃方式让人觉得多少有些不同。……他听章炳麟讲国学，受其文章的影响，恐怕亦受其复古思想和民族主义（和后来的民族主义有着本质上的不同）的影响，但却终于没去参加政治团体"①。鲁迅继承了章太炎先生的革命战斗精神，永不轻易言退。此外，竹内好记述鲁迅"耽读欧洲近代文学，却并不关心拉丁语系的作家。他喜爱俄罗斯文学，但和屠格涅夫、契诃夫相比，却更喜欢安特来夫诃伽耳询。对弱小民族的文学给予了异常的关注"②。《域外小说集》中便收录了鲁迅和周作人合译的西方小说，包括波兰显克微支的《乐人扬柯》《灯台守》《天使》，俄国契诃夫的《戚施》《塞外》，俄国迦尔洵的《邂逅》《四日》，俄国安特莱夫的《谩》《默》，俄国斯蒂普虐支部的《一文钱》，英国淮尔特的《安乐王子》，芬兰哀禾的《先驱》，美国亚伦波的《默》，法国磨波商的《月夜》，波思尼亚的穆拉淑微支《不辰》《摩诃末翁》。关注弱小民族文学，关心弱势群体和边缘人物的理念一直浸润在鲁迅的文学创作与文学批评中。但竹内好关注到鲁迅并不喜爱日本文坛当时流行的自然主义文学创作，而是欣赏夏目漱石的余裕派文学、白桦派文学，后来还翻译过余裕派作家和白桦派作家的作品。竹内好还发掘鲁迅酷爱尼采，鲁迅在

---

① ［日］竹内好：《近代的超克》，李冬木等译，生活·读书·新知三联书店2016年版，第137—138页。

② ［日］竹内好：《近代的超克》，李冬木等译，生活·读书·新知三联书店2016年版，第138页。

日本留学期间接触了尼采的生命哲学，尼采宣告"上帝已死"，提出"重估一切价值"的口号，奠定了西方社会的现代价值观念。尼采也在此基础上提出了自己的超人哲学，鲁迅希望当时的中国能出现一位尼采所说的超人，振臂一呼，拨乱反正，重整乾坤。但尼采的超人哲学有其消极一面，将个人意志凌驾于一切之上，这也是希特勒法西斯主义利用尼采思想的主要原因。鲁迅继承的是尼采超人哲学中追求个性解放的一面，而非无限度的唯意志论。

竹内好在解读鲁迅的过程中，逐步探究出以上六要素，这些因素在他看来影响着鲁迅思想的形成，贯穿其整个思想发展脉络之中，促使鲁迅成为不断自我批判、一直自我反思的革命斗士。

第二节 竹内好解读鲁迅的"文学无用"论

竹内好在研究中曾多次引用鲁迅在《〈呐喊〉自序》中对文学无用的论述：

> "假如一间铁屋子，是绝无窗户而万难破毁的，里面有许多熟睡的人们，不久都要闷死了，然而是从昏睡入死灭，并不感到就死的悲哀。现在你大嚷起来，惊起了较为清醒的几个人，使这不幸的少数者来受无可挽救的临终的苦楚，你倒以为对得起他们么？"
>
> "然而几个人既然起来，你不能说决没有毁坏这铁屋的希望。"①

竹内好认为鲁迅在此似在否认文学的作用，文学是无力的。并且鲁迅自己曾清晰地表述过："一首诗吓不走孙传芳，一炮就把孙传芳轰走了。自然也有人以为文学于革命是有伟力的，但我个人总觉得怀疑，文学总是一种余裕的产物。"竹内好指出，"'有实力的人并不开口，就杀人'，而文章是'没有方法对付'杀人的，这是一点；但文章也能成为得

---

① 鲁迅：《鲁迅全集》（第一卷），人民文学出版社2005年版，第441页。

到'虚名'的手段，这是一点"①。在竹内好看来，文学对于革命和救国来说都是无力的，而不能杀敌却能助友的文学是具有欺骗性的，是获得"虚名"的手段。竹内好指出，鲁迅在这里并非要否定文学自身，而是关注到文学特殊的功用价值。鲁迅的"文学无用"论更类似于康德的文学无目的的合目的性理论，文学的价值在于其去功利化。文学虽然无法直接改变现实，但也绝不是只能鼓吹某种思想的宣传品，文学肩负着启蒙使命，使人们认识到革命救国的必要性，从而成为参与者。

竹内好在阐释鲁迅的"文学无用"论时，将这一观点置于政治和文学关系的探讨中。在《政治与文学》一文中，竹内好从鲁迅的绝望入手，"鲁迅所看到的是黑暗。但他却是以满腔热情来看待黑暗，并绝望的。对他来说，只有绝望才是真实。但不久绝望也不是真实了。绝望也是虚妄"②。竹内好对鲁迅绝望的理解是"对绝望感到绝望了的人只能成为文学者"，而鲁迅在绝望之时"不在绝望之中。他背弃了绝望"③。鲁迅抛弃绝望的方式就是论争，他所抗争的并不是对手，"而是冲着他自身当中无论如何都无可排遣的痛苦而来的。他把那痛苦从自己身上取出，放在对手身上，从而再对这被对象化了的痛苦施加打击"④。鲁迅所论争的对象其实是其自身，"他通过论争来和异化到自己之外的非我之物进行交锋。这交锋的战场，就是他自我表现的舞台"⑤。文学家鲁迅就在与自身不断论争的过程中诞生，在绝望之绝望中成长。之后，竹内好又探讨了鲁迅与孙中山的关系，并精准地认识到两者在精神上的关联，"他在孙文身上看到了真正的'革命者'。……因为'革命无止境'。真的革命是

---

① ［日］竹内好：《近代的超克》，李冬木等译，生活·读书·新知三联书店 2016 年版，第 205 页。

② ［日］竹内好：《近代的超克》，李冬木等译，生活·读书·新知三联书店 2016 年版，第 180—181 页。

③ ［日］竹内好：《近代的超克》，李冬木等译，生活·读书·新知三联书店 2016 年版，第 181 页。

④ ［日］竹内好：《近代的超克》，李冬木等译，生活·读书·新知三联书店 2016 年版，第 182 页。

⑤ ［日］竹内好：《近代的超克》，李冬木等译，生活·读书·新知三联书店 2016 年版，第 183 页。

'永远革命'。只有自觉到'永远革命的人才是真的革命者"①。竹内好看到无论是鲁迅的论争还是孙中山的革命，都是在彻底否定自我的过程中获得新生，"对于永远的革命者来说，所有的革命都是失败的。不是失败的革命不是真革命"②。鲁迅便是一个真正的革命者，永远在自我反思中不断前进。竹内好根据鲁迅的文学无用论来阐释政治与文学的关系，"文学是无力的。鲁迅这样看。所谓无力，是对政治的无力"③。然而，文学的无力并不是否定文学与政治的关系，文学并未游离于政治之外，政治形成了文学存在的基本文化场域，渗透于社会生活的各个角落之中。因此，文学必然不能完全脱离于政治存在，与政治毫无关联的文学是不可能被创作出来的。竹内好借助鲁迅对于政治与文学的观点意在说明两者之间"不是从属关系，不是相克关系。……所谓真的文学，是把自己的影子破却在政治里的"④。竹内好所要强调的是，文学和艺术应拥有相对的独立性。文学可与政治相辅相成，可以说也必然与政治有紧密关联，却最好不要一味地强调政治，成为政治思想的传声筒和吹鼓手。可以说，竹内好在忧国忧民、学养极深厚的中国文人和政治家身上，体味到了文学与政治之间相互关联又相互独立的微妙平衡。

第三节　竹内好的鲁迅"回心"说

"回心"这一概念出现在《鲁迅》一书的"思想的形成"一章中，这一概念是竹内好阐释鲁迅思想的核心，也是竹内好将鲁迅设定为文学家的重要契机。《近代的超克》一书中，译者对这一概念进行了注释，"日语当中'回心'这个词，来自英语的'Conversion'，除了原词所具有的转变、转化、改变等意思之外，一般特指基督教中忏悔过去的罪恶意

---

① ［日］竹内好：《近代的超克》，李冬木等译，生活·读书·新知三联书店2016年版，第187页。
② ［日］竹内好：《近代的超克》，李冬木等译，生活·读书·新知三联书店2016年版，第188页。
③ ［日］竹内好：《近代的超克》，李冬木等译，生活·读书·新知三联书店2016年版，第208页。
④ ［日］竹内好：《近代的超克》，李冬木等译，生活·读书·新知三联书店2016年版，第208页。

识和生活，重新把心灵朝向对主的正确信仰。竹内好使用这个词，包含有通过内在的自我否定而达到自觉或觉醒的意思"①。"回心"一语是竹内好阐释鲁迅思想的专门术语，表达的是鲁迅获得主体性自觉，抵抗消极生活现状的积极态度。

在《何谓近代》一文中，竹内好构建了"'竹内鲁迅'中'回心'这一核心概念的生成之场"②，对"回心"与"转向"这两个概念加以详尽论述：

> 转向是在没有抵抗的地方发生的现象，即它产生于自我欲求的缺失。执著于自我者很难改变方向。我只能走我自己的路。不过，走路本身也即是自我改变，是以坚持自己的方式进行的自我改变（不发生变化的就不是自我）。我即是我亦非我。如果我只是单纯的我，那么，我是我这件事亦不能成立。为了我之为我，我必须成为我之外者，而这一改变的时机一定是有的吧。这大概是旧的东西变为新的东西的时机，也可能是反基督教者变成基督教徒的时机，表现在个人身上则是回心，表现在历史上则是革命。
>
> 表面上看来，回心与转向相似，然而其方向是相反的。如果说转向是向外运动，回心则向内运动。回心以保持自我而反映出来，转向则发生于自我放弃。回心以抵抗为媒介，转向则没有媒介。发生回心的地方不可能产生转向，反之亦然。转向法则所支配的文化与回心法则所支配的文化，在结构上是不同的。③

根据竹内好的阐释，转向就像"自由主义"的"进步主义者"那样，以外来权威作为标准，将自己原有的一切与外来权威不一致之处都视为"恶"，于是改变这些"恶"就成为人们的目标。回心则质疑以外来权威

---

① ［日］竹内好：《近代的超克》，李冬木等译，生活·读书·新知三联书店2016年版，第119页。
② 李明晖：《"竹内鲁迅"的"回心"概念——基于探源的阐释》，《吉林大学社会科学学报》2022年第4期，第229页。
③ ［日］竹内好：《近代的超克》，李冬木等译，生活·读书·新知三联书店2016年版，第286页。

作为衡量"善恶"的标准，不以满足外来权威的标准作为方向，也就是不根据外来标准改变自己，于是改变只是我"走我自己的路"。因此，竹内好在这里用"向外运动"和"向内运动"两个词来解释转向与回心这两种不同变化，转向所发生的改变动力在于与外在权威标准一致，而回心所发生转变的动力在于自我的主动改变，不囿于一成不变的自我。

"抵抗"是区分转向和回心两个概念的核心要素，竹内好在"回心"的语境中，对"抵抗"进行了解释：

> 这里的抵抗是二重的。即对于失败的抵抗，与对不承认失败或者忘却失败的抵抗。也即是对理性的抵抗，与对于不承认理性之胜利的抵抗。理性的胜利是不能不承认的，但是这一点只有通过二重的抵抗才能得到承认。①

在竹内好看来，抵抗的二重性在于"不承认失败或者忘却失败的抵抗"，即"不承认理性之胜利"，"竹内好是将两类人——顽固守旧者和转向者都归于'不承认理性之胜利'者之中的；或者说，人们通常都会认为这两类人是截然相反的，但竹内好却认为他们之间的差异只不过是'不承认理性之胜利'的两种表现方式而已，因而将他们归为一群"②。在鲁迅和竹内好看来，辜鸿铭那样的顽固守旧者虽有深邃的思想与洞察力，但否认失败使其难以走上回心之路。而转向者则尽力忘却失败，他们将失败视为他人的，而否认自身的失败，因此，他们也难以成为回心者。鲁迅则是反抗二重性的回心者，他既看到本民族的弱势所在，也承认外来权威的优点。鲁迅在自我不断地否定和完善中前进，走自己的道路。

无论是鲁迅的"文学无用"论，还是其回心说，在竹内好看来，都证明鲁迅不仅是一位伟大的文学家，更是一位伟大的启蒙者，文学是鲁

---

① ［日］竹内好：《近代的超克》，李冬木等译，生活·读书·新知三联书店2016年版，第261页。
② 李明晖：《"竹内鲁迅"的"回心"概念——基于探源的阐释》，《吉林大学社会科学学报》2022年第4期，第230页。

迅实施启蒙生产的场所。同时，鲁迅的文学也为众多启蒙者提供了精神滋养和激励。竹内好指出，鲁迅在翻译、小说史研究、杂志编辑和版画事业等方面都具有开拓意义，鲁迅在表象上就是一个启蒙者。就鲁迅的精神而言，毛泽东指出，鲁迅有三种属性，"第一是政治的远见，第二是斗争精神，第三是牺牲的精神"[①]，这些精神的传承也使鲁迅成为革命者。鲁迅的自我批判和论争精神使他经受住了诸多考验与反对者的诘问，"近代中国，不经过鲁迅这样一个否定的媒介者，是不可能在自身的传统中实行自我变革的。新的价值不是从外部附加进来的，而是作为旧的价值的更新而产生的，在这个过程中，是要付出某种牺牲的；而背负这牺牲于一身的，是鲁迅"[②]。竹内好的《鲁迅》给人的印象在于其与中国文学的关系中的自我抑制的姿态，以及他对鲁迅文学之严厉和难以理解的感觉。

竹内好指出："鲁迅去世以后的中国文学不应该将鲁迅偶像化，而要自我否定鲁迅这个象征进而绵延不断地诞生全新的自己。他写道：'我对中国文学是一个旁观者……我对中国文学全然无能为力。我没有想过指导中国文学，更没有想过笼络中国文学。……我只是从鲁迅那里汲取我自己的教训。对我而言，鲁迅是一个强烈的生活者，是一个深入到骨髓里的文学家。鲁迅文学之严厉击打着我。尤其是最近，我反省自己，环顾四周的时候，看到了以前没有意识到很多方面，多次打动我的内心。……我想知道这有多大的可能性。'就这样，竹内好对鲁迅在传记上的关系也就从当时那个时期的变转向不变的一面，即他逐渐获得了文学的自觉"[③]。鲁迅的精神在今日依然熠熠生辉，有超越时空的永恒价值。于今天，我们需要鲁迅的"绝望"，不断进行自我批判式反思，才不会被时代所愚弄，才会不断成长、前进。

---

① ［日］竹内好：《近代的超克》，李冬木等译，生活·读书·新知三联书店2016年版，第221页。

② ［日］竹内好：《近代的超克》，李冬木等译，生活·读书·新知三联书店2016年版，第225页。

③ ［日］平石直昭：「竹内好における歴史像の転回——大東亜·魯迅·アジア——」，『思想』（990），岩波書店2006年10月，第81—82頁。

第四节　国内外研究现状

日本著名中国现代文学研究专家丸山昇的《鲁迅·革命·历史》（2004）一书中，在梳理日本的鲁迅研究史时，谈到竹内好所创作的《鲁迅》这部专著"是一本时至今日仍被称为'竹内鲁迅'的对其后的鲁迅研究起着决定性影响的著作。他以后的所有鲁迅研究者，都从这本书继承了很多东西。即便能够提出在各个方面异于竹内的鲁迅形象，也是通过坚持自己对'竹内鲁迅'的不同意见、深入发掘差异之处才产生的自己的鲁迅形象在这个意义上，依然处在竹内的影响之下"[①]。可见，竹内好的鲁迅研究影响之深远。

中日学者对竹内好的思想进行了多元化阐释，借助不同理论视角挖掘其思想的深度。竹内好有关鲁迅研究的专著，有三部已被译为汉语。分别为1986年浙江文艺出版社出版的李心峰翻译的《鲁迅》，2005年生活·读书·新知三联书店出版的李冬木、赵京华、孙歌翻译的《近代的超克》，2013年生活·读书·新知三联书店出版的靳丛林翻译的《从"绝望"开始》。每部译著的序言或后记都是研究竹内好思想的重要文献。在《近代的超克》中，孙歌的题为《在零和一百之间》的代译序，将竹内好视为同鲁迅一样的战士，尽管他并不直接从事社会斗争，但"他的社会关怀与战斗精神表现为彻底颠覆知识领域内部的权力政治结构，并通过这种颠覆揭示现实社会权力关系的所在，促成精神层面的反思"[②]。在序言中，孙歌进而挖掘竹内好作品与时代之间的关联，解释竹内好的民族思想及其研究鲁迅的意义。孙歌为《从"绝望"开始》所作的《为什么"从'绝望'开始"？——读竹内好的〈从"绝望"开始〉》后记中，论述了鲁迅因何绝望，辛亥革命的失败和"大革命"的血腥收场，都是导致鲁迅绝望的外因。"鲁迅绝望的直接根源存在于他所从事的精神

[①] ［日］丸山升:《鲁迅·革命·历史：丸山升现代中国文学论集》，王俊文译，北京大学出版社2005年版，第339页。

[②] ［日］竹内好:《近代的超克》，李冬木等译，生活·读书·新知三联书店2016年版，第3页。

工作本身。换言之，他对于同时代的精神生产方式本身具有根深蒂固的怀疑，并无法摆脱这种怀疑"①。鲁迅的绝望也是竹内好的绝望，竹内好关注到思想史中一个棘手的命题：每个时代都有先驱者出现，而先驱者往往又会被历史洪流所抛弃。竹内好试图找到更为切近历史的逻辑，"历史人物一生总有一个关键的时刻，那个时刻隐含了他一生思想轨迹的核心；以这个时刻为核心，可以把历史人物一生重新组织起来——那不是一条直线，而是往复环绕的辐射状结构"②。

  国内也产出了多部竹内好思想研究的专著。2005年，北京大学出版社出版了孙歌的《竹内好的悖论》一书，在对竹内好的不断钻研中，研究者发现竹内好一生都在寻求一条民族解放的出路，"无论是以'西方模式'还是以'对抗西方'的模式建立本土的政治社会，都将是同样没有出路的"③。竹内好一生都在追寻摆脱这种二元对立出路的可能性，他在鲁迅身上看到了同样的困惑与绝望，"竹内好在拒绝了'学者'定位的同时，也拒绝了东、西方二元对立的思维模式。借助于源自鲁迅的'挣扎'模式，竹内好揭示了仅在概念上讨论主体性和他二者关系时所可能忽略的问题，为世界思想界贡献了在自我否定过程中是他者与自我真正相关的思想程序"④。2008年，上海书店出版了薛毅和孙晓忠编辑的《鲁迅与竹内好》一书，该书收录了中日学界有关竹内好和鲁迅的最具代表性的研究。书中既有对《鲁迅》《近代的超克》等著作的解读，也有对竹内好的鲁迅论及其民族主体性重建问题、"文学"与"大东亚战争"、日中战争的文化空间等问题的审视与反思。2012年，北京大学出版社出版了靳丛林的《竹内好的鲁迅研究》一书，这部专著是对其博士学位论文的修订与补充。

  国内有关竹内好研究的文章有数百篇之多，种类多样，既有期刊论文，也有硕博士学位论文，还有会议论文和报纸文章。苏州大学葛强的

---

① ［日］竹内好：《从"绝望"开始》，靳丛林编译，生活·读书·新知三联书店2013年版，第395页。
② ［日］竹内好：《从"绝望"开始》，靳丛林编译，生活·读书·新知三联书店2013年版，第408页。
③ 孙歌：《竹内好的悖论》，北京大学出版社2005年版，第11页。
④ 孙歌：《竹内好的悖论》，北京大学出版社2005年版，第11页。

博士学位论文《"竹内鲁迅"与"西田哲学"——基于东方思想传统的考察》在21世纪以来人们对竹内鲁迅毁誉参半的评价基础上，细致分析文本，考察日本的原生哲学"西田哲学"与"竹内鲁迅"之间的精神联系，以回答"竹内鲁迅"本原论、主观性思维倾向的来源问题，并进一步探寻二者背后共同的东方思想传统，以及"竹内鲁迅"作为一种"东方思想"带给人们的价值和启示。① 全文的第三章以文本细读和史料分析相结合的方式，深入经典文本的内部去考察西田哲学给竹内好带来的影响。通过对竹内好《鲁迅》中的四篇经典文本的梳理与考察，可以看出，竹内好在当时已深受西田哲学的影响，已经超越了术语层面的影响，在思考方式、思想内核、语言表述甚至是行动上都暗合着西田哲学的核心原理。第四章着重考察了"竹内鲁迅"与东方思想传统的关系，"西田哲学"中的"自我否定""内在超越"等原理都体现了对东方思想的继承，被"竹内鲁迅"所内化。浙江大学刘超的博士学位论文《论鲁迅内在精神之发生》中，第三章通过辨析竹内好的"回心说"，细致呈现北京绍兴会馆中鲁迅回心式自觉的不同方式，还阐释了伊藤虎丸对"回心说"的认识，"伊藤虎丸认为这时狂人获得了一种'独醒'的自觉，他将自己外置于吃人世界的成员"②。吉林大学靳丛林的博士学位论文《竹内好的鲁迅研究》对竹内好的鲁迅研究进行了全面的梳理、阐释和解读。全文共分四章。第一章详尽描述了竹内好的个人成长经历，尤其聚焦于竹内好与中国文学、文化的关系，该部分还细致地梳理了竹内好本科毕业论文《郁达夫研究》的内容，从而审视竹内好探究鲁迅精神的源头。第二章全面解读了竹内好鲁迅研究的代表性著作《鲁迅》，其中主要对"竹内鲁迅"的核心词汇"回心""挣扎"与"赎罪"作了深入探讨，并尝试借助伊藤虎丸对竹内好的阐释来对鲁迅的"回心之轴"作出新的阐发。第三章专门探讨竹内好对鲁迅作品的评价，剖析了竹内好战前、战后对鲁迅作品的褒贬变化乃至于一生致力于鲁迅作品在日本的翻译与宣传工作的独特价值与意义。"终章"部分借助对竹内好"凭藉鲁迅"的研究，对

---

① 葛强：《"竹内鲁迅"与"西田哲学"——基于东方思想传统的考察》，博士学位论文，苏州大学，2019年，第1页。
② 刘超：《论鲁迅内在精神之发生》，博士学位论文，浙江大学，2014年，第89页。

日本的战争、文化和日本人的"奴隶"心态进行反思并加以探讨。①

进入21世纪以来，国内的竹内好研究再掀起一股热潮。一是从竹内好的研究著作出发，重新挖掘竹内好的思想与鲁迅思想的内在关联。常琳的《"个的自觉"：竹内好的"抵抗"和鲁迅的"回心"》一文中竹内好于鲁迅的生命体验切入，体悟生命体验渗透于鲁迅文学活动中刻烙下的思想印迹，显证自我否定与"作为行为的主体性"的"个的自觉"的建构与发生，继而以鲁迅思想的现代性反观日本"近代的超克"，在对日本近代超克思想的否定与批判中立证鲁迅"回心"式自我否定的价值与意义，并以自我的生命体验和文化行为实践着鲁迅"个的自觉"②。李明晖的《"竹内鲁迅"的"回心"概念——基于探源的阐释》一文探寻了"回心"这一概念的源头，这一词可循法然《选择本愿念佛集》、法照《净土五会念佛略法事仪赞》，清晰追溯到《成唯识论》等汉译佛典。李明晖认为，竹内好在《鲁迅》中以"回心"描述鲁迅与近代思想的关系，与《叹异钞》中关于"回心"的论说具有逻辑的同构性，即以"绝望"为介质，否定所有外来权威与教条。《何谓近代》中的"二重抵抗"是"回心"的实质，即走自己的道路。竹内好借用"回心"隐喻的是以抵抗外来近代的方式实现现代理想的"革命"。③ 二是侧重从思想史的角度去解读竹内好和他的鲁迅研究，进而反思日本的近代文化与近代历史并兼及反思探讨中国学术思想界的研究出路。韩琛的《革命辩证法：鲁迅、竹内好与近代的超克》指出，竹内好从《鲁迅》到战后以中国为中心批判日本的近代，从重估"近代的超克"思想到提出"作为方法的亚洲"命题，却始终坚持着一个基本诉求：通过抵抗西洋的近代来建构东洋的近代。但由此生发的各种"反近代的近代性"思想，却隐含着难以逾越的自反性矛盾。虽然竹内好的鲁迅研究创造性地再生产了鲁迅及其文学，

---

① 靳丛林：《竹内好的鲁迅研究》，博士学位论文，吉林大学，2009年，第4页。
② 常琳：《"个的自觉"：竹内好的"抵抗"和鲁迅的"回心"》，《中国文学研究》2020年第2期，第183页。
③ 李明晖：《"竹内鲁迅"的"回心"概念——基于探源的阐释》，《吉林大学社会科学学报》2022年第4期，第222页。

但亦应注意其永远革命的超克话语中,其实一直游荡着反革命的幽灵。①韩琛的《竹内好鲁迅研究批判》一文将竹内好的鲁迅研究置于当时的战争背景之下,认为日本学者竹内好释放了对侵华战争的负疚感,并通过解散中国研究会、废刊《中国文学》等行为,表达自己对"大东亚战争"的拥护。在"二战"进入白热化阶段、日本陷入绝境的现状下,竹内好将鲁迅塑造为一个回心于"无"的绝对文学者,以此来否定"哲学的结构"的西洋近代文化,建构"文学的结构"的"大东亚文化"。战后,追求东亚主体性的反近代主义的近代,既是竹内好之始终未变的思想轴心,也是其根本悖论之所在,并形成了一种反人道的文学主义的法西斯倾向。②谭仁岸的《极端民族主义之后的民族主义——以战后初期的丸山真男、竹内好与石母田正为例》一文认为,竹内好批判左右两翼同时忽视了民族主义的内在生命力,提倡可以反映国民"整体人性"的"国民文学"。竹内好的民族论则偏向于"族群—象征主义"民族理论,并且试图通过文学来唤醒日本民众在现代性之幕下沉睡的价值意识和精神意涵。③孙歌的《竹内好的亚洲主义研究》一文,着重讨论竹内好关于日本亚洲主义的两个代表性文本《作为方法的亚洲》和《亚洲主义》,从认识论的角度出发,强调竹内好突破二元对立静态史观的努力,去除政治正确观念的干扰,在历史的旋涡中发现鲜活的思想命题的尝试。④

竹内好是域外鲁迅研究最为重要的研究者之一,他将鲁迅的思想置于时代语境之中,考察鲁迅思想对世界的启示。对竹内好的认识与研究是十分必要的,通过竹内好我们可以更为深刻地理解鲁迅。鲁迅生于中国清朝末年的半殖民地半封建社会,其"绝望"不仅是对混乱现实的无奈,亦是对中华民族发展的忧虑。由此,竹内好认为,鲁迅形成了"回心"观念,他不断地进行自我抗辩,在自我否定中获得前进的动力,成

---

① 韩琛:《革命辩证法:鲁迅、竹内好与近代的超克》,《西南民族大学学报》(人文社会科学版) 2020 年第 6 期,第 168 页。

② 韩琛:《竹内好鲁迅研究批判》,《山东师范大学学报》(人文社会科学版) 2017 年第 4 期,第 52 页。

③ 谭仁岸:《极端民族主义之后的民族主义——以战后初期的丸山真男、竹内好与石母田正为例》,《山东社会科学》2018 年第 6 期,第 75 页。

④ 孙歌:《竹内好的亚洲主义研究》,《开放时代》2019 年第 1 期,第 115 页。

为具有启蒙精神的革命者。生于发动侵略中国和世界的日本近代社会，竹内好亦对日本民族的发展充满焦虑，他看到了日本内部的停滞不前与文学的官僚化。于是，竹内好停办了自己创办的中国文学研究会和《中国文学研究月报》，以此来抵抗日本中国现代文学研究中庸俗化的现实。在抉择、彷徨与前进中，竹内好始终钦佩鲁迅的革命精神，希望成为鲁迅一样的文学启蒙者，通过自己的研究唤醒日本民族的觉醒，推动日本民族的进步。

第六章

苏立文的中国艺术研究

艺术史学家迈克尔·苏立文（Michael Sullivan，1916－2013）被称为中国艺术研究领域杰出的专家之一，"他在二十世纪中西文化交流史中，曾经影响甚至在一定程度上决定了西方对于二十世纪中国画的认知结果"[1]。他有一双似乎天生就有光的双眼，他的性格热情大方，他平易近人，却也从不掩饰自己的感受或意见。在谈及中国当代艺术作品时，苏立文说："因为商业市场的影响，中国当代艺术产生了很多自我重复的东西，一些艺术家失去了自己的创作方向和道路。"[2] 但在另一方面，"苏立文对中国当代艺术发展有许多期许，他认为中国当代艺术呈现出太多的'不可思议'"[3]。用康定斯基 1912 年书中的话来说，"所有的艺术家都是被允许的"，而中国当代的艺术家们，在苏立文看来，有一些则更加真实地表达和传承了中国当代文化的积极方面，"他们的作品会流传下去，其他的会被遗忘。对于所有这些变化的见证，是我亲生的经历"[4]。苏立文的一生，正践行了他对艺术的承诺。作为亲历者，他对中国艺术有着无与伦比的亲身体验，这是他毕生所热爱的事业，同时也融入他的生命骨血之中。

本书聚焦苏立文的文化身份，第一部分是通过讲述苏立文的生平事

---

[1] 杭春晓：《打开西方对 20 世纪中国画认知的钥匙》，http://book.sina.com.cn/news/books/2009－04－27/1648255343.shtml，2023 年 5 月 15 日。
[2] 苏立文：《抛开理论直面 20 世纪中国艺术》，《东方早报》2013 年 8 月 27 日。
[3] 《艺术史学者苏立文：为何推介中国当代艺术》，《辽宁日报》2013 年 9 月 16 日。
[4] 《苏立文：我与中国的联系在出生前就已开始》，《新浪读书》2009 年 4 月 26 日，https://book.sina.com.cn/news/c/2009－04－26/1541255275_2.shtml，2024 年 1 月 12 日。

迹，简要分析苏立文从旁观者到亲历者文化身份的形成与转变；第二部分则关注苏立文中国艺术研究的几部代表性著作，描述苏立文独特文化身份下其中国艺术研究体系的确立；第三部分汇集国内外学界对苏立文研究的梳理与分析，事实上，学者们对苏立文研究评价的褒贬不一，正是苏立文不同文化身份折射下的不同面向；第四部分则进一步讨论苏立文关于中国艺术的研究旨要和主要成就，与其说苏立文是带着"西方视角"观看中国艺术，不如说他是在多重的文化身份的交织下，形成了一种独特的个人研究风格。

第一节 从旁观者到亲历者：苏立文文化身份的形成

1916 年，苏立文在加拿大多伦多出生。他的父亲来自加拿大，母亲来自美国，不过 3 岁时，他就随父母移居英国并在那里成长。1936 年，他进入剑桥大学学习建筑学。此时，他对建筑学和欧洲艺术史展现出强烈的兴趣。而他对中国事物的兴趣，则来源于他与一位建筑系中国留学生的友谊。1940 年，苏立文第一次来到中国，这时的重庆已经遭到了日本人的空袭。苏立文决定加入国际红十字会，并承担起驾驶卡车的艰巨任务（这并不简单，他的驾驶技术不仅要经受复杂地形的考验，同时还要冒着枪林弹雨的风险）。两年来，他在日本人的轰炸下，穿梭于中国西南部的城市之间，为红十字会运送医疗物资。1942 年，他在成都定居，在华西联合大学博物馆工作。他与程德坤一起参与发掘了前蜀皇帝王坚的陵墓，这也成为他第一篇关于中国艺术研究论文的主题（1946）。他的第一部著作，于 1945 年在华西联合大学博物馆出版社出版。其间，苏立文结识了来自厦门的年轻细菌学家吴环（Khoan），很快，两人便认定彼此为终身伴侣，同时也成为学术界的一对伉俪。

正是在妻子吴环的影响下，苏立文完成了从中国艺术的"旁观者"向"亲历者"身份的转变。吴环成为他与中国艺术家交往的桥梁，也为他打开一扇扇大门，让他真正成为融入中国的外国人。他进入了驻留成都当地的艺术家圈子，同时还在接触中国艺术的过程中，结识了庞薰琹、吴作人、丁聪、郁风、关山月、刘开渠等现代中国画家。这种生活方式，也塑造了他后来研究当代艺术的方法，即不将其作为抽象客观的研究对象来考察，而是通过个人友谊和实地调研观察。① 吴作人在苏立文家完成了画稿《青海市集即景》，在丁聪的漫画《现世图》由于批评国民党政府而引起特务的注意时，也是苏立文和吴环将画作悄悄带回家中，使其免于被毁的风险。

1946 年初，苏立文和妻子吴环离开中国。在之后的一段时间中，由于政治环境的问题，他中断了与中国艺术家们的联系。回到英国后，他最初在考陶尔德学院（Courtauld Institute）学习欧洲艺术，后来很快他就转到伦敦大学亚非学院（SOAS）学习古代汉语（并在 1950 年取得硕士学位）。两年后，他又获得了哈佛大学的博士学位。其博士学位论文主题为早期山水画，后来题为《中国山水画的诞生》（The Birth of Landscape Painting in China）于 1962 年发表，1980 年他继续对这篇论文加以拓展，并被收录于《中国山水画：隋唐卷》。1954—1960 年，他在新加坡马来亚大学担任了六年的教学和策展工作，这让他对东南亚艺术、中国贸易商品和佛教艺术有了较为深入的了解。在 1969 年发表的《买赤山石窟寺》（The Cave Temples of Maichishan）中，他展示出自己对这些艺术的热爱。1960—1966 年，苏立文在伦敦大学亚非学院担任了六年东方艺术的讲师，1966—1985 年，他在斯坦福大学新成立的艺术史系担任教授，过着加州式的生活。自此，他便一直留在斯坦福大学，直到 1984 年才作为牛津大学圣凯瑟琳学院的研究员返回英国。1990 年，他成为名誉退休人员，不过他一直在学界保持活跃。

2009 年 4 月 25 日，北京友好传承文化基金会，为当代西方中国现代美术史研究的学术泰斗——苏立文先生颁发"友好贡献"奖，以感谢 65 年来他对中国现代美术的历史价值、文化内涵、学科发展以及社会传播做出的巨大贡献。苏立文亲自到场，并以清晰的语调和敏捷的思路发表了讲话，让人很难想象这位幽默而亲切的老人已经 93 岁高龄了。苏立文的长寿，大多数中国人将之视为拥有美德的证据。如果他没有在家里摔倒，而后在医院感染肺炎去世，他仍然会挑战着我们对死亡的看法。一

---

① Jerome Silbergeld, "Michael Sullivan (1916–2013)", Archives of Asian Art, Vol. 63, No. 2, 2013, pp. 209–210.

直到最后一天，他还在用新的计划和项目，希望唤起人们对中国当代艺术更多的兴趣。2013年9月28日，即将迎来97岁寿诞的苏立文溘然长逝，他的一生积累了大量关于现代中国艺术的收藏品，它们主要是由艺术家朋友们赠送的。在苏立文去世后，按照遗嘱，他的大部分收藏品永久捐给了牛津大学阿什莫林博物馆。

第二节 在文化之间：苏立文中国艺术研究体系的建立

自1940年以来，苏立文不断来到中国，通过参加艺术活动、参观艺术家的工作室、收藏中国艺术品等方式与中国20世纪的艺术进行零距离的接触，同时出版了多部关于中国美术和美术史研究的论文和著作，从而被认为是中国现代及当代绘画研究的先驱。他的第一本相关著作是在1959年出版的《二十世纪中国艺术》（Chinese Art in the Twentieth Century），彼时，中外学界对该课题的研究尚未掀起浪潮。半个世纪以来，他相继出版了多部著作，这些越发娴熟和丰富的研究，帮助绘制出一条学科发展的轨迹图。其中，出版于1973年的《十六世纪以来东西方美术的交流》（The Meeting of Eastern and Western Art from the Sixteenth Century to the Present Day）关注东西方两种文化在塑造其各自的现代化方面的互动角色。另外两部著作分别为《二十世纪中国艺术和艺术家》（Art and Artists of Twentieth-Century China）以及《现代中国画家传记辞典》（Modern Chinese Artists A Biographical Dictionary）。他的兴趣和知识的广度即便在之后的亚洲艺术研究者中也卓尔不群。正是这样的广度，让苏立文具有了绝对的权威性，从而在最受欢迎的中国艺术史著作——六卷本的《中国艺术》（The Arts of China）中撰写了序言（"An Introduction to Chinese Art"）。此外，他的《中国视觉艺术》（1974）也被收录在《大英百科全书》（Encyclopedia Britannica）。

1959年，这时西方的研究者们普遍认为中国现代艺术不是一个值得严肃对待的课题，苏立文曾说，"五十到七十年代里，西方对中国艺术几乎毫无兴趣"。但苏立文在研究中国古代艺术的同时，也持续关心着中国现代艺术的发展。最初返回英国时，他还带着几年间积累的有关现代艺术的资料，但箱子不幸遗失。庞薰琹帮他向中国的艺术家们重新收集资料并寄送到英国。与他素未谋面的黄宾虹在听闻后，还特意寄去一幅小画。这些心血最终都被展示在《二十世纪的中国艺术》（*Chinese Art in the Twentieth Century*）中。

这本书的第一章概述了政治和社会更新——革命性剧变，而这些变革，已经在世纪之交的中国历史进程中凸显出了自我。苏立文在这一章中，描述了那些尖锐的新思维，它们从业已根深蒂固的中国文学和艺术表达的传统思想中背离、割裂，呈现出完全不同的面貌。新文化运动以众多文学作品和艺术团体的迅速崛起为标志，它们充满了革命性的活力，将中国从传统的枷锁中解放。因为在新文化运动看来，这些传统的思维，早已无法充分满足现代中国社会的需求。同时，在这一章中，苏立文还对中国古典画进行了精当的描述，凸显出其不同于西方绘画的特质。其后的章节则关注了"现实主义运动"在木雕和政治漫画中的表现，包括 20 世纪中国雕塑和装饰艺术的地位，这是开拓性的论述，因为在此之前，中国的雕塑艺术从未被给予如此细致的关注，而在西方，这种艺术方式是极受欢迎的。但苏立文以实证的展示，描述了公元 5 世纪至 8 世纪中叶在佛教推动下中国雕塑的极高质量和超群的工匠技术，证明了中国雕塑不仅仅是"功能性的装饰"，而且还是可以与欧洲哥特式雕塑占据着同样重要地位的艺术形式终章名为"过渡的时代"，讨论了中国当代艺术的地位及未来的发展轨迹。他认为，一方面，新中国成立后的七年助推了考古勘探活动的繁荣；另一方面，也见证了出版业的高潮。另外，本书还包含了一份 1910—1949 年涌现出的优秀的艺术流派和团体索引，同时还有一份关于中国当代艺术家的名录。其后所附的参考文献，也极大地方便了读者们按图索骥，据此查阅中西方关于当代中国艺术的主要著作。

《二十世纪的中国艺术》在出版后的很长一段时间里，都是相关题材中唯一使用西方语言叙述的学术著作，苏立文也由此成为西方首位系统研究 20 世纪中国美术的学者。这本书的出版，也标志着苏立文开始建立自己对中国艺术的研究体系。

《中国艺术史》（*The Arts of China*）是苏立文于 1961 年出版的著作。在 1961 年第一版问世时，它的名字叫作《中国艺术简介》（*An Introduc-*

tion to Chinese Art），由加利福尼亚大学出版社出版。1967 年，该书更名为《中国艺术简史》（A Short History of Chinese Art）重新出版。1967 年版基本延续了第一版中对于历史的连贯性叙述框架，并保留了原版中十章的内容。不过通过文本的对比，我们会发现，在很多细节上，1967 年版实际上对初版有所增删和勘误。比如有些不准确的日期得到了修正，一些新的段落也表现出考古学的新发现和苏立文的新思考。此后的几十年间，该书又多次更新修订，英文版本至今已先后有八个版本，成为耶鲁、普林斯顿等多所大学中国艺术史的教材，至今沿用不衰。难能可贵的是，在历年的版本修订中，随着研究进展、方法转型、视野拓宽，作者每次都会像 1967 年版一样，在新版中更新学界最新成果，并充实细节和内容。艺术史家、芝加哥大学教授巫鸿评价其是"学习中国艺术历史过程的最全面而精炼的入门读物"[①]。

在这本苏立文久负盛名的著作中，最为突出的是展现了其亲历者、旁观者与记录者三重身份的结合，其独特的观点和研究方法，正来自作者西方人的身份和亲历中国艺术的经验，这也是为何长期以来，本书能够穿越时间和空间，不断地得到人们赞誉和讨论的原因。苏立文坚持采用传统的中国历史框架进行叙事，他始终沿用按照时代、类型的写作框架，尽可能全面、清晰地介绍中国艺术作品。按照年代历史，从文明的曙光起笔，逐一梳理远古、先秦、秦汉、三国六朝、隋唐、五代与两宋、明清直至 20 世纪的中国艺术，详细论述中国艺术的不同门类——建筑、雕刻、绘画、书法、陶瓷等在不同时代的表现形式及特点，反映了自石器时代至 21 世纪初的中国艺术全景，并配有 410 幅高清插图，展示历代艺术珍品。这清晰地表现出苏立文所受到的来自中国艺术史叙事方式的影响——显然，他希望向西方读者最真切地传达中国艺术作品中的历史感与身临其境之感。此外，作为一位西方学者，他又展示出与中国学者书写中国历史时完全不同的思维方式，两种文化观念在他身上的碰撞，让《中国艺术史》中具有了全球性、比较性的宏大视野。比如，在写到中国的建筑时，苏立文将唐代的长安比作希腊古城拜占庭，在描述隋炀帝修建的宫室园林时，他的笔下又自然地将巴黎的凡尔赛宫拿来作对比。

---

① ［英］迈克尔·苏立文：《中国艺术史》，徐坚译，上海人民出版社 2022 年版，推荐语。

中国艺术家与西方艺术家的比较阐述在书中同样精彩,吴道子与米开朗基罗、宋徽宗与路易十四、石谿与塞尚……中西艺术的差异与共通,他既了然于胸,又信手拈来。通过对中西艺术的类比,对于中国艺术尚且陌生的读者得以理解中国艺术在全球艺术史中的地位和重要性,同时也能更深刻地感受到中国艺术的独特魅力。

可以说,《中国艺术史》的出版填补了西方对中国艺术史的研究空白,为推广中国艺术、促进跨文化理解做出了重要贡献。

"中国山水画艺术已经进化出了一种视觉语言符号……这种伟大的成就,不仅是中国人天才的显现,同时也是人类想象力的表征"[1]。在这本书中,苏立文"在试图重建一个失落的故事"[2],因为那个时期任何一位著名大师的作品都没能幸存下来。事实上,今天我们所了解的绘画卷轴中,没有一幅可以认为是那个时期的原作。目前我们仅能看到一些中国和韩国陵墓的壁画,一些彩绘瓷砖和漆器,以及早期的敦煌壁画。而且在大多数情况下,人们更关注的古迹是石刻、黏土浮雕、纺织品、金属制品和陶瓷,而非绘画。同时,这些绘画的设计也必须按照历史学家的想象——他们应当是在模仿或反映某些事物。然而,丢失的画作与现存的物品之间的真实关系,仍然处于一团迷雾之中。在原作缺席的情况下,对文学记录进行调查,寻找它们的蛛丝马迹,是不可避免的一件事情。但问题在于,仅依靠文学作为线索有时并不可靠,正如汉学家夏德(Friedrich Hirth)所指出的,"你所写的,不是中国艺术史,而是'它'的艺术史"[3]。在苏立文的《中国山水画起源》(*The Birth of Landscape Painting in China*)这本著作中,文学线索显然无比重要,但并没有以牺牲艺术本身为代价。

本书的正文部分一共分为四个章节,第一章"古物",第二章"汉朝",第三章"六朝",第四章"结语",在四章之后,有一份关于汉代

---

[1] Michael Sullivan, *The Birth of Landscape Painting in China*, Berkeley and Los Angeles: University of California Press, 1962, p. 2.

[2] Max Loehr, "The Birth of Landscape Painting in China by Michael Sullivan", *Journal of the American Oriental Society*, Vol. 82, No. 2, 1962, p. 259.

[3] Max Loehr, "The Birth of Landscape Painting in China by Michael Sullivan", *Journal of the American Oriental Society*, Vol. 82, No. 2, 1962, pp. 257–262.

艺术中的树木和植物的鉴定目录（第169—182页）、一份简短的索引。在第一节中，苏立文描述了中国古代的绘画艺术以及人们对自然的态度。在考察了周朝的不同文本中关于宇宙和人的关系相关的段落后，苏立文认为，这些段落可能最早直接预示了其后中国古人对艺术中风景主题的关注。在"先秦山水的特征"一节中，根据先秦镜子的设计和一些长沙考古的发掘，苏立文提出，当今已知的一些例子，暗示着一种更超前的写景风格，尤其是在南方，并且我们已经可以在这时看出南方和北方风景画派别的不同之处。有趣的是，这些图案中出现的自然物体，比如一排排的树木等，它们几乎从未被认为是景观元素；它们的重要性不在艺术方面，而在主题方面；它们是象征性的，而非表现性的。在较少涉及"语境"问题的"汉朝"章节中，对于文学性证据的讨论涉及肖像画、艺术流派的等级性、色彩画和水墨画等问题。在讨论这些艺术形式时，苏立文指出，"在汉代绘画中，已经出现了中国特有的'空间透视'技巧"[1]。而在"六朝"的章节中，苏立文则首先便以政治历史语境的描述开篇，其内容涉及道教、佛教、文学、园林以及文学批评等内容，展现出著者令人钦佩的知识广度。严格意义上说，对于艺术历史部分的讨论则开始于"早期景观形式的语法小注"一节。而在"结语"部分，苏立文则集中重新陈述了他的论断和观点："到了7世纪，不仅中国山水风格的所有基本特征已经形成，而且中国人将山水画视为表达形而上学思想的工具的思维也已基本完善。此后，相关的文体和理论工具不断得到阐释和丰富，但其核心逻辑却从未改变。"[2]

当下，中国绘画作为一个研究领域，已经吸引了越来越多学者们的兴趣。但相对于艺术研究中的其他显学，它仍然是一个新兴的研究对象，有大量基础性、突破性的工作亟待完成。而任何想要从事相关研究的人，无疑都会将苏立文的这本《中国山水画起源》作为重要的参考性著作。该书的地位，正如中国美术史学家高居翰（James Cahill）所指出的："风

---

[1] Michael Sullivan, *The Birth of Landscape Painting in China*, Berkeley and Los Angeles: University of California Press, 1962, p. 41.

[2] Michael Sullivan, *The Birth of Landscape Painting in China*, Berkeley and Los Angeles: University of California Press, 1962, p. 2. 该著作初版为苏立文于1952年在哈佛大学完成的博士学位论文，题为"Evidence and Sources for the Study of Early Chinese Landscape Painting"。

景是远东绘画的中心主题，其地位正如西方基督教肖像画一样……这部作品，是对早期中国山水画的一次认真细致的梳理和研究。苏立文发现，自己的地位，堪比第一本关于欧洲早期基督教艺术研究者。"①

《二十世纪中国艺术和艺术家》（Art and Artists of Twentieth-Century China）同样是苏立文学术生涯中的一部重要著作，也是一次西方学术界研究20世纪中国美术史的先锋式实践。全书篇幅较长，共354页，配有大量插图（94页彩色图和278页黑白图），其中在此前已出版的著作中出现过的图片仅有6页。可以说，苏立文对中国艺术在20世纪80年代的重生和演变的阐述，以及对其在20世纪受到西方文化艺术影响的一系列讨论，为读者同时提供了作者睿智清晰的经验式主观理念和翔实丰富的客观信息。对此，苏立文写道："本书与其说是对中国艺术的权威研究，不如说是一些个人的观点。"②

在《二十世纪中国艺术和艺术家》中，苏立文追溯了西方艺术在中国的兴起及其不同的媒介和风格，同时，他也记录了一系列正在进行中的西方艺术实验者与中国古典艺术的对抗。苏立文深刻地认识到，20世纪的中国艺术不能脱离中国的政治历史。因此，他所选择阐释的对象，一部分是出于纯粹的审美因素，另一部分则是为了说明某一个特定时期的政治历史。在这样的写作思维中，本书一共分为五章，前四章致力于讨论关键的历史时期，第五章"其他潮流"，则探索了中华人民共和国以外的中国艺术的变革。每一章（除一些其他类型的标题外）几乎都按照艺术流派、各种媒介以及中国艺术界的趋势来进行论述。第一章名为"1900—1937：西方的影响"，在这一章中，苏立文探索了传统文化在20世纪初的复兴，讨论了北京和上海这两个传统艺术重镇，介绍了当时的一些大师和他们的学生。但与此同时，他也承认了传统的局限性，他指出，中国传统绘画显然在反映当下历史的能力上有所欠缺。第二章名为"1939—1949：战争和内战"，苏立文在本章探讨了艺术家们所面临的新

---

① James Cahill, "The Birth of Landscape Painting in China by Michael Sullivan", *The Burlington Magazine*, Vol. 105, No. 727, 1963, p. 452.

② Julie M. Segraves, "Art and Artists of Twentieth-Century China by Michael Sullivan (Book Review)", *China Review International*, Vol. 5, No. 2, Fall 1998, p. 557.

困境——战争。日军侵华后,艺术院校关闭,许多艺术家逃往内地,他们摒弃了现代主义思想,转向内描绘当下的主题:中国的难民和农民的生活。第三章名为"1949—1976:毛泽东时代的艺术",关注政治在艺术创作中的作用。政策敦促所有的艺术家用艺术"为人民服务",社会主义现实主义取代了西方现代主义。革命人物、农民和工厂工人受到青睐。在这样的政策下,政府开始更加关注少数民族工艺美术和民间艺术的发展。第四章名为"其他潮流",讨论了中华人民共和国以外的中国艺术。虽然作者在本章中倾注了大量的材料,但一直到第五章"毛之后:艺术进入一个新时代",苏立文才真正阐述了中国艺术家在改革开放后是如何应对随之而来的更加自由的氛围的。

正如凯瑟琳·P. 伯内特(Katharine P. Burnett)所指出的:"所有的历史都是从作者的角度所讲述的故事,尤其是在苏立文的《二十世纪中国的艺术与艺术家》中",因为"这本书通篇都是一些轶闻和个人的亲身经历"[1]。的确,苏立文在这本著作中,分享了他对中国艺术过去六年发展的观察和经验。比如,我们能从书中了解到程十发在1984年所绘的《万代同根》(*Ten Thousand Generations from One Root*),苏立文详细地描述了画家绘制这幅画的过程。在另一个事例中,苏立文描述了他与画家庞薰琹的私人交往。这些偶然而又私人的细节,增加了文本的丰富性和复杂性,它时刻提醒着我们,历史既不是线性的,也并非客观的。

20世纪的中国是一个漫长而复杂的时期,它交杂着众多相互抵牾的哲学、政治、社会和艺术语境。"我们无法找到一个明晰的、主流的世界观,也无法找到一个能够去概括这些艺术的地域和风格特色。苏立文的著作强调了这一点"[2]。当我们习惯了其他时期的历史性文本,苏立文的这部概括性著作会成为读者了解20世纪中国文化研究的重要索引。

---

[1] Katherine P. Burnett, "Art and Artists of Twentieth-Century China by Michael Sullivan", *Modern Chinese Literature and Culture*, Vol. 11, No. 2, Fall 1999, p. 187.

[2] Katherine P. Burnett, "Art and Artists of Twentieth-Century China by Michael Sullivan", *Modern Chinese Literature and Culture*, Vol. 11, No. 2, Fall 1999, p. 189.

第三节　他山之石：学界对苏立文的
　　　　研究成果述评

关于西方学者对中国艺术和艺术史的研究，学界主要集中于高居翰、贡布里希等学者，但真正对于艺术史家苏立文的相关论文或论著却极少。本节将学界目前对于苏立文的研究情况进行分析，分为评论苏立文其人、苏立文对中国艺术的研究两类进行综述。

2009年5月21日，续鸿明在《中国文化报》发表了一篇名为《20世纪美术领域的"马可·波罗"》的文章，在这篇人物速写式的文章中，作者介绍了苏立文的生平以及苏立文对中国艺术品收藏的情况。2012年9月10日至10月7日，国家近现代美术中心举办了一场名为"苏立文与20世纪中国美术"的学术研究展览。依据这次展览，2012年11月15日，岳岩在《收藏》上，发表了三篇相关文章，分别是《幕后的苏立文》《苏立文：20世纪中国美术急需收集文献》《苏立文：20世纪那些尘封画事》，它们的内容分别是苏立文的生平、苏立文与中国美术的关系以及对苏立文的访谈。对同一场展览作出报道的，还有《中国美术》刊发的《苏立文与20世纪中国美术》。类似的新闻报道，还有赖睿2012年9月21日在《人民日报·海外版》发表的《96岁牛津大学教授苏立文：西方介绍20世纪中国美术第一人》，在这篇介绍性新闻稿中，作者归纳总结了苏立文在中国美术研究方面的三个显著的学术特色。同年，张苗苗在《美术》发表《"亲历"的历史与"现场"的研究——苏立文与20世纪中国美术》，文章梳理了苏立文在不同时期、不同地点从事研究的不同特点，从而分析了其不同时期收藏的作品对他从事研究产生的影响。

2013年，钟跃英在《收藏》发表《不为收藏的收藏家：麦克·苏立文与中国现当代艺术》，具体讨论了苏立文与中国现代艺术之间的关系。2017年，张海法在《美术学》中发表《苏立文的中国美术史研究之路》，这篇文章除了介绍苏立文的人生经历，同时也对苏立文的研究方法进行了简要的介绍。2020年，沈思远在百科知识发表《20世纪美术领域的"马可·波罗"——苏立文》，这是一篇对苏立文的生平及著述科普性的文章。2022年，《国际汉学》发表了一篇对同年6月于上海人民出版社推出的中文修订版《中国艺术史》的简讯,在简讯中,王晓丹以较精练的篇幅,介绍了苏立文其人的情况。

在这一类的文章中,虽然有些涉及对苏立文的著作及其对中国艺术史的书写,但它们主要仍是从苏立文在中国的经历入手,着重讲述苏立文一生的传奇经历,及其与中国艺术家们的轶事。

在这一部分,我们可以将苏立文对中国艺术的研究,分为对苏立文著作研究及对苏立文艺术理念的研究两类。

著作研究即论者对苏立文具体某一本著作的研究,这些文献的关注重点,在《20世纪中国艺术与艺术家》《山川悠远:中国山水画艺术》《东西方艺术的交会》《中国艺术史》这四本著作之上。对于《20世纪中国艺术与艺术家》的研究,无论是国内还是国外学界,学者都投以最多关注的目光。在国内,2013年,《20世纪中国艺术与艺术家》中文版正式出版,苏立文借此机会,莅临2013年的上海书展,成为该年度书展年龄最大的参展嘉宾。2013年8月23日王学良在《新华每日电讯》发表《苏立文:敢批徐悲鸿"非一流"》,正是对此书的简要介绍。2015年,陈池瑜在《西北美术》发表《中国现代艺术的壮丽图景——评苏立文〈20世纪中国艺术与艺术家〉》,该文对苏立文的《20世纪中国艺术与艺术家》进行了简要的介绍和评价。《20世纪中国艺术与艺术家》不仅是西方人了解中国现代艺术的窗口,获得西方读者的好评,该书的中译本也一定会受到中国读者的喜爱。该书为我们研究20世纪中国艺术史提供了一种新的眼光和方法,值得我们认真研读和借鉴。在国外,相关研究文献共有3篇。1998年,亚洲艺术协会主席和策展人史钰丽(Julie M. Segraves)的《苏立文〈20世纪中国艺术与艺术家〉评介》(*Art and Artists of Twentieth-Century China by Michael Sullivan*)发表于《中国研究书评》(*China Review International*)。[1] 同年,贾佩琳(Linda Jaivin)关于此书的书评发表于《中国学刊》(*The China Journal*)。[2] 次年,陶幽庭

---

[1] 参见 Julie M. Segraves, "Art and Artists of Twentieth-Century China by Michael Sullivan", *China Review International*, Vol. 5, No. 2, Fall 1998, pp. 557–560.

[2] 参见 Linda Jaivin, "Art and Artists of Twentieth-Century China by Michael Sullivan", *The China Journal*, No. 39, January 1998, pp. 218–221.

(Katharine P. Burnett)对该书的书评则发表于《中国现代文学与文化》(*Modern Chinese Literature and Culture*)。① 2014年，由海德堡大学东亚艺术史系雷德侯撰写，由曲艺翻译的《为了未来的美学：评苏立文〈20世纪中国艺术与艺术家〉》一文在《艺术史与艺术考古》期刊上发表。雷德侯认为，艺术实践作为政治工具以及艺术与现实的争论，是苏立文这本介绍中国20世纪艺术和艺术家的百科全书式专著的两条主线。全书25章不断地转动万花筒，将极其丰富的画面展现到读者眼前，让读者领略中国艺术不断再生的巨大活力。

2016年，崔海瑞在《媒介文化》发表《江山风月的经典：向西方讲述的中国山水故事——兼评迈珂·苏立文的〈山川悠远：中国山水画艺术〉》。② 2015年再版的迈克尔·苏立文的《山川悠远：中国山水画艺术》无论是书籍装帧的形式，还是图文并茂的内容，相较于近30年前的初版皆有了质的飞跃，在一定程度上都是中国出版事业发展的见证。再读此书，让我们领略了一位西方学者眼中的中国山水画艺术，可以使中国学者更好地从"他者"的视角中反观"自我"。2022年，王一楠在《美育学刊》发表《中国山水画的自然与真实——重估贡布里希对迈珂·苏立文〈山川悠远〉的批评》，这是一篇关于苏立文研究批评的批评。③ 苏立文的著作《山川悠远》是一部面向西方的中国山水画简史，贡布里希围绕山水画与自然和真实的关系对此书提出质疑。但二人对该问题的认知均存在偏差。其一，《山川悠远》基于线条艺术的抽象性将山水画视作微缩自然，而中国传统画论认为山水画中具有整全自然，自然通过绘画得到了更充分展现。其二，《山川悠远》认为，宋代之后现实主义与复古风格此消彼长，程式化的文人画不再追求自然的真实。但受心学和新儒家的宇宙发生论影响，山水画重在从心灵境界中探寻绝对真实，仅将自然的真实视作表象。作者认为，这一艺术史事件折射出20世纪海外学者以扩张性的西方视角观察全球艺术的倾向，以及将中国传统美术纳入西方

---

① 参见 Katharine P. Burnett, "Art and Artists of Twentieth-Century China by Michael Sullivan", *Modern Chinese Literature and Culture*, Vol. 11, No. 2, Fall 1999, pp. 186 – 192.
② 因表达差异，此处的迈珂·苏立文就是迈克尔·苏立文。
③ 因表达差异，此处的迈珂·苏立文就是迈克尔·苏立文。

现代学科与知识体系的尝试。

2019 年，张凯在《西北美术》发表《源起与当下——苏立文〈中国艺术史〉与当下中国美术发展之思》。作者认为，当下中国美术发展面临新的挑战和机遇，亟待务实担当。当下中国美术关于艺术理想、艺术标准、艺术价值、艺术批评等方面的错误认知，缺乏对整个中国美术形而上的理论与批评。2014 年，王宏任在《书屋》发表《从中国画谈到中国文化：迈克尔·苏立文论中国画》，文章探讨了苏立文对中国绘画的研究和观点。在这篇文章中，王宏任提及苏立文对中国画无法走出中国的解释："中国的艺术界产生了许多自我重复的东西，不断地重复，失去自己的创造方向与道路。"基于国画出海的困境，王宏任认为"中国画所以如此重复，是与中国文化的老病共生的。中国文化就是重复的……这样的只在小圈子里转的画种是没有希望的"。同年，王洪伟的《关于苏立文"冲击—反应"模式下的中国现代艺术变革观》在《文艺研究》发表，作者认为，苏立文关于早期中国现代艺术的变革观，鲜明地体现出作者对 20 世纪 50 年代以后西方史学界盛行的"冲击—反应"论的运用。西方冲击—中国反应的各种现象是实存的，但当它成为一种史学叙述理论后，就带有了某些来自不同文化身份和学术立场的观念性色彩。苏立文在这种理论模式下对中国现代艺术变革与发展的复杂性进行了"剪裁"，选定了那些艺术史料和风格探索更加符合"冲击—反应"框架，既易于被西方社会所接受，又不失对中国画家各种自我需求和风格选择的描述，进而"染上了一层相当个人化的底色"。

2015 年，邵晓峰在《美术研究》发表《徐悲鸿的中国现代艺术史情结：论徐悲鸿致苏立文的法文回信》。从 1948 年 1 月 1 日徐悲鸿致苏立文的法文回信论起，分析了其中包含的三个重要信息，并围绕徐悲鸿在信中所透露的"开始独自撰写一部有关中国现代艺术史的书"这一内容，剖析了徐悲鸿的中国现代艺术史情结。这封短信展现出徐悲鸿研究中的一个空白领域，并为后人真实了解当时艺坛背景下徐悲鸿的艺术使命感与社会责任感提供了重要史料。2016 年，《苏立文为何如此评价徐悲鸿》一文在《美术》发表，作者王洪伟在文中指出，苏立文对徐悲鸿的评价存在两种不同的标准和结论，同时，论者从中国艺术发展史的角度，结合苏立文对徐悲鸿的评价，阐释了为何苏立文评价中具有明显的分歧。

2018 年，由黄子桐所撰写的暨南大学硕士学位论文《迈克尔·苏立文对 20 世纪中国艺术史的研究》出现在学界的视野，这也是目前为止唯一一部关于苏立文的学位论文。作者以一种全局性的视角，系统关注了苏立文对中国现代艺术的研究。同年，还有两篇关于苏立文的论文出现在我们的视野中，它们分别是费梦婷撰写的《迈克尔·苏立文的艺术史观之初探——试析苏立文与中国艺术家交往中的发现》，以及支宇在《艺术当代》发表的论文《东方的目光：中国艺术作为"具身观看"——比较艺术学视野中的迈克尔·苏立文》。费梦婷通过苏立文与中国艺术家交往的视角，结合苏的治史方法，来探析其在长期研究 20 世纪中国艺术中的史学观念。支宇则将苏立文对中国艺术史研究的学术贡献，置入现代西方视觉艺术研究的宏观背景中进行审视。只有关联到世界艺术史关于"视觉现代性"的反思与重建这个深层次的问题，迈克尔·苏立文的学术价值与贡献才能够清晰地显露出来。从比较艺术学视野看，迈克尔·苏立文一直致力于将中国艺术作为一种"方法"来探讨一种不同于西方传统观看的"东方的目光"。用当代视觉认知研究的术语，这种不同于西方传统观看方式的"东方的目光"正是"具身观看"。

洪再新、方小雅的《二十世纪中国艺术史研究与收藏的先行者》发表于《新美术》。作者从"收藏"方面，评述了苏立文的相关研究经验。作者指出，20 世纪中国艺术的收藏是同时期艺术史的重要组成部分。从 20 世纪上半叶起，中国古代艺术几乎所有重要门类的国际收藏都迅速地扩大了规模。与之相比，20 世纪 80 年代之前，针对同时期中国艺术的参考书目屈指可数，复制的图版也为数寥寥，反映出海内外的这部分收藏相对滞后。苏立文不同寻常的收藏经验为我们提供了一个难得而重要的认知框架，用以考察现代中国艺术史是如何被书写的。

2022 年，李晶的《跨文化艺术史与人类命运共同体——从苏立文到中国学者的多路径推进》发表于《美术观察》，作者认为，作为人类存在的图像记录和艺术描绘，跨文化的艺术史研究在整个"跨文化"研究圈亟待发掘，以补充艺术这一重要的、不可或缺的维度。细致梳理艺术史领域的跨文化研究，可以发现苏立文在 20 世纪已经做了大量且具有开创性的工作。如今重新回顾其学术研究，对于当下跨文化艺术史的写作和研究拓展颇有裨益。在他的著作中，处理"跨文化"艺术史的专著是

《东西方艺术的交会》(1973)(或《东西方美术的交流》),全书分日西、中西和东西艺术三组,描述跨文化艺术交流中他者移入、旧有萎缩和新艺术诞生的过程。苏立文的撰写意识,为后世跨文化的艺术史写作留下了宝贵经验。从1973年苏立文的写作到21世纪李军的书写,艺术史研究新路径越发清晰,形成明确的"跨文化的艺术史"研究氛围。后者在延续苏立文的研究遗产基础上,把图像与世界、自我和图像自身传统串联成立体图景,去感知人类历史真相。突破了仅仅划界艺术内的探讨,延伸至人类实践的诸多方面。

在对苏立文著作的评述方面,海外学者同样有所贡献。英国学者贡布里希撰写的论文《西方人的眼光——评苏立文的〈永恒的象征——中国山水画艺术〉》被收录于洪再新选编的1992年由上海人民美术出版社出版的《海外中国画研究文选》。1980年,《西方人的眼光》一文发表在《泰晤士报文学增刊》上,其中对于《山川悠远》的意义与缺漏提出了批判性的看法。贡布里希的批评现在看来,仍然较为尖锐。他将矛头指向了中国画本身:"……东方绘画的批评家……面对着一种根深蒂固的传统,他们必须断定什么时候它是'空洞的',什么时候它充满了精神的力量,因为它有时确实如此。难怪他们时常要求助于主观印象或使用一些套语。使用所有这些套语是表示某种神秘的灵素的存在与否。"[①] 在贡布里希看来,中国绘画具有一种程式性的套路。对西方受众来说,"缺乏独创性"的中国山水画也因为品评标准的模糊与多义而鱼龙混杂。

第四节 文化身份的交织:苏立文的中国艺术研究成就概述

对于中国艺术,苏立文是一位亲历者。他以半生的岁月,走进中国现代美术家群体,从而准确、直观地把握到了20世纪中国现代美术发展的脉络,掌握了大量第一手资料,同时也对那个动荡时局下的中国现代画家们的生存困境与精神状态有着深刻而详尽的理解。这种理解,并非

[①] 洪再辛选编:《海外中国画研究文选(1950—1987)》,上海人民美术出版社1992年版,第371页。

身为一个学者对于客观文献的真理般的掌握，而是作为朋友和亲人立场的感同身受。所以，"他的研究充满了人文关怀，也更贴近20世纪中国美术变革的情境，这是其他对20世纪中国艺术变革缺乏亲身感受的西方艺术史学者所没有的情感立场"①。

然而，苏立文又是一位旁观者与记录者。作为一位西方学者，他的文化身份一方面让他能够更加立体深刻地观看中国艺术，却也给他的研究带来了一些"麻烦"。中国对艺术史的研究传统颇为深厚。从顾恺之在东晋作《论画》一文以后，历代大家所撰写的相关研究浩如烟海。在1998年由谢巍所著的《中国画学著作考录》一书分为七编，共收录自汉至近代的画学著作三千余种，其规模之宏大，当世罕见。但我们若真正要追溯"艺术"一词，却会发现它是来自西方世界的产物，自这一概念诞生之日起便赋予了西方思想文化界的逻辑方式和叙事模式。从这一点来看，在西方文化语境中生活与成长的苏立文在观察中国艺术时，毫无疑问会不可避免地带有西方中心主义的色彩。因此，近年来，不少学者对类似的视角表现出反思和质疑的态度。比如苏立文在其关于中国绘画的研究中，试图以一种"自然的绝对的真实"为线索，来追溯中国山水画诞生的源头与发展的轨迹。但在中国传统的艺术话语体系中，苏立文所追溯的"真实"，其实只是表象的真实，"远未达到绝对的真实"。中国传统绘画的精髓正在于其与人类心灵的隐秘连接，而这"在20世纪的西方汉学中缺乏明确的体悟"，"以现实主义消长为线索的叙述及在此基础上展开的批评，一定程度上抹杀了中国山水画的根本特质"②。

但事实上，苏立文从未否认过自己的"西方视角"。相反，他在向中国读者介绍自己的中国艺术史写作时，曾大方地承认："我不是中国人，不可避免地，我是以西方人的眼光看中国艺术，这不正如从中国人的观点来看待西方艺术也并非是完全自然的吗？"③ 对于自己的研究，苏立文带有清醒的认知。他并不以一个真理的叙述者自居，甚至也从未声称自

---

① 张海法：《苏立文的中国美术史研究之路》，《美术观察》2017年第6期，第132—133页。
② 王一楠：《中国山水画的自然与真实——重估贡布里希对迈珂·苏立文〈山川悠远〉的批评》，《美育学刊》2022年第1期，第73页。因表达差异，此处的迈珂·苏立文就是迈克尔·苏立文。
③ 肖鹰：《偏见的洞见》，《中华读书报》2014年4月23日第9版。

己阐释的"权威性",他始终明白,自己是"带着必然文化偏见('西方人的眼光')来认知和叙述中国艺术"。2005年苏立文在北京大学发表演讲时曾说道:"我怀着最深的信念相信,如果是在人文学科中而不是精确的科学中,理论,远离揭示真相,甚至可能是发现真相的障碍。它们无法被检验。艺术中的理论如同一连串的有色镜,我们手持着有色镜去看现实,不会看到我们原本看不到的东西。它们模糊了许多东西,以致无法看清楚整幅画卷。"①

亲历者、旁观者与记录者,不同的身份在苏立文的身上交织,矛盾却又和谐地在他的研究中呈现出来。因此,与其说他是在以一种"西方的眼光"来观看中国艺术,不如说他使用的是一种个人化的独特视角。"在论述中既见森林,又见树木,亦史亦论,亦事亦人"②。这是中国美术馆馆长范迪安对苏立文治学观点的评价。他坚信艺术作品本身就是不可分割的第一手材料,他在绵长悠远的历史中梳理中国艺术的脉络,从山水、人物到建筑和雕塑,他在西方学界对中国艺术知之甚少的年代,通过自己全面而立体的叙事风格,质朴却扎实的研究方式,唤醒了西方对中国艺术的关注——"一种非文物性的、非历史性的当代艺术价值上的关注"③。这让西方学界对于中国画的理解,至今在很大程度上依然处于苏立文这种个人化视角的影响之下。尤其是苏立文对20世纪中国现代艺术研究方面,可以说,当代西方眼中的20世纪中国画,在很大程度上是通过苏立文的研究而获知的。从这一方面讲,所谓的"西方的眼光",在苏立文的研究中,意义远大于缺陷。

苏立文长达半个多世纪对中国艺术的关注、研究与教学,已经让自己对中国艺术的个人化关注,逐渐在西方落地生根,越来越成为西方学术界重要的研究领域之一。他的著作以及他的学生,也成为沟通中西艺术彼此理解的重要桥梁,在中西文化交流史上具有难以忽视的价值和意义。

---

① [英]迈克尔·苏立文:《20世纪中国艺术与艺术家》(上),陈卫和、钱岗南译,上海人民出版社2013年版,第22页。

② 范迪安:《苏立文与20世纪中国美术》,《中华读书报》2012年10月10日第12版。

③ 杭春晓:《苏立文:打开西方对20世纪中国画认知的钥匙》,新浪读书,2009年4月27日,http://book.sina.com.cn/news/books/2009-04-27/1648255343.shtml,2023年6月1日。

第 七 章

孔飞力：以中国为中心的社会史观和汉学研究

"北京时间15日晚，汉学家魏希德在其个人社交网站上发布信息称，美国最杰出的中国史专家之一、在中国学界有较高声望的汉学家孔飞力（Philip Alden Kuhn）逝世。该信息在网络上被传播开来后，多位读者纷纷表达了对孔飞力的代表作《叫魂》的难忘感受……"① 短短几天，"孔飞力逝世"这一标题就达到了49.9万次的阅读量，相关讨论高达279条。

孔飞力到底是何许人也？对北美汉学稍有涉猎的学者一定不会对这个名字感到陌生，很多在哈佛的留美学者听到孔飞力一定能联想到哈佛的"费正清研究中心"，而在中国学界甚至普通的历史爱好者群体中，可能很多人也会觉得孔飞力听起来很耳熟。孔飞力是畅销书《叫魂：1768年中国妖术大恐慌》（Soulstealers: The Chinese Sorcery Scare of 1768）的原作者，是享誉学界的汉学泰斗费正清先生的入室弟子，也是美国第二代汉学研究的领军人物，培养了一批批的汉学学子，也影响了无数的中国学人。所谓"桃李满天下"，孔飞力真的做到了，他的学生在全球多所大学担任重要的教职或研究职位，组成了中国近现代历史研究领域的华丽榜单。"孔门弟子"目前撑起了国际汉学研究的半壁江山，代表人物包括加拿大汉学家卜正民（Timothy Brook）史学专家，"加州学派"王国斌（R. Bin Wong），著名印度裔汉学家、芝加哥大学

---

① 新浪读书：美国著名汉学家孔飞力辞世 代表作《叫魂》，2016年2月16日，http//book.sina.com.cn/ news/ whxw/2016 - 02 - 16/doc-ifxpmpqp7778873. shtml，2020年7月5日。

杜赞奇（Prasenjit Duara），哈佛大学前费正清研究中心主任柯伟林（William Kirby），以及剑桥大学第 10 任汉学教授、亚洲与中东学院院长方德万（Hans van de Ven）等。

在一代代北美汉学家中，孔飞力与魏斐德（Frederic Wakeman）、史景迁（Jonathan D. Spence）最负盛名，被誉为"汉学三杰"。孔飞力作为美国著名的汉学家和历史学家，以清末以来的政治史、社会史研究而闻名于世。在哈佛深造期间，他师从费正清（John King Fairbank）和史华慈（Benjanmin Schwartz），但是在受益于导师真传的同时，并未沿用其导师提出的"冲击—反应"模式来阐释中国历史，而是提出了"中国中心说"，强调以中国社会历史为基础来解读中国的发展变化，从中国内部去探究历史变迁的原因和动力。此外，他对美国中国学研究的贡献，除了扎实、有创见的著述外，还有他为培养中国新一代历史研究者所倾注的心血。他的学生方德万曾在 2016 年 4 月接受澎湃新闻采访时回忆，"他是那种，你绝对不会想课后跟他一起去喝酒的老师。他很严格，说话直接，比如：'我认为你做历史研究没有前途，去找工作吧。'但这也是出于一种善意"[1]。在同一采访中，方德万也一再提及 2012 年邀请孔飞力去剑桥演讲的场景。当时英国的很多学者和学生从各个地方前往剑桥，聆听孔飞力的报告。虽然那时他的帕金森病情已经相当严重，但他仍然坚持着作完了报告，令人动容。在那场讲演中，他还向听众传递了这样一个信念："学术是严肃的，它不是一种谋生工具，而是一种深刻的追求"[2]。诚然，学术研究是一件非常严肃的事，只有我们百分之百地投入精力、殚精竭虑、全神贯注地面对它，才能做好学术，有所成就。孔飞力的一生便是这一理念的真实写照。本章将首先对孔飞力的生平进行简要介绍，其次会对其四部代表性作品进行评述，随后将着重探讨 21 世纪以来学界对孔飞力的研究现状，最后以回顾孔飞力与中国文化的缘分作结。

---

[1] 彭珊珊：《孔飞力弟子忆先师：那一代美国汉学家，他培养的学生最多》，2016 年 4 月 14 日，https：//www.thepaper.cn/newsDetail_forward_1456353，2020 年 7 月 6 日。

[2] 彭珊珊：《孔飞力弟子忆先师：那一代美国汉学家，他培养的学生最多》，2016 年 4 月 14 日，https：//www.thepaper.cn/newsDetail_forward_1456353，2020 年 7 月 6 日。

第一节　书香门第生飞力

孔飞力的英文名是"Philip Alden Kuhn"，而他最开始给自己取的中文名居然是"孔复礼"。2012 年，孔飞力曾在波士顿贝德福德小镇的公寓住所接受了中国学者罗四鸰与郭瑞的访问，其间他将这段关于他中文名字的小故事分享给了大家："1979 年，我第一次去中国大陆时，朋友问我叫什么名字，我说我叫'孔复礼'。他们都笑了，笑得很尴尬，因为这个名字孔夫子的味道太重。然后我就说，怎么叫我是你们的事情，我不干预，无论你们叫我什么名字，我都很高兴。所以我的朋友挑了一个词'飞力'送我。后来我的另一个好友告诉我，这个名字听上去有些像自行车牌子，不过为时已晚。"[①] 据悉，孔飞力曾在当年送给北京图书馆的《中华帝国晚期的叛乱及其敌人》一书扉页上留下了"孔复礼"三个汉字作为落款，或许这就为关于他当时的这个小故事提供了佐证。

1933 年 9 月 9 日孔飞力出生于英国伦敦。他的母亲不仅是一名作家，而且还是 20 世纪 20 年代《纽约客》和《现代历史》杂志的编辑。1931 年，她与孔飞力的父亲结婚，而他的父亲则是当时《纽约时报》伦敦站的主编，父母对亚洲文化也颇为关注。父母的言传身教，奠定了孔飞力发展成才的重要基础。

果不其然，1954 年孔飞力在哈佛大学毕业并获得学士学位后，前往英国伦敦大学亚非学院学习一年，与日后的东南亚华人史泰斗王庚武先生结为同门，两人结下了深厚的友谊。孔飞力于 1955—1958 年在美国本土服役，之后于 1959 年在乔治城大学取得硕士学位，之后回到哈佛大学攻读博士学位，并于 1964 年取得历史学博士学位。孔飞力在攻读博士学位期间，师从费正清、史华慈教授研究中国历史，为他后来的学术研究打下了坚实的基础。1963 年，孔飞力开始在芝加哥大学历史系任教，由此开始了他在芝大长达 15 年的教师生涯。1971—1974 年，孔飞力担任芝加哥大学远东研究中心主任，1974 年晋升为正教授，而 1975—1977 年担

---

① 罗四鸰：《访谈：寻找孔飞力》，2018 年 10 月 7 日，https：//ipkmedia.com/22940/，2024 年 6 月 17 日。

任芝加哥大学远东语言文明系主任。作为美国汉学研究重镇，芝加哥大学有着浓厚的学术氛围，孔飞力回忆起芝大的生活也颇有感慨，认为在芝大的15年也是一段不断成长、不断精进的时光。

命运使然，1977年，孔飞力经史华慈教授推荐，回到母校哈佛大学任教，接替恩师费正清教授，担任希根森（Francis Lee Higginson）历史讲座教授及东亚语言文化系客座教授。1980—1986年，他担任费正清东亚研究中心主任一职。20世纪90年代中期，随着孔飞力的研究领域扩展到海外华人移民史，他的教学和研究活动也偏向于这一领域，并于1993年开始在哈佛大学开设"海外华人"（The Chinese Overseas）课程，对博士生进行指导。他先后发表了多篇高质量的学术论文，获得了包括"古根海姆学术研究奖"在内的多种学术荣誉，并获得了蒋经国基金会和美国哈佛大学亚洲研究中心的资助，在亚洲各地进行了多次访问和学术报告。孔飞力虽然于2008年荣退，但他在哈佛大学工作的30多年间，凭借在学术研究、教学工作以及行政管理各方面的出色表现，不仅影响了一代代哈佛师生，也推动了美国学术界对汉学的研究，使之成为西方中国史研究领域的权威。2016年2月11日，83岁高龄的孔飞力在美国波士顿与世长辞。

第二节 "十年磨一剑"的汉学家

作为汉学家，孔飞力十分看重研究的深度和学术价值。在谈到孔飞力的代表性作品时，他的学生、剑桥大学中国现代史研究教授方德万说："很多所谓汉学家的书是为非中国读者所写，有时候不过是用另一种语言把在中国国内已经是常识的内容复述一遍而已。"[①] 孔飞力最坚持的就是希望自己的作品对于中国人来说也是独具匠心、振聋发聩的。他对自己的学生也是这样要求的。他希望汉学家的学术研究，对中国学者也有独特价值，而不是炒冷饭。由此可见，孔飞力教授著述严谨，大概也是因为"哈佛终身教授制度让他留有余地，不存在所谓'考核'压力"吧，

---

① 彭珊珊：《孔飞力弟子忆先师：那一代美国汉学家，他培养的学生最多》，2016年4月14日，https://www.thepaper.cn/newsDetail_forward_1456353，2020年7月6日。

他几乎每隔十年才出版一部著作，是一位"十年磨一剑"的汉学家。

近50年的学术生涯，孔飞力虽然只写过四部著作，但他的每一部著作，都在学术界获得了广泛而深远的影响。其主要代表著作有：《中华帝国晚期的叛乱及其敌人：1796—1864年的军事化与社会结构》（*Rebellion and Its Enemies in Late Imperial China：Militarization and Social Structure*, 1796–1864, 1970）、《叫魂：1768年中国妖术大恐慌》（*Soulstealers：The Chinese Sorcery Scare of 1768*, 1990）、《中国现代国家的起源》（*Origins of the Modern Chinese State*, 2002）和《他者中的华人——中国近现代移民史》（*Chinese among Others：Emigrants in Modern Times*, 2008）。此外，他还参与了费正清《剑桥中国晚清史》和《剑桥民国史》若干章节的编写。

孔飞力学识渊博，研究视角独到，治学严谨，成就了四部著作的学术价值和持久影响力。下面将围绕这四部专著的主要内容及其影响力作简要探讨，希望能够勾勒出这位具有世界影响力的汉学家在过去几十年丰功伟业的轮廓。

一　史学入门第一书

孔飞力的第一部专著被称为史学入门之书。《中华帝国晚期的叛乱及其敌人：1796—1864年的军事化与社会结构》（以下简称《中华帝国后期的叛乱及其敌人》）是孔飞力在其博士论文的基础上于1970年修订出版的一部著作，是他的学术奠基之作，也是他在中国近代社会问题研究中提出的一系列重大理论问题的学术专著，在美国及国际中国学史上产生了深刻的影响。即使现在，这部著作仍然被广泛认为是一本非常好的史学入门读物。它的写作风格很适合中国人阅读——概念运用并不复杂，以线性的故事而非框架为先导，讲完故事再谈提炼。

龚咏梅在其博士论文《"脱胎换骨"的近代中国》中曾提出，孔飞力的这本书对正在进行现代化建设的中国留下了许多历史忠告，而研究孔飞力的中国学，这本书的重要性几乎不言而喻。① 章银杰在《孔飞力及其治史理论浅析》一文中曾概括说："孔飞力利用社会学与人类学的研究成

---

① 龚咏梅：《"脱胎换骨"的近代中国——孔飞力与他的中国近代史研究》，博士学位论文，华东师范大学，2004年，第6页。

果和方法，把 1796—1864 年间中国社会的军事化的过程、组织结构进行了深入细致的分析"①。

1977 年 9 月 19 日，孔飞力的老师史华慈教授在给哈佛大学文理学院院长亨利·罗索夫斯基（Henry Rosovsky）写的推荐信中也曾评论说："如果以我个人的倾向来界定孔飞力教授，我认为他的研究是精当的，因为虽则如此，他的研究领域决不是狭窄的。他的第一本书（《中华帝国后期的叛乱及其敌人》）就奠定了其在 19 世纪中国地方政治和社会史研究领域的先驱地位，目前他又试图把研究领域拓展到 20 世纪。"② 孔飞力的研究绝非泛泛而谈，而是能够基于鲜活的史料，对一个历史时期社会方方面面的各种特征进行深入的探究。他的学生杜赞奇认为，这位老师是历史学家，像一个手艺精湛的匠人。孔飞力能以史料档案为原料，以别在耳后的铅笔、一双炯炯有神的眼睛和写论文的双手为工具，做出令国际汉学界为之震撼的精美工艺品。

二 《叫魂》——中国政治史研究的标杆

在第一部专著问世 20 年后，1990 年，孔飞力出版了他的又一部重要学术著作《叫魂：1768 年中国妖术大恐慌》（以下简称《叫魂》），这是他学术生涯中的一部重要代表作。本书的研究对象是乾隆中期蔓延数省的"割辫子案"，但着眼点并不在案件本身，而是以案件为媒介，考察皇帝、省官、中下级官员在办理这一案件过程中相互影响的过程，以此来探讨中国政治的运作方式。本书是在中美关系破冰、美国学者刚刚可以来中国访问时撰写的，是利用中国第一历史档案馆资料编写的第一部美国汉学论著。应该说，1984 年孔飞力的北京之行是整个中国清史学界和美国汉学交流的一件大事。据悉，孔飞力十分强调阅读档案的重要性。他认为研究中国历史，档案很关键，1984 年在中国访问时，他从第一档案馆复印了一批清宫档案带回美国，而这批清宫档案正是他后来撰写《叫魂》的根据。国内当时有一些老先生，精于档案和传统史料，对孔飞

---

① 章银杰：《孔飞力及其治史理论浅析》，《华章》2011 年第 34 期，第 11 页。
② 罗四鸽：《访谈：寻找孔飞力》，2018 年 10 月 7 日，https://ipkmedia.com/22940/，2024 年 6 月 17 日。

力有很大帮助。至今，很多老先生一说起美国学者，就会说：孔飞力我见过。《叫魂》出版后，在美国汉学界被誉为18世纪中国政治史研究的标杆。[①]

9年后，由陈兼、刘昶翻译的中文版《叫魂》在大洋彼岸的中国内地出版发行，这本书在中国知识界引起的震动，看起来并不比美国的汉学要小。《叫魂》译者之一、华东师范大学历史系教授刘昶曾向澎湃新闻回忆了他与孔飞力教授交往的一件小事：在翻译这本书时，由于孔飞力在写作时把清朝的档案翻译成了英文，因此要保证中文译文的准确性，需要找到中文原始档案。孔飞力教授便将自己在北京复印的档案资料提供给他们，帮助翻译工作顺利进行。[②] 事情虽小，却体现了孔飞力治学的严谨态度和无私支持中国学者的精神。而且相信很多中国读者在阅读这本书的时候，都会因为他们所处的生活环境和日常的生活经验，对这个故事产生一种别样的共鸣。

龚咏梅在其博士论文中提出《叫魂》一书集中体现了20世纪80年代孔飞力的学术成果，其学术视野、历史见闻、研究方法、学术意义等都值得深入探讨。[③] 全书共10章，其中孔飞力用了近一半的篇幅讲述了"叫魂"事件，又用了一半的篇幅多视角阐述了故事背后的种种问题，如社会、经济、民俗、宗教、心理和政治等，描绘了民众、官僚、君主面对一个亦真亦幻的妖术所表现出的态度和行为。

所谓"叫魂"，是流传于中国民间的黑巫术（妖术），施术者通过割取他人的少量辫子，就能操纵其灵魂精气，置人于死地。1768年初春，"叫魂"妖术恐慌从浙江德清县开始蔓延开来。石匠吴东明带领一班人马为修复城门，奋力向河底打桩，农夫沈士良为了惩罚两个暴戾的侄儿，让吴石匠把写有侄儿名字的纸片贴在木桩的顶端敲打，据说这样会给大锤的撞击增添力量，人们称其为"叫魂"，而被敲打名字的人会因此被偷

---

① "知乎"：《孔飞力》，2016年2月16日，https：//www.zhihu.com/topic/20072597/top-answers，2020年7月12日。

② 林夏：《著名汉学家孔飞力逝世，曾是"中国中心观"代表人物》，2016年2月15日，https：//www.thepaper.cn/newsDetail_forward_1432019，2020年7月12日。

③ 龚咏梅：《"脱胎换骨"的近代中国——孔飞力与他的中国近代史研究》，博士学位论文，华东师范大学，2004年，第114页。

去精气，不是生病，就是死去。还有传说道，有人欲剪万人发辫，摄魂造桥，用纸剪成人马，粘成辫子，念咒点血，人马就能行走，把人的财物拿走。从春天到秋天的大半年时间里，整个帝国被妖术的恐惧调动了起来。这原本是没有根据的无稽之谈，却引起了时人的极大恐慌，迅速越过省界，影响了十二个大省份的社会生活，"从农民到帝王的府邸，无不波及"。盲目迷信的群众，把对妖术的恐惧转化成群体性暴力，发泄到那些假想的敌人身上，他们无一例外都是一些"外来的陌生人"——乞丐和游方和尚。孔飞力把这些人称为被生存竞争挤到了边缘的可怜人。对于民众的这些骚动，各级官员一开始就采取"大事化小，小事化了"的瞒报态度，视之为愚昧的妄动。当时，经康熙、雍正帝治理，清王朝逐渐稳固，剃发留辫也为汉人所接受。但是，割辫因为动摇清朝统治的名分而受到了上下各个阶级的极度关注。犯罪嫌疑人被奉命围剿，以政治罪追究刑事责任。于是，整个国家机器都动了起来，从朝廷到省到府到县，都在对魂灵进行清查。对大小官僚而言，清查叫魂犯，不只是保一方平安的事，而是对皇帝是否忠诚的问题。因为当地所谓的叫魂案都是子虚乌有的事，一时间，密告诬告之风盛行，恐慌情绪弥漫社会。而社会的恐慌加剧了弘历清剿"叫魂案"的力度。一些通过道听途说、捕风捉影，然后再屈打成招编织而成的所谓"叫魂案"，也相继出炉。集中到弘历那里，也成为皇上考察官员的主要方式。"叫魂案"波及范围一波又一波开始扩散，从江南一直蔓延到华北、川陕。一大批乞丐、僧侣等社会最底层的人，受尽了委屈和折磨。当然，其中不乏个别愚昧不法的流民，他们或信以为真、以身试法，或利用叫魂作法欺骗钱财。

以上便是整个故事梗概。由此可见，孔飞力不仅是讲故事的高手，把"叫魂案"这个故事讲得绘声绘色、栩栩如生，更是一位出色的解谜高手，他从大量的历史档案文献中梳理出了一个个历史线索，赋予其意义，解剖社会、文化、政治乃至人性。虽然"叫魂"这一历史事件发生在18世纪，但我们读完本书不难发现，这本书也揭示了中国近现代历史中一些很有意思的问题，也具有很多现当代的社会意义。正如龚咏梅在其博士学位论文中所写，"《叫魂》对社会经济、民间信仰、专制政治、官僚体系、社会结构、法律制度、意识形态、信息传播诸方面的深入研究，为我们提供了当时叫魂案何以从民间的心理恐惧到社会恐慌再发展为皇帝的精神恐惧的整个社会背景,将1768年发生在'太平盛世'的这段荒谬危机,从表层到深层、从历史到现实、从草民到君主官僚,进行了多视角的深刻剖析"①。

《叫魂》由哈佛大学出版社于1990年1月推出,一经出版便广受好评,被国际学术界公认为一部成功的著作。1992年,该书获得美国亚洲研究学会颁发的"列文森(Joseph K. Levenson)中国研究最佳著作奖",当时的颁奖评语是"本书对于专制统治的原动力做了细致、强有力却依然十分准确又得体的探讨"。孔飞力曾说"这本书是写给当代中国人的"。或许,在他看来,"叫魂"在中国已经超越了一种政治史的叙述,而变成了对规律的揭示,对现实的揭露。

三 《中国现代国家的起源》——以中国为中心

时隔十多年,孔飞力的另一部著作《中国现代国家的起源》于2002年出版,该书依然沿袭孔氏以中国为中心、为中国人而撰写的研究风格。尽管孔飞力一直致力于研究晚清以来中国社会政治制度的演变问题,并探索了晚清至20世纪50年代农业集体化运动的历史趋势,总结了中国现代政治制度所面临的问题,但在90年代中期,面对世纪之交,孔飞力认识到现代中国的起源需要从中国自己的思想传统中去寻找。孔飞力曾是"中国中心观"的代表人物,他反对其导师费正清倡导的"冲击—反应"论。后者认为"西方对中国的冲击、中国对冲击的反应"是19世纪以来中国历史变革的根本内容和动力,而"中国中心观"则强调从中国历史的内在发展中寻找变革根源。②

《中国现代国家的起源》这本书出自1994年1月孔飞力应邀到法兰西学院(College de France)讲学时四次讲学的成果。他的这一系列讲话探讨了从魏源到毛泽东的重要思想家,并对中国近代政治思想的渊源作了自己的认识梳理。2002年,讲义经过整理和加工后,由斯坦福大学出

---

① 龚咏梅:《"脱胎换骨"的近代中国——孔飞力与他的中国近代史研究》,博士学位论文,华东师范大学,2004年,第118页。

② 林夏:《著名汉学家孔飞力逝世,曾是"中国中心观"代表人物》,2016年2月15日,https://www.thepaper.cn/newsDetail_forward_1432019,2020年7月13日。

第七章　孔飞力：以中国为中心的社会史观和汉学研究　／　117

版成书。该书被认为是孔飞力关于中国近代政治变迁的典范之作，对中国近现代史社会政治转型这一重大问题的观点进行了总结概括。这本书的扉页上写着"纪念本杰明·史华慈"，因为1999年11月14日史华慈教授谢世后，孔飞力决定以此书纪念恩师。史华慈对孔飞力有知遇之恩，他不仅是孔飞力读博期间的导师，当年孔飞力从芝加哥转到哈佛也是由史华慈大力推荐的，本章前文也摘录了史华慈推荐信的部分内容。该书出版后，孔飞力还亲手将此书赠予了史华慈的夫人。

龚咏梅在其博士论文中，对《中国现代国家的起源》进行了详尽而系统的内容概括。论文提到孔飞力在这本书中提出了三个很重要的问题，即影响晚清和近代中国的三个紧要问题："政治参与的拓宽如何与增强国家权力和国家合法性相一致？政治竞争如何与某种公共利益相协调？国家的财政需求如何与地方社会的需要相一致"[1]？在这样的发问中可以看出，孔飞力的着眼点是当时中国的国家、地方和政治体制与国家发展之间的关系。换句话说，推动近代中国形成的主要力量，不是大国的侵略，而是来自晚清的国内危机。

孔飞力在这本短小精悍的著作中，论述了一个他长期感兴趣的主题——若干个困扰晚清政治统治的短处及其与中国当代国家治理的关系，并对此提出了新的佐证和解释。传统的"西方冲击—中国回应"论认为，近代以来发生在中国的革命与改革，都是受外部世界的影响而产生的。针对这一观点，孔飞力在书中再次重申了自己"中国中心观"的立场："塑造一个近代国家的要旨在于，利用外国人自身的技术，包括物质的和社会的，去抵抗外来统治……然而，中国近代国家的特征是由它内部的历史潮流所塑造的"[2]。这个论断的最后一个观点，也是理解孔飞力新著的核心，对全书的内容是一个统率。由于此书是孔飞力1994年在法兰西学院演讲稿的汇总集，因此全书共四章。第一章是"政治参与、政治竞争和政治控制——根本性问题和魏源的思考"；第

---

[1] 龚咏梅：《"脱胎换骨"的近代中国——孔飞力与他的中国近代史研究》，博士学位论文，华东师范大学，2004年，第160页。
[2] Philip A. Kuhn, *Origins of the Modern Chinese State*, Stanford, CA: Stanford University Press, 2002, p. 1.

二章是"从太平天国事变到戊戌变法——冯桂芬与历经磨难的变革进程";第三章是"从耒阳暴乱到农业集体化——根本性议程的时代跨越";第四章则是"19—20世纪中国现代国家的演进——根本性议程的改造与再改造"。龚咏梅对这些内容进行了评析,在前三章中,孔飞力使用了一些以往很少或根本没有经过英文学习的中文材料。第四章似乎差强人意,部分是对前三章内容的重复,部分是关于康有为和梁启超这两位在19世纪末被大量研究的"新观点"①。他认为,现代政治制度的日程重新成为一个活跃的话题。关于政治体制改革,他认为还包含一些老问题,"比如参与边界的划定,公共利益的关系如何确定,中央和地方社会需要的关系如何协调"②。孔飞力同时也承认,中国成功解决了十多亿人口的吃饭问题,在世界上已经很了不起了。但是,在这样一个庞大的国家,要解决政治体制的变革问题,恐怕是难上加难。他认为,中国这样一个大国,能够以统一国家之势,度过一次次的灾难,实在不容易。最后,孔飞力还说了一句实在的话,"中国的制度变革议程还是以中国自己的形式来处理"③。

总之,正如龚咏梅总结道,孔飞力的《中国现代国家的起源》一书"从宏观的视角尝试重新解释晚清至当代中国的历史,赋予老话题以新的面目"④。孔飞力认为,在外部危机到来之前,中国已经处于变化之中,它的现代国家起源于其自身长期面临的一系列困境。这本书的基本分析框架就在于"反对'西方冲击—中国反应'模式,挑战了所谓旧的和新的、传统和现代之间存在着的不可兼容性的假设"⑤。

---

① 龚咏梅:《"脱胎换骨"的近代中国——孔飞力与他的中国近代史研究》,博士学位论文,华东师范大学,2004年。
② Philip A. Kuhn, *Origins of the Modern Chinese State*, Stanford, CA: Stanford University Press, 2002, p. 135.
③ Philip A. Kuhn, *Origins of the Modern Chinese State*, Stanford, CA: Stanford University Press, 2002, p. 135.
④ 龚咏梅:《"脱胎换骨"的近代中国——孔飞力与他的中国近代史研究》,博士学位论文,华东师范大学,2004年,第169页。
⑤ 龚咏梅:《"脱胎换骨"的近代中国——孔飞力与他的中国近代史研究》,博士学位论文,华东师范大学,2004年,第169页。

四 《他者中的华人》——绘制 500 年中国移民史

2008 年 3 月,孔飞力最后一部鸿篇巨制《他者中的华人:中国近现代移民史》(以下简称《他者中的华人》)问世。本书不仅综合了孔飞力十多年来对华侨华人的学术思考,更汲取了现有海内外华侨华人研究之精华,视野宏阔,分析入微,融会贯通。2016 年 3 月,由李明欢翻译、黄鸣奋校译的中文版得以和国内读者见面。"凤凰传媒"对该书总结道,"本书以大历史、大叙事的大手笔,将中国移民走向世界的 500 年历史,融会贯通于同期中国与世界格局发展变化的大框架"①。本书对中国传统文化"安土重迁"进行了重新解读,对海外华人如何与周围的"他者"互动提出了"通道—生境"的海外华人移民模式。作者一再强调:"海外华人历史是中国大历史不可或缺的组成部分"②。

全书共八章,架构恢宏,重点突出。前两章可以说是前奏:第一章对中国近代早期海外和海外移民问题进行了论述;第二章则讨论了欧洲列强在殖民扩张中,中国移民在东南亚早期(18 世纪以前)所扮演的中间角色。第三章至第六章是全书的重头戏,论述了 19 世纪至 20 世纪二三十年代中国大规模移民时期的历史。第三章对西方帝国主义扩张和华人大规模移民的迁徙模式进行了分析;第四章和第五章对东南亚各殖民地和北美、澳大利亚移民社会不同的政治、经济、文化环境中华人的境遇、适应策略、地位和华人社群的社会组织结构进行了多方面的比较分析;第六章则分析了大规模移民时期中国人与祖籍国的关系,并围绕革命和"救国"分析了海外中国人民族主义表现的多样性、局限性及其形成的特殊背景;第七章对后殖民时代东南亚各独立国家华人社群所遭受的排华处境及其应对策略、维持中国传统文化等问题进行了论述;第八章可以说是全书的结束曲,转向对中国当代新移民的综述,集中阐明了当代移民对近代移民的接续。

---

① [美] 孔飞力:《他者中的华人:中国近现代移民史》,李明欢译,江苏人民出版社 2016 年版,封底文字。

② [美] 孔飞力:《他者中的华人:中国近现代移民史》,李明欢译,江苏人民出版社 2016 年版,封底文字。

李爱慧在《一部大视野之作——孔飞力新著〈他者之中的华人：近代以来的移民〉评介》一文中，对该书内容作了如下总结："本书纵贯近现代历史，横贯世界五大洲，展现了从 1567 年以来长达近五个世纪的海外华人移民史，对不同历史时期移民产生的国内外因素，华人移民在不同地域社会、政治、经济、文化环境下的生存境况，与定居地社会不同群体的关系，华社内部的社会组织结构，华人与祖籍地（国）的关系以及近现代移民史的延续性等进行了分析"[①]。由此可见，我们可以把本书作为一部海外华人移民通史，时间跨度大，涉及地域广。孔飞力采用跨区域比较研究的手法，将社会科学家碎片化的华侨移民图景完整地呈现在世界历史和中国历史的大背景之上。

《他者中的华人》虽然是孔飞力最后一部原创性著作，但更是作者自 20 世纪 90 年代中期，历时十余年的研究心血。正如施坚雅（G. William Skinner）评论的那样，"孔飞力，这位顶尖的历史学家，独具匠心地把社会科学研究者们时常碎片式探讨的议题，全部汇聚到了一个大主题之下，富于新颖理念与深刻阐释。孔飞力的研究细致入微，表述清晰简洁。这本书一定会吸引研究中国问题学者们的关注，并拓展他们的视野"[②]。诚然，孔飞力通过此书，在展示全球华人移民 500 年历史精彩画卷的基础上，有力地论证了海外华人历史是中国历史的题中应有之义，是研究中国历史必不可少的内容。于是，海外华人研究被提升到了一个新的境界。

第三节 21 世纪以来学术界对孔飞力的研究综述

进入 21 世纪以来，中国大陆学界对孔飞力的研究，多以他的某一代表作为切入点，一方面对其作品内容进行了概括总结，另一方面则从多种不同学科的角度对其作品进行了评析。也许是因为《中华帝国后期

---

① 李爱慧：《一部大视野之作——孔飞力新著〈他者之中的华人：近代以来的移民〉评介》，《华侨华人历史研究》2009 年第 2 期，第 72 页。由于翻译差异，此处的《他者之中的华人：近代以来的移民》与《他者中的华人：中国近现代移民史》为同一部著作。

② ［美］孔飞力：《他者中的华人：中国近现代移民史》，李明欢译，江苏人民出版社 2016 年版，封背。

的叛乱及其敌人》的出版年代已经长达半个世纪，目前我们所能见到的相关学术研究并不多。《中国近代国家的起源》这本书虽然年代较近，但鉴于这是一本关于近代中国政治思想变迁的小书，也正如前文提到的，这是1994年孔飞力在法兰西学院讲学时所作的四篇讲义结集，相关学术研究并不算多。相比而言，学者们对《叫魂》和《他者中的华人》这两本书的研究是十分丰富的，本节的研究综述也会将重点放在这两本书上。

针对《叫魂》一书的研究，大部分学者主要集中在探讨其内容、介绍研究、研究的视角以及影响力等方面。比如，2011年章银杰在其论文中就首先介绍了"叫魂"事件的内容本身，然后提出"作者以'剪辫'案为切入点，将一个不起眼的小事如何演变为席卷数省，涉及整个帝国的大事，反映得淋漓尽致"[①]。该书采取一种"大叙事"的方式向我们展示了一个错综复杂的社会图景，其中特别涉及三种具有代表性的社会层次或称之为社会力量，他们分别为不同的利益和动机所驱使，从各自不同的社会角色和经历出发，对"叫魂"事件采取了某种各取所需的解读和因应方式，写出了三个版本的所谓"叫魂"。三个版本之间并非彼此孤立，它们从不同侧面切入一个共同的主题，即中国传统社会中的权力分配及其相互制约。当然，章银杰也肯定了孔飞力在美国汉学家中以其新颖的精当的独到的见解奠定了特定的学术地位，更进一步强调了孔飞力关于太平天国时期的社会史研究，关于"叫魂"案的社会心理学、人类学、政治学研究，都成为中国近现代史专业研究人才在美国大学中的必读之作。

2014年2月，沈江茜、胡晓晨[②]从"皇帝专制权力与官僚常规权力的博弈"的视角对《叫魂》进行了研究。通过对"叫魂"事件的梳理，他们分析了皇帝专制权力与官僚常规权力之间的博弈及其影响，提出这场博弈是围绕着对信息的控制而展开的：一方面，官僚们竭力控制信息的传递，企图利用常规权力对事件进行处理，以一种缓慢的工作方式对皇

[①] 章银杰：《孔飞力及其治史理论浅析》，《华章》2011年第34期，第12页。
[②] 沈江茜、胡晓晨：《皇帝专制权力与官僚常规权力的博弈——读〈叫魂〉》，《淮海工学院学报》（人文社会科学版）2014年第3期，第80—82页。

帝的专制权力进行反抗；另一方面，皇帝则建立各种获取信息的渠道，强化专制权力，以达到对官僚机构严密控制的目的。这场皇帝与官僚的博弈，最终仍以皇帝的失败而告终，虽然皇帝惩罚了一批官员，但整个官僚体系运行中存在的种种问题并没有得到解决，同时，由于博弈的问题在清朝政府中一直存在，影响了一代又一代的统治者。

2018年2月，魏伯河发表的学术论文《一石激起千重浪——孔飞力中文〈叫魂〉在中国大陆学界反响综述》不仅对《叫魂》这本书在中国大陆学界产生的影响进行了粗线条的勾勒，还系统概括总结了截至2017年9月针对该书发表的数百篇评论和研究文章，以学科视角进行分类，以发表时间为序，对其中较具代表性的论文进行了介绍。[1] 魏伯河提出，自《叫魂》中译本问世后，归功于本书的跨学科视野、横截面展示和立体开放结构，众多学者从不同学科领域和学术视角对本书发表了大量见仁见智的评介和论述，其中包括政治学视角、法学视角、史学视角、社会学视角、传播学视角与社会心理学视角。这些评论中对此书给予激赏的较多，尽管也有一些在激赏之余对此书提出了异议或质疑。虽然研究学者中以年青一代的硕士、博士为多，但也不乏资深学者，发表的媒介既有学术名刊、高校学报，也有文化普及读物，足见《叫魂》在大陆学术文化领域的热度。

值得一提的是，"叫魂"热还引发了学术界对"叫魂"这一古老风俗习惯本身的考证热潮。尽管这方面的研究论文并不全是孔飞力此书直接影响的，但不可否认的是，其选题的确应该和"叫魂"热有一定的关系。鉴此，在系统归纳了多位学者的相关研究后，魏伯河指出，在我国各民族、各地区，这种"叫魂"习俗普遍存在，而这种习俗的作用并非全是负面的，相关研究从民俗学的角度对"叫魂"的社会作用进行了评价，并对其长期存在于各民族之间、经久不衰的历史文化渊源作了有益的探讨。魏伯河最后总结道，孔飞力的《叫魂》无疑是"一部成功之作、典范之作——它让多个学科领域的学者引起了深思和反省，在不同程度上促进了这些学科研究的深入或拓展，并引发了学界关于叫魂民俗的研究

---

[1] 魏伯河：《一石激起千重浪——孔飞力〈叫魂〉在中国大陆学界反响综述》，《汉学研究通讯》2018年第1期，第8页。

热潮,这应该是孔飞力本书的主要贡献所在。至于其研究的结论在极富价值的同时是否无懈可击,相比之下则成为次要的了"①。

孔飞力虽然从 20 世纪 60 年代开始致力于中国近现代政治史和制度史的研究,但在 20 世纪 90 年代后转入海外移民史研究。早在 2008 年孔飞力的最后一部著作《他者中的华人》出版之前,国内以龚咏梅为代表的学者就对孔飞力的海外移民史研究进行了评论和综述。2004 年 5 月,时为华东师范大学博士生的龚咏梅曾将孔飞力在这方面的主要学术观点从三个角度进行了总结。

一是"祖国"概念的辨析。按照孔飞力的说法,"使用'祖国'概念,要力戒两种错误倾向"②。一种是所谓的"种族本质论",认为海外华人具有先天不可改变的种族特征,使海外华人具有文化上的特殊性,使他们无法融入已经移居的社会;另一种是所谓的"大中国"观,认为海外华人通过建立在种族基础上的经济网络,将祖国扩展到世界舞台上。二是和海外移民史分不开。龚咏梅提到,在一般人看来,研究海外华人移民史似乎只涉及华人在海外生存和发展的历史,但孔飞力认为,要了解海外移民史,必须以中国漫长的国内移民史为基本背景,海外移民史只不过是整个移民过程中的特例。把海外华人移民史和中国历史本身联系起来考虑,是孔飞力的一个基本立场。此外,很多人把海外华人在经济上取得的巨大成就归结为他们天生具有"经商天赋",孔飞力对此持反对意见。他认为,海外移民在这所"移民学校"获得更多的是"文化资本",而不是"历史资本"。三是对海外移民精英身份认证的重新认识,对泛华运动的重新认识。据龚咏梅研究,孔飞力在研究中国社会史和政治史时,一直十分注重研究绅士——社会精英的地位和作用问题。在海外移民史问题上,他依然关注社会精英这一群体。然而,在海外华人社会,精英不再是有功名的君子,而是中国商人。在"天高皇帝远"的海外,华人精英以何种方式确认自己的领袖地位,是孔飞力着力研究的问

---

① 魏伯河:《一石激起千重浪——孔飞力〈叫魂〉在中国大陆学界反响综述》,《汉学研究通讯》2018 年第 1 期,第 19 页。

② 龚咏梅:《孔飞力 90 年代中期以来的新课题——关于海外华人移民史的研究》,《探索与争鸣》2004 年第 5 期,第 42 页。

题。孔飞力努力将中国史与世界史相融合，采用历史学派的跨学科的方法，将人类学与历史学相结合，打破了单纯从经济、政治（革命）两个方面把"海外华人史"等同于"海外华侨史"的常规。时隔十年，龚咏梅在另一篇发表的论文中再次强调，孔飞力的海外移民史研究所，时间跨度长，空间范围大，在同类研究中并不多见。①

2017年3月，《他者中的华人》中译本问世一年后，译者李明欢接受了《羊城晚报》记者的独家采访。在此期间，他将此书与孔飞力的《叫魂》进行了全面对比。在他看来，这本书的整个写作方式、研究方法和"叫魂"正在形成一种比较鲜明的对照——"《叫魂》的特点是以小见大，通过挖掘原始档案，梳理蛛丝马迹去重构历史事件，进而解读封建王权统治机器，社会民众心理及影响等等"②。相比而言，这本书就不同了，它不是去发掘一手的档案资料，而是在宏观历史观之下去利用前人已经使用过的资料，梳理其他学者的评论，把碎片化的东西归总到一个宏大的主题之下。这个宏大的主题就是中国的大历史，也就是你不能仅仅把注意力集中在中国"本土"的发展史上，这个本土当然是加引号的。中国的"本土"在哪里？每个朝代都不一样。所以孔飞力先生在这个大的历史观之下，重新梳理别人的资料以后，提出自己的看法。这种路径恰恰说明了他作为一个历史学大家和国际一流学者的"能力"。的确，但凡读者读过孔飞力的《叫魂》和《他者中的华人》这两本书，一定会十分认同译者李明欢的看法。

孔飞力先生最后的岁月是在新英格兰地区马萨诸塞州一个名叫贝德福德的小镇老年公寓度过的。③ 据老朋友柯文教授介绍，孔飞力最后连开口说话、起身都十分困难。孔飞力先生虽已仙逝，但对敬重他的中国学者来说，在缅怀孔飞力的同时，对他在中国社会、政治、文化研究所带来的种种影响，会倍加珍惜。尽管惜墨如金，但他的研究成果无疑已成

---

① 龚咏梅：《著名汉学家孔飞力与他的中国学研究》，《中国社会科学报》2014年1月8日，https：//www. chinesefolklore. org. cn/web/index. php？NewsID=13234，2020年8月15日。

② 豆瓣读书：译者李明欢教授访谈：昔日华侨今日农民工都曾是"他者"，2017年3月18日，https：//book. douban. com/review/8422248/，2020年8月20日。

③ 龚咏梅：《汉学家孔飞力的中国不了情》，2016年3月，https：//difangwenge. org/forum. php？mod=viewthread&tid=18021&extra=page%3D35，2024年6月17日。

第七章　孔飞力：以中国为中心的社会史观和汉学研究　/　125

为中美两国文化交流的一项重要遗产。

　　孔飞力的一生，接受过多位中国学者的采访，我们纵然难以将他眼中的中国文化具象化，但从他与他接受过的众多采访中，我们不难窥见端倪。2004年11月，孔飞力在哈佛接受了吴前进研究员的采访，其间他谈到了"文化中国"的概念。孔飞力认为，"文化中国不一定是哪个高级文人的中国文化，也是平民的中国文化。我怀疑有些人所说的中国文化是他们脑子里的传统的儒家学说，但我想中国平民和普通的海外华人不一定有这个想法"①。在孔飞力看来，他们的中国文化也包括信仰。"以前说迷信，但我们现在不说'迷信'这个词，说'信仰'。普通老百姓和海外华人的信仰和海外高级文人、士大夫的信仰不一定一样，所以文化中国应该包括很多种类的海外华人文化，它不应该是一个纯粹的儒学的文化观察"②，孔飞力如是说。这里提及的"迷信"与"信仰"让人联想起孔飞力的《叫魂》一书，而他对海外华人文化的独特见解与研究则通过《他者中的华人》这部收官之作展现得淋漓尽致。

　　2016年3月，北京师范大学沈燕应邀撰写关于缅怀孔飞力的纪念文章。她写道，"孔氏之书，一遍读来让人甚觉新奇而颇有启发，再细究之，则会慢慢体味到一种作为被书写对象之一员的沉重感。于我而言，这沉重感并非来自书中所描写的那些遥远而切近的人性或那些至今难以解决的问题，而是来自孔氏的'中国中心观'"③。确实，孔飞力一直坚持的"中国中心观"，恰恰提醒和烘托了我们这些生活在当下的中国人应该日益强化的文化自觉意识。这里的文化自觉包含着对本土文化的理解和认同，也包含着对自我身份的认同和自信。

　　虽然孔飞力先生一生几乎都是十年一本书，文章也不多，但他的每一本书在史学界和北美汉学界都具有标杆性意义——这或许就是大师的价值所在吧！正如他曾在《叫魂》一书中所写："归根结底，我们最大的

---

　　① 吴前进：《孔飞力教授与海外华人研究——在哈佛访孔飞力教授（Professor Philip A. Kuhn）》，《华人华侨历史研究》2005年第2期，第76页。
　　② 吴前进：《孔飞力教授与海外华人研究——在哈佛访孔飞力教授（Professor Philip A. Kuhn）》，《华人华侨历史研究》2005年第2期，第76页。
　　③ 沈燕：《作为"叫魂者"的孔飞力：中国中心与文化自觉》，2016年3月1日，http://www.cbbr.com.cn/article/47224.html，2020年8月22日。

激情,就在于将意义赋予生命,尽管这种意义有时并不是显而易见的。"①孔飞力一生勤勤恳恳,踏踏实实地做学问、做研究、教书育人,想必他早就把历史研究的意义赋予了自己的学术生命,他的这份执着和激情,也会让一代又一代的读书人备受鼓舞。

斯人虽逝,其音犹在耳。

---

① 沈燕:《作为"叫魂者"的孔飞力:中国中心与文化自觉》,2016年3月1日,http://www.cbbr.com.cn/article/47224.html,2020年8月22日。

第 八 章

伊维德与俗文学

郑振铎先生在《中国俗文学史》中对"俗文学"定义为：通俗的文学，民间的文学，也就是大众的文学。换句话说，"俗文学就是不登大雅之堂，不为学士大夫所重视，而流行于民间，成为大众所嗜好、所喜悦的东西"[①]。这种流传于民间为百姓所喜爱的文学形式，也为荷兰汉学家、哈佛大学教授伊维德（Wilt L. Idema，1944— ）所喜爱。本章将聚焦伊维德与俗文学或通俗文学之间的渊源，阐述这位助推说唱文学走进世界文学殿堂的学者与中国古典说唱文学之间的研究之源、译介之源。

第一节 课堂中为吾"德"馨

2009年春季学期的哈佛"中国古代文学史"，是由荷兰汉学家、哈佛大学教授伊维德讲授。或许因为他这年授课的主要内容是敦煌变文，包括大量古代汉语中的口语化材料，也或许因为这门课对本科生开放，第一次上课吸引了20多人，这种"大"规模在东亚系研究生讨论课并不常见，上课的小教室显得"高朋满座"。自我介绍时彼此发现，"同班同学"有哈佛本科生，有从中国来的访问学者，当然还有东亚系低年级的博士和硕士研究生。伊维德教授是荷兰人，言谈充满欧洲人的理性和疏淡，幽默感也跟美国教授迥然不同。说到各国文学经典，比如《坎特伯雷故事集》，伊维德随口问一个大一学生有没有读过。当得到否定回答时，他竟说："那你的××高中（加州名校）不是一个好学校，他们不让你们读

---

① 郑振铎：《中国俗文学史》，商务印书馆2010年版，第1页。

《坎特伯雷故事集》。"在鲜花与掌声中长大的年轻人因为无端遭到"鄙视"大惊失色,而伊维德却神色如常,众人一时无法分清他是调侃? 抑或不是? 过了一会儿,伊维德还在介绍课程设置,教室里竟然响起了一阵欢快的中国音乐,明显是网页上突然跳出了什么广告。只见那位访问学者涨红了脸,忙不迭地静音。学生们都窃笑起来。伊维德似乎没有看到他的窘迫,悠然看着远方道:"现在我们知道学者听课的时候在做什么了",也是不动声色。

熟悉伊维德风格的东亚系研究生低声交头接耳道:"下次上课不会有这么多人来。"第二次讨论课,"同学"人数果然减少到三分之一,倒也未见伊维德诧异。共事久了学生就知道,伊维德不爱笑,只有说到令他兴奋的文本时,脸色才会因为兴奋而柔和。

这一时期,令伊维德兴奋的是敦煌变文。在此之前,他对元代明代的戏曲感兴趣,翻译了《赵氏孤儿》也讲过《牡丹亭》。伊维德先后执教于荷兰莱顿大学(Universiteit Leiden)与哈佛大学,前者具有悠久的汉学研究传统,后者则是当代中国研究重镇。伊维德在哈佛期间有计划地把工作重心转移到文本译介和发掘上。从 2000 年到 2014 年,他翻译了无数重要的戏剧文本和满族闺秀诗,将明清到近代的女性文学介绍到国际学术界。按他的话说,因为有了足够的学术资本,他可以愉快地做这些"小事"。也正是因为这些"小事",他在北美汉学界打开了新的研究领域和方向。

第二节　莱顿大学与通俗文学

生于 1944 年的伊维德在青少年时代经历了第二次世界大战的结束和东西方冷战的全程。年少时他并不知道自己将来会学汉语,更别说中国的文学和戏剧。从代尔夫特的瓷器到维米尔的绘画,中国与荷兰的艺术其实一直有微妙联系。然而,这些高雅艺术离荷兰东北农村太远,对年幼的伊维德没有产生太多影响,只有赛珍珠的小说《群芳亭》和高罗佩(1910—1967)所著《大唐狄公案》为他打开了一扇窗,让他读到发生在中国的奇情与冒险。年少时的阅读体验似乎一直烙刻在伊维德心中,虽然当时的他并不知道,他将跟高罗佩一样,进入莱顿大学,投身于中国文学和戏剧的研究。

高罗佩（Robert Van Gulik）是在印尼（当时的荷属东印度群岛）长大的荷兰人。跟伊维德不同，他从小会汉语，随父母游历亚洲各地。那些迷人的声音、颜色、文字和气味不是异域风光，而是高罗佩每天的日常。后来他成为荷兰外交官，长年派驻东京、重庆或者吉隆坡，开始主动研究和收藏中国和日本的文学及艺术品，也积极将许多作品翻译介绍到欧洲。高罗佩的学术著作《中国古代房内考》和《秘戏图考》通过对春宫画的研究来讨论古代性文化。然而，他最为普通西方读者所知的则是《大唐狄公案》。20世纪40年代末，他在东京用英文出版了"狄判官"（Judge Dee）的故事。这部小说在英文读者中大受欢迎，后来翻译成各国语言，让唐朝的狄仁杰成了欧洲家喻户晓的中国名人。因为这些学术和创作成就，高罗佩成为最负盛名的荷兰汉学家。

伊维德没有高罗佩的家世和资源。伊维德祖上世代务农，他与中国文学结缘，是从莱顿大学开始。莱顿大学的汉学研究（Sinology）举世闻名，从20世纪初期就开设了中文课，1930年还成立了"汉学研究中心"，培养了许多著名学者。早年的莱顿大学教授都是重要的汉学家，比如施莱格尔（Gustaaf Schlegel，1840 – 1903）和戴闻达（J. J. L. Duyvendak，1889 – 1954），他们都有在印尼做外交官的经历，对中国的兴趣源于实际需要，比如，古代汉语、中国南方方言、翻译、法律、宗教等，均是为了处理荷属东印度群岛的中国问题。① 当时欧洲大学的"汉学"学科构成效仿"古典学"，囊括语言、历史、社会、文学等研究，教授和学生都是读"正典"——最高雅的文学和诗歌——来学习语言文化和历史。从这个角度看，选择研究通俗文学的伊维德可谓"离经叛道"。

"离经叛道"并非伊维德的个人选择，对通俗文学的热情或许始于赛珍珠笔下的开封农村，也或许始于高罗佩的大唐传奇，总归是美国人和欧洲人笔下的中国平民吸引了他。大学时，伊维德大量阅读各种各样的传统中国小说，这就是他跟莱顿前辈不同的原因，也是他跟在中国的研究者不同之处。孔孟和《关雎》是中国文学和文化的经典，但是小民的

---

① 陈媛：《荷兰的中国学研究：现状、焦点与评价》，2020年4月7日，https：//www.aisixiang.com/data/120773.html，2021年8月17日。

生活与悲欢同样是文学和社会的一部分。跟传承经典相比，伊维德想知道普通人读什么小说？不识字的中国人看什么戏？那些戏里讲了什么样的感情和价值？因为关注那些普通人的生活，高罗佩把不登大雅之堂的春宫画当作研究的对象，而伊维德则把他的学术生命都投入了通俗文学中。他把白娘子、祝英台、目连、崔莺莺这些故事介绍到海外，作为传世的艺术形象来赏析和研究。

第三节　中西方比较视域中的通俗文学

受到当代哲学和社会学理论的影响，再加上美国高校内对跨学科研究的重视，海外中国研究学者在研究中国文本时，更欢迎用西方理论来帮助发现问题。理论的创新性运用有很多好处，比如罗兰·巴特对"作者"和"读者"关系的理解可以帮助我们重新审视流传千年的文本。巴特认为"作者已死"，文本的阐释权利更大地落到了读者身上。从这样的角度来重看历代经典文本，就可以更清楚地认识到历代的注和疏对经典成为经典所做的贡献。也可以看到，一个文本的诞生，除了原创作者的贡献，还有历代评论家、读者的阐释和传播。经典从来都不是一个孤立的文本，而是在历史流传沿袭中不断成长和丰满。除此之外，西方女性主义研究理论，以及福柯关于历史、知识和权力的学说，也帮助我们从新的角度看经典文本中的性别、历史和社会问题。这样的理论工具极大地丰富了当代的研究。

然而，传统的历史和文学研究更重视文献的发掘、版本的勘定。对文本本身的把握和审视，从文本层面和物质层面让我们更接近历史和创作本身。西方的研究方法和传统东亚学者的研究方法并无相悖之处。不断创新的理论帮我们发现新问题，不断挖掘的文献带我们接近文本。身在北美学术界，伊维德深知理论运用的创新性，然而，随着他的研究发展，他却更看到文本发掘和传播的重要性。伊维德晚期研究精力就放在版本发掘比较和翻译的工作中。只有这样，才能厘清不同版本文献中的不同，看到流传中经典的演变。而只有翻译，才能让更多的学者，甚至中国研究领域之外的学者接触到中国的文学、戏剧和经典，激发更多的文化和学术交流。近年来，"大西洋两岸的汉学研究学界都很清楚地认识到这一点，即不管就中国文化的哪方面进行研究，都需要进行学术学科选择内的语言强化训练并且加强同中国学者的相关互动"①。因此，伊维德关于戏剧的《朱有燉的杂剧》，关于佛教观音故事和传说的《自我救赎与孝道：观音及其侍者的两种宝卷》（*Personal Salvation and Filial Piety：Two Precious Scroll Narratives of Guanyin and her Acolytes*），关于白蛇故事的《雷峰宝卷》，另外还有《孟姜女哭倒长城的十种版本》（*Meng Jiangnv Brings Down the Great Wall：Ten Version of a Chinese Legend*）、《化蝶：梁山伯与祝英台传说的四种版本及相关文献》（*The Butterfly Lovers：The Legend of Liang Shanbo and Zhu Yingtai：Four Versions with Related Texts*）纷纷出版，为中英文的研究者提供了版本和翻译的资源。

第四节　元杂剧

"你想去看歌剧《白蛇传》吗？"2010年初春，波士顿本地华人投资、本地音乐家制作的歌剧《白蛇传》在波士顿首演。哈佛东亚系很多学生和学者都收到伊维德激动的宣传邮件。在歌剧《白蛇传》以前，1999年昆曲《牡丹亭》曾在纽约林肯中心公演，那也是第一次呈现出全本的《牡丹亭》，并在美国掀起了一场"昆曲热"。有此珠玉在前，《白蛇传》被改编成西方观众熟悉的高雅艺术形式，伊维德自然十分期待。他研究了一辈子中国戏剧戏曲，希望《白蛇传》也在西方登堂入室。再者，2009年恰逢伊维德翻译的"白蛇故事"和《雷峰宝卷》出版，所以这次《白蛇传》的演出，或许带给了他双重的喜悦。在伊维德的学术生命中，他看到过传奇登上舞台，看到过舞台上的昆曲或者京剧变成别的艺术形式，也看到说唱艺术通过自己和别的学者的翻译和教授，进入莱顿和哈佛的课堂，再通过学术和艺术的传播，进入波士顿的社区，进入世界更多角落。那些传承百千年的故事和文化，就这样，在伊维德和许多学者推动下，继续进入更多人的视线和更多人的耳朵。

伊维德最初对中国古典戏曲产生兴趣是1969年在日本京都大学留学

---

① 庄新：《翻译与研究：站在中国文学研究的前沿——伊维德教授访谈录》，2021年1月22日，http：//www.sinologystudy.com/html/Interview/444.html，2021年8月17日。

期间。日本学者田中谦二先生引导他读元曲，后来他与美国著名汉学家奚如谷（Stephen West）合写了《中国戏曲资料（1100—1450）》(*Chinese Theater* 1100 – 1450: *A Source Book*)，论述了中国戏曲在350年历史中的发展演变。这本书为后世学者做出的最大贡献就是其系统论述了中国历代演员、剧场、文献。其内容包括宋金元时期的戏曲演出形式和场所；唐朝到明朝戏班的生态以及从业者的生存状况。为了方便各国学者的研究，伊维德和奚如谷也翻译了他们收集到的第一手宋、金、元、明时期戏曲资料，包括出自《永乐大典》的南戏《宦门子弟错立身》、元刊本《紫云亭》、朱有燉的《复落娼》《香囊冤》以及《蓝采和》五部剧作的英文翻译及文献资料。①

欧洲学者对中国戏剧的兴趣始于18世纪。传教士马若瑟把《赵氏孤儿》的宾白带到了欧洲。此剧影响深远，出现了不少改编故事，包括伏尔泰的《中国孤儿》。19世纪，《赵氏孤儿》全译本出现，王实甫的《西厢记》也被翻译为法文。20世纪，德国剧作家布莱希特根据元杂剧《灰阑记》创作了著名的当代戏剧《高加索灰阑记》。伊维德认为，欧洲学者和艺术家对元杂剧的兴趣反过来影响了现代中国的元代戏剧研究。比如《赵氏孤儿》还没有引起现代学者和评论家注意时，王国维就在《宋元戏曲考》中将其与关汉卿的《窦娥冤》相提并论。可以说是王国维对《赵氏孤儿》的重视奠定了此剧日后在中国戏剧史中的地位。②

伊维德对元杂剧的研究很接近中国传统研究方法，他首先厘清了版本流传。晚明臧懋循编纂的《元曲选》是流传最广的版本，但其实明朝李开先收藏的《元刊杂剧三十种》收录了更多散见的、流传于《元曲选》以前的剧本。所以，伊维德认为，我们今天读到的"元杂剧"实则为明朝知识分子加工过的再造品，真正的元杂剧或许仅存在于历史的烟云中。

那么，最初的元杂剧大概会是什么模样呢？伊维德通过对文献的比较梳理，得到一个结论：他认为元杂剧的最初形式应该比较简单，以正

---

① 霍建瑜：《徜徉于中国古代通俗文学的广场——伊维德教授访谈录》，《文艺研究》2012年第10期，第78页。
② ［荷］伊维德：《我们读到的是"元"杂剧吗——杂剧在明代宫廷的嬗变》，宋耕译，《文艺研究》2001年第3期，第97—98页。

旦或正末的演唱为主。而且因为是民间的表演，唱词有时不甚粗俗。到明代以后，杂剧形式逐渐成为宫廷娱乐，很多作品的内容、形式、语言和人物角色发生了重大变化。比如，很多剧本的创作内容均与当朝统治者的需求相呼应。以前的剧本只需要重点呈现正旦和正末的唱词，进入宫廷时则需要补充全部内容以供"教坊司"和"钟鼓司"审查。后来《元曲选》的编者又把这些宫廷演出剧本改编为江南文人的案头读物，至此，元杂剧流动的文本方才固定下来。在流通的过程中，元杂剧文本经过很多编者或者表演者的修改，也可以说是没有作者的文本。因此，伊维德认为元杂剧呈现的是中国社会和文化的美，而非一家之言的艺术。[1]

明代的文化生活和审美趣味对我们今天看到的元杂剧的形成起了重要作用。伊维德也指出，从演出形式上来说，元朝戏剧的表演与我们今天的想象其实相距甚远。比如，很多文献反映，以正旦正末演唱为主的元杂剧，舞蹈和对话内容很少，也不重要。直到明朝入宫演出后，舞蹈形式和音乐模式才丰富起来。为了让故事更有趣味性，其他非主角的戏份也同步增加，才逐渐形成了目前人们熟悉的元杂剧。

《朱有燉的杂剧》一书清楚地呈现了一个明朝剧作家的创作与明朝社会生活。该书研究了朱元璋的孙子朱有燉创作的十数本杂剧。因为朱有燉特殊的身世与经历，伊维德将他的创作与他的生平联系起来，也囊括了不同时代对朱有燉作品的批评和接受。与伊维德一贯所关心的相同，在研究朱有燉作品时，他把注意力投放在故事中的小人物和当时人民的生活中，有专门章节研究"赏花"和"庆寿"，还有专门章节研究剧中的"妓女""好汉"和"市民"。这本书不仅是戏剧史的写作，描绘了朱有燉杂剧与传统戏曲的承继与发展的脉络演变，它也可以帮助读者一窥明朝戏剧演出的生态和戏剧文本里表现的市井生活。

就这样，从通俗文学开始，伊维德的视野逐渐投向戏剧、说唱文学，以及文学史边缘的女性文学创作。通过伊维德的研究和翻译，还有许多学者的努力，中国文学研究在北美学术界不断地开拓新的领域，而其中，他对古代女性文学创作的整理和翻译工作就是最重要的一个例子。

---

[1] [荷]伊维德：《我们读到的是"元"杂剧吗——杂剧在明代宫廷的嬗变》，宋耕译，《文艺研究》2001年第3期，第99页。

第五节　书写女性和女性书写

除了白蛇、祝英台、崔莺莺，伊维德也研究文学作品之外的女性。比如，写汉诗的满族闺秀，以及江永乡间发明了"女书"的普通村妇。然而伊维德承认自己并非女性主义学者，他的关注还是那些在真实历史中出现的，没有进入宏大叙事的，但是构成了我们文学和文化肌理的作品和创作作品的人。

中国上下两千多年的文学史，有那么多帝王将相的故事、状元才子的诗篇，他们的作品中也曾经记录了那么多才华横溢的女性，虽然她们的作品常常被湮没在文学里。这些隐于深闺之中、沉默地提笔写作的女性，她们眼中的美是什么？这个世界在她们眼中是怎样的？她们美好的思想有没有被保留下来？她们最爱的是什么文学体裁？……过去，中国文学史的主体是男性，男性知识分子写诗，男性知识分子作史，诗和史是几千年来文学唯一的正宗。因为这些原因，除了女诗人偶尔能进入文学史之外，其他女性创作者更是容易被忽视。

自20世纪90年代初以来，美国越来越多学者开始对中国妇女史包括妇女文学史进行研究。这得益于西方女性主义研究第三次浪潮的影响，也因为中国文学研究领域女性学者日益增多。孙康宜撰写了《明清妇女诗集及其编选策略导读》（*A Guide to Ming-Ch'ing Anthologies of Female Poetry and Their Selection Strategies*，1992），她与魏爱莲合编《明清女作家》（*Writing Women in Late Imperial China*，1997），与苏熙源合编了《中国历代女作家选集：诗歌与评论》（*Women Writers of Traditional China：An Anthology of Poetry and Criticism*，1999）。这些学者研究和关注的都是中国文学史上最重要的题材——诗歌。伊维德和管佩达（Beata Grant）编写的《彤管》（*The Red Brush：Writing Women of Imperial China*，2004），则译介女性创作的散文、戏剧、弹词和小说等。[①] 伊维德谦称《彤管》是对前人研究的补充，因为他和管佩达的工作是介绍大文学以外的写作。《彤管》

---

① 可参见梁霞《美国中国古代文学研究管窥》，《浙江大学学报》（人文社会科学版）2020年第2期，第128—143页。

按时间顺序，以文类分类，系统地研究了历代女性创作者的创作和她们所处的社会文学环境，并且分析评价其文学和美学贡献。第一次把边缘化的女性写作引入学界。

女性写作的边缘化，其缘起为女性地位的边缘化。所以寻找历史上的女性写作者是伊维德和管佩达做的一个重要工作。历史上的女性写作者，最初是宫中妃嫔。她们大多来自豪门，也有可能成为辅佐幼主的太后，受教育的机会较多，写作也自然而然成为他们宫廷生活的一部分。唐朝道教兴盛后，与士人交往的道姑和歌妓也常有诗名，她们的创作和香艳的故事一起传世。再之后，随着印刷术的进步，逐渐有女性作品被保留下来，比如李清照。明朝的出版热中涌现了一些贵族女子的创作和少量道姑歌妓的作品，到了清朝，歌妓和道姑的创作几近消失，越来越多的贵族女子提笔书写她们遭受的不平和痛苦。这些女子的悲鸣常常寄托于"弹词"创作中，通过塑造一个女扮男装的主人公来投注自己的抱负和对自由的向往。而识字和书写的特权终于被湖南江永的农村妇女打破。她们发明了"女书"，用这自创的文字来书写她们的创作。[①]

女书的发明已然不可考。这是江永当地妇女借用汉字的结构创造的拼音文字，记录的语言是当地方言。因为以前普通女性不能接受教育，所以女书在女性之间代代相传。江永妇女用女书给自己的闺蜜写信，或者记录自己平生不得志，或者创作歌谣抒发寄托心情。20世纪以后，因为教育逐渐普及，女书的传承逐渐稀落，后来因为历史原因，濒临失传。《彤管》选译的篇目原本是口口相传的前人作品，当代女书传人用女书文字记录下来。翻看这些文字，不免为江永农村的一代又一代妇人感动。当地女性有结成"老同"，也就是结拜姐妹的传统，女书文字很多是"老同"之间的通信。作者通过有限的能力，极力发挥自己的才情，写下一些七言歌词。那些歌词中记录的最快乐的就是少女时代和"老同"一起参加节日集会的故事；及至出嫁，歌词中流淌的则是闺蜜之间互相的关怀和支持。已婚妇人的女书，就是她们抒发苦闷忧郁的窗口。婚姻的不幸、生活的艰辛、养育的重责、病痛、贫乏，那些无处诉说的哀怨，催

---

① 两则故事可参见 Wilt Idema and Beata Grant, *The Red Brush: Writing Women of Imperial China*, Cambridge: Harvard University Asia Center, 2004, pp. 7-8。

逼着江永妇人拿起笔。《彤管》在有限的篇幅里，介绍了这些妇人的生平。她们创作的自传性题材的诗歌，与朋友的通信，控诉不孝子或者刻薄亲戚的歌词，让这些籍籍无名的农村作者出现在了文学史上。除了创作，女书也用来记录传播著名的民间故事。她们选择用女书书写的大多是祝英台和孟姜女这样的女性，她们勇于追求自己的理想，不畏权贵，堪称女中豪杰。伊维德和管佩达认为这样有自主性和能动性的女性角色，正是女书读者所向往的形象。虽然被社会和传统束缚，可是历朝历代总有充满梦想和才情的女性坚持文学的创作，尝试用不同的题材发出自己的声音。《彤管》选入了尽可能丰富的作者、作品和文类，激发起不同领域的研究者对那些散发幽光的人和文的关注。

江永女书创作的歌谣体裁也反映了说唱文学对女性的重要性。虽然说唱文学只在20世纪以后才进入文学史，引起当代学者注意。可是，在历史上，说唱文学是普通城市妇女和农村妇女主要的文化产品。伊维德对说唱文学的研究，启发学界更关注不同形式的说唱文本、文本的受众和文本的主题。与佛教故事相关的通俗文学——"宝卷"，因为他的研究也开始成为新的热点。

"宝卷"是15世纪时期开始涌现的，以佛教故事为主的说唱文学文本。明清时，也有其他宗教用"宝卷"的说唱形式传法。历史上，说唱文学是佛法传播的主要模式。在敦煌出土的文献中，有"变文"和"因缘"，都是不同形式的说唱文本，而他们早在9世纪或者10世纪就已经形成体系。《自我救赎与孝道：观音及其侍者的两种宝卷》一书翻译和评注了题为《香山宝卷》(*The Precious Scroll of Incense Mountain*)和《善才龙女宝卷》(*The Precious Scroll of Good-in-Talent and Dragon Girl*)两部作品。[①] 虽然"自我救赎"和"孝道"是伊维德关心的话题，但是这本书也研究了宝卷文本的流传和作者问题。在内容上，伊维德感兴趣的是"观音"形象的流变，因为其中涉及的性别问题和儒家思想，与佛教本土化和世俗化息息相关。在与西方宗教的圣女故事进行了比较的同时，伊维德还揭示了《香山宝卷》中所体现的性与权力的冲突对立。

---

① Wilt Idema, *Personal Salvation and Filial Piety: Two Precious Scroll Narratives of Guanyin and Her Acolytes*, Honolulu: University of Hawaii Press, 2008.

要是在博物馆参观，常常可以看到有薄薄胡须的观音像。那些都是历史较早的造像，观音是以王子的面貌进入中国的。要到10世纪以后，观音才越来越多地被塑造为女性。在这个流传和流变的过程中，白衣观音和千手千眼观音逐渐成为主流的观音造像。与此同时，"妙善公主"的故事确定了中国观世音菩萨的女性身份。妙善公主的故事最早或许出现于12世纪，到明清以至民国流传最盛。伊维德翻译的1773年版的《香山宝卷》则是存世最早的文本。妙善公主对宗教和孝道的坚持，反映出佛教中国化过程中与儒家思想结合的特点。佛教的"出世"精神与儒家的家庭观本是截然相悖的。佛教的自我解脱须得斩断俗世牵绊，然而儒家的人伦则强调"孝"，讲究"亲亲而仁民"。《香山宝卷》则用妙善故事化解了这一矛盾。故事中的妙善公主对出家的坚持可被视为自私不孝，然而，妙善对佛法的追求并非为求一己解脱，也是在此追求中为父母求得解脱。故事结尾，她用自己的眼睛和肢体拯救了父王，可称得上是至孝之女。一个女性遁入空门求得精神的解脱，又舍弃肉身成全了入世的孝道。

在伊维德看来，妙善的故事和《李尔王》非常相似。她跟李尔王的小女儿一样，也有两个姐姐。她的父亲也像李尔王一样，十分霸道。与《李尔王》不同的是，《香山宝卷》的主角是妙善，而不是国王。国王和妙善的冲突是儒家礼法与佛教信仰之间的矛盾。只有三个公主的兴林国国王希望妙善速速嫁人，为他诞下男性继承人。自幼礼佛的妙善无论如何无法遵从父亲的旨意，甚至被父亲处死。死后妙善又奇迹般还生，在香山传法。国王后来罹患不治之症，需要人肉做药引。在被两个大女儿拒绝时，他意外得到来自香山"白雀寺"出家人贡献的眼睛和骨肉，服下之后也果然病愈。事后国王前来感谢，一眼认出那"舍身"救主的便是"不孝"的小女儿。故事的高潮是形体畸零的妙善公主在此刻化身为千手千眼观音，儒家的孝道和佛教的救赎顿时得到结合，曾经盲目的人们受此感召纷纷投向佛门。

伊维德将《香山宝卷》翻译成英文就是为了吸引更多比较文学学者的注意，激发更多比较性研究。熟悉英国文学的读者能在《李尔王》中看到妙善的情节。而熟悉外国文学的读者在基督教文学中常常看到与妙善公主相仿的圣女故事。与法国中世纪的圣女故事比较阅读以后，可以在伊维德的文本细读中获得更具有开创性的理解角度。

跟法国中世纪基督教文学中的圣女故事一样,《香山宝卷》也是由历代的男性作者和叙述者创作的文本,故事都是假托一个遥远的国度,出身高贵的女主角无不蒙冤受辱,她们的身体也被公开凌虐。而与圣女故事不同的是,贞洁圣女代表大众对抗暴君,妙善则是众叛亲离挑战公序良俗。基督教故事中,贞洁圣女的敌人首先在性别上就是对立的男性,这个可能是国王、追求者,或者一个暴君,总之是人人得而诛之的对象。作为女主角的圣女则是读者同情的对象。然而,妙善的故事中,因为她挑战的是社会恪守的儒家礼法,不可能有人支持她。无论是她的母亲、姐姐、宫娥、朝廷大臣都不能理解和支持她,相反,都是她的对立面,甚至她的父王,不仅代表权力与暴力,更代表世俗的道德。

这些佛法与礼法的冲突,在传统阅读中也是关注的焦点。然而,当伊维德拿妙善与基督教圣女作比较阅读时,两个文本都出现了性的对立,性与权力的对抗则凸显出来。过去的读者通常重视精神追求与物质生活的辩论,而忽略了性别叙事。伊维德追问的是,当妙善公主的身体被公开凌辱展示时,性和暴力也就进入了公共空间。而这对儒家社会而言,又意味着什么?

伊维德认为,《香山宝卷》表面上是佛教道德故事,它用奇情和奇迹来歌颂孝道,实现佛教与儒教的合流。掩藏于道德故事之下,是封建家庭的恐怖秩序。符合儒家礼教的父亲是把适龄之女嫁出去,而国王则逾越分己,控制女儿身体和命运——不嫁出女儿,而是招入女婿。因为国王无法绵延子嗣,他甚至要求得到女儿的孩子承祧祖业。国王的逾矩迎来的是妙善的悖逆。她不但不顺从父亲,而且还要脱离家庭的人身和精神的自由。妙善的出家,是对礼和法的双重背叛。伊维德认为妙善和国王之间的尖锐对立超越了父女矛盾,而是两性之间意志与欲望的对立。

这种对立与压迫在中西方圣女故事中常常由禁锢的情节推向高潮。基督教圣女通常被施虐者囚禁。色情的张力在有限的空间中迸发。有意思的是,类似的场景在《香山宝卷》中也能找到。死而复生的妙善行将第二次被父亲处死。临行前夜,赤身裸体的她被囚在花园中。国王父亲不甘心,夜访花园希图说服她。虽然是父亲,国王也和西方故事中的暴君一样,易怒,性压抑(不能生男子),充满占有欲。他夜访妙善之举,在伊维德的阅读中，甚至暗藏了乱伦的议题。他骂妙善为"妖精"，见到花园中裸身枷囚的妙善，大谈男女鱼水之欢。伊维德认为妙善对父亲的谴责反映了她对父亲隐秘欲望的侦破。她谴责父亲道："父皇爷爷。昏迷不觉。邪心炽盛。非是有道君皇。"她问："若是天子。有道人皇。焉肯半夜三更。父入子宫。劝女儿嫁人。四海闻之。是何道理？"当伊维德把性别政治的框架用于《香山宝卷》的阅读时，妙善和国王的关系就不只是女儿和父亲的关系，那更是对立性别的男女、权力的主客体，乃至欲望的主客体关系。

从这样的层面看，妙善的追求不只是宗教信仰，还包括了对父权的挑战，对个人自由的坚持。而她后来舍身救父的行为，则让她从一个烈女孝女变成了救世的菩萨，从而实现了人性到神性的超越。妙善对佛祖的追随并非一个宗教圣女对上帝的追随，她认为自己是同行者。妙善描述她与释迦牟尼关系时说："你是我家之兄。我是你家之妹。普救世间之苦。"她认为自己和佛祖是平等的。伊维德从性别角度开创性地发现了妙善故事中个人主体性和性别平等的议题。虽然妙善故事和西方宗教故事一样，最后都要舍弃自己的肉身来拯救世间之苦；虽然她的舍身之举是佛教救赎和儒家孝道的必然，但当我们用新理论、新方法来阅读这个文本时，或许也能收获新的理解。妙善故事中对性别权力和父权的挑战，或许是千年以前两种价值对抗的副产品，值得今天的读者去审视。

2019年12月，伊维德迎来了75岁生日。按西方风俗，逢第五年的生日，比如55岁、65岁、75岁，都是大寿；更为重要的是，这年也是伊维德治学生涯的第50年。两重意思加在一起，实在应当为他庆贺。荷兰莱顿大学举行题为"伊维德75——政治、技术和五十年中国研究"的纪念研讨会，邀请海内外故旧与同好与他一起回顾变化的政治生态和技术手段如何影响了过去五十年的中国研究。伊维德回忆起自己的五十年，是畅游书海的五十年，政治的风云变幻也左右着他的学术发展。学中文的伊维德，大学毕业并不能到中国留学，所以只能来到日本。然而，正是日本的经历主导了他学术生涯的两个重要方向——通俗文学和元杂剧。伊维德本想做当代中国研究，而不是传统文学。阴差阳错，在日本为了提高中文水平，伊维德开始阅读很多传统通俗小说。同时，伊维德在留学期间跟随京都大学的教授选修了"元杂剧"的课，开始认识中国的戏剧。让他的目光不再流连于当代，而是望向古代文学研究。这一做就是半个多世纪。

伊维德感恩中国的改革开放，不仅让他有机会来到中国，更让许多淹没在历史中的文献得到重见天日的机会。以前，找书很难，他只能关注国内图书馆和出版社的出版目录，为了保证能得到一本书，常常需要提前一两年就订好。伊维德见证了社会和技术的进步，而技术和社会的进步也推动着学术的发展，改变了我们对自己文化的认识。他最初学戏剧时，全都依赖着文字资料。改革开放以后，随着文化氛围更加多元包容，还有文化部门的支持，海峡两岸暨香港20世纪90年代开始收集拯救民间文化形式，开始有更多学者从事"女书"等文献的研究和翻译。20世纪80年代开始，宗教仪式节日逐步恢复，文献资料也逐步得到整理，新资料不断被发现，古老的戏剧生态也重新展现在观众眼前。

当被问到他最喜欢的作者或者作品时，伊维德的答案就是"女书"，虽然他同时表示，最喜欢的作品其实永远都是他当下研究的文本。以前研究唐诗的时候喜欢杜甫，可是杜甫的价值观太正统、太儒家，翻译起来感觉很难找到合适的语气。后来读《红楼梦》也觉得是最了不起的小说。然而，"女书"和其书写的文本，实在是让现在的他感动。在乡间，一群女人在一起，为了抒发共同的情感，他们不仅开始写作，而且创造了自己的文字。他们用自创的文字来书写自己的生活和故事。对于伊维德而言，这就是中国文学丰富性和多样性的典范。伊维德同样爱学士士大夫所爱，喜欢典雅的中国文学，然而，研究通俗文学五十年，他始终觉得，应该让更多研究者和读者看到中国文学多姿多彩的美。除了孔孟、唐诗宋词、骚人墨客的文学，中国文学还有那么多不同的形式、内容和传统。它代表了中国最绚烂高雅的文化，也富有生活的气息和烟火的芬芳——匹夫匹妇的生活和世界。

第九章

顾彬的中国文学研究

在这个世界上，有许多优秀的汉学家，我们无法具名哪位更加出色，因为他们都在各自的汉学研究领域中做出了突出的贡献。但如果要就这些汉学家的名气做一个排行榜的话，那德国汉学家沃尔夫冈·顾彬（Wolfgang Kubin，1945— ）一定毫无争议地榜上有名。正如方维规教授所说："顾彬在中国是一个概念，我们也可以称之为现象：他是一个有争议的人物，所以很有名。"他何以成为一个如此具有"争议"的人物？众所周知，他数次直言不讳地批评中国当代文学，而且这些批评往往犀利地倾向于极端。话说得这么"损"，"遭骂本在情理之中"[1]。如此看来，顾彬的形象似乎完美契合了中国人心目中对于一个西方人的"刻板印象"：直白，不通人情世故，自我意识较强，内心持有对中国根深蒂固的、来自西方中心主义视角的"刻板印象"。然而，事实上，顾彬并不是一个对当代中国一窍不通，仅凭着从媒体和书本上得来的信息就对中国出言不逊的西方人。他在《汉学是外国学吗？》一文中曾有自白，其中清晰地流露出他对中国深沉的"爱"："我今年七十岁。坦率地说，没有中国文化，就没有我。我对中国的了解只是一个外国人对中国的了解吗？我将近五十年活在中国的文明之下，我还是一个外国人吗？在德国人眼里，我太中国人。李白与庄子不光过去决定了我的路，现在还是。没有李白，就没有顾彬。"[2]

---

[1] 方维规：《顾彬："往前走，找你自己"》，《读书》2021年第8期，第161页。
[2] ［德］顾彬：《汉学是外国学吗？》，《南方周末》2015年4月30日，http://www.infzm.com/contents/109266，2023年6月25日。

第一节　从德国到中国："朝向往的方向去"

1945 年 12 月 17 日，顾彬出生于纳粹覆灭后百废待兴的新德国，他的故乡在下萨克森州的策勒市。那时，第二次世界大战刚刚结束 3 个月。1945 年，正是被意大利导演罗西里尼称为"德意志零年"的年份。这时候的德国，流行这样一句口号："孩子应该跟 Krupp（克虏伯）的钢铁一样硬"。顾彬的父亲参加过第二次世界大战，同时，战争也在顾彬家附近的森林中遗落下大量的炸弹、枪支、子弹等。儿时的顾彬，就是在这样挫败、苍凉却又钢铁一样的战后环境中成长起来的。

一次偶然的机会，顾彬在家中的阁楼里，发现了一本不知谁的日记本。其中有一篇，就记录了日记本的主人去中国的故事。这段童年经历后来被顾彬写在小说《半场爱》中，他说，这是自己与中国的初遇。顾彬自中学时，就极爱读诗。他迷恋西班牙、意大利和法国现代诗人的作品，尤其痴迷于圣约翰·珀尔斯。1966 年，从德国高级文科中学毕业后，顾彬进入明斯特大学学习基督教神学。然而随着学习的深入，顾彬渐渐发现，现世中发生的故事，每每让他更加忧心，神学"不能像它许诺的那样解答生命的问题"[①]。1967 年春末，顾彬偶然读到了庞德译的李白的《送孟浩然之广陵》："孤帆远影碧空尽，唯见长江天际流。"这句来自遥远东方的诗句，不同于此前读到的西方诗歌，其所特有的留白与想象让顾彬陷入了哲理性的思考，也让他认识到更多关于文学的可能性。李白的这首诗，为顾彬打开了中国古典文学之门。他开始每日走过明斯特普林齐帕尔广场，去汉学系旁听课程。1968 年，顾彬离开明斯特，前往维也纳学习中文。一年后，他正式转入波鸿鲁尔大学，成为一名汉学系的学生，师从著名的德国汉学家霍福民（Alfred Hoffmann）。

古典汉学的训练，在顾彬心中逐渐形成了一幅关于遥远的、古老的、永恒的中国的图画。霍福民一次次在课堂上，给他们讲起北京的颐和园，那雕梁画栋的屋顶以及屋顶上丛生的绿叶，无时无刻不在召唤着顾彬一

[①]　[德] 顾彬：《每个时代都有它自己的语言》，《新京报》2017 年 11 月 4 日，http://epaper.bjnews.com.cn/html/2017-11/04/content_700376.htm?div=-1，2023 年 6 月 25 日。

睹究竟。然而限于国际环境，顾彬只能前往受中国文化影响甚深的日本，他希望能在这里，发现一些关于中国古典文化的影子。在此期间，顾彬完成了他的博士学位论文《杜牧的抒情诗》，并获得波恩大学汉学博士学位。毕业后，他留校任辅导员。古典中国的画面似乎渐渐在他生命中淡去。20 世纪 70 年代，中国与德国正式建立外交关系。1974 年，顾彬幸运地得到了德国学术交流中心提供的奖学金，前往中国，在北京语言学院（现北京语言大学）学习现代汉语。多年之后，回望这次中国之行，顾彬感慨这成为自己生命的转折点。在《忆当年》一文中，顾彬是这样写的："我从向往的方向来，朝向往的方向去。我去到现实之国——中国的旅途并不是我想要的，但我在那里度过的一年，却成了我人生中最幸福的一年。"①

在北京语言学院，顾彬得以全身心地投入汉语的学习中。他每天早上吃两片夹果酱的面包，上四个小时的课。12 点下课后，又匆匆忙忙赶往食堂。吃完饭，他回到宿舍，继续学习每天早上 6 点就开始学习的汉语。一年后，顾彬回到德国，成为一名大学老师，专门教授汉语课程。"文化大革命"结束后，在大学教师的身份之外，他又当起了德国"中国行"的兼职导游。每次来到中国，在带领旅行团游览中国的风景名胜时，他都会利用空余时间，来到北京大学和北京图书馆。当"导游"的六年，他的学术大有精进，同时，也邂逅了他后半生的中国伴侣——张穗子。这场恋爱从 1980 年开始，先后谈了 5 年，1985 年，张穗子终于办好赴德国留学的手续。两人不仅是生活上的伴侣，同时也是事业上的伙伴。1989 年，顾彬与张穗子共同创办了半年刊德文杂志《袖珍汉学》（Minima Simica），旨在介绍中国的小说、散文诗歌等。

此后，顾彬先后在柏林自由大学、波恩大学任教，讲授中国文学，培养翻译人才。自 1985 年起，他在德国培养了一批文学翻译工作者，他们翻译了大量的中国现当代文学作品，为中国文学走进德国发挥了重要的桥梁和纽带作用。几十年来，顾彬无数次踏上中国这片热土。如今已年逾七旬的顾彬，仍频繁往来于中德两国之间。2006 年 12 月 11 日，《重

---

① ［德］顾彬、朱谅谅：《忆当年（二）》，《美文（上半月）》2015 年第 11 期，第 51—58 页。

庆晨报》记者在《重庆晨报》上发表题为《德国汉学教授称中国当代文学是垃圾》的新闻稿，此稿一出便激起千层巨浪，最终形成中国当代批评史中著名的"顾彬事件"。在"垃圾论"之后，顾彬也成为风口浪尖的人物。无数批判之声随之而来，"有些更近乎侮辱，他曾想写信反驳，最后还是沉默"[①]。一些曾与顾彬有所交往的中国作家因此与顾彬保持距离，但也有一些对他的言论表示欢迎。莫言曾在中国人民大学一个关于世界文学和中国作家的会议上，与顾彬握手说道："顾彬教授，欢迎你继续批评，继续骂。"对此，顾彬非常开心，"莫言比较开放，他接受了我的批评。所以我非常重视他"[②]。2007年，首届"中坤国际诗歌"在北京举办，这是由帕米尔文化艺术研究院主办，北京大学中国新诗研究所、中国诗歌学会协办的奖项。首届获奖者有四人：中国诗人翟永明、法国诗人博纳富瓦、中国翻译家绿源和德国汉学家顾彬。唐晓渡在会议中这样评价顾彬："他对中国当代文学的焦虑是'恨铁不成钢'，其实爱得更深"[③]。唐晓渡的话，也印证了顾彬自己在《二十世纪中国文学史·序言》中的表白："四十年来，我将自己所有的爱都倾注到了中国文学之中！"[④]

第二节 从初露锋芒到集大成：顾彬的中国文学研究

作为一个具有广泛影响的"文学人物"，顾彬有三重最重要的身份：作家、学者、翻译家。这三种身份在顾彬的文学生命中承担起不同的面向，却也相互交融、彼此影响，最终形成了一个怀抱着创作的激情与浪漫、心中却也有着知识分子的执着和坚守、对语言和文字有着极端敏感和忠诚的汉学家形象。这也让顾彬的汉学研究，浸润着独特的个人色彩。

[①] [德]顾彬：《希望和孔子、老子、庄子见面》，《瞭望东方周刊》2014年第22期。
[②] 张英：《德国准牧师顾彬》，《南方周末》2008年11月26日，https://www.infzm.com/contents/20438?source=124&source_1=236383．2024年1月12日。
[③] 曹雪萍：《德国汉学家顾彬入围中国奖金最高诗歌奖》，《新京报》2007年6月25日，http://book.sina.com.cn/newsyc/c/2007-06-25/1149216555.shtml，2023年6月25日。
[④] [德]顾彬：《二十世纪中国文学史》，范劲等译，华东师范大学出版社2008年版，序言。

1973 年，顾彬以一篇《论杜牧的抒情诗》获得波鸿鲁尔大学的博士学位，自此正式走上汉学研究之路。1981 年，顾彬凭借《空山——中国文人的自然之发展》一文获得教授资格。其后，作为学者的顾彬的主要学术著作包括主编的十卷本《中国文学史》，其中亲自主笔了《中国诗歌史——从起始到皇朝的终结》一书，参与写作了戏曲、散文和小说卷的部分篇章；与王平合著《甲骨文与殷商人祭》；与臧克和、舒忠合作主编《孟子研究新视野》；与李雪涛共同主编的《全球史与中国》；而作为翻译家的顾彬翻译了六卷《鲁迅选集》、十卷本的《中国思想家经典文库》，并且他还翻译了北岛、杨炼、翟永明等人的诗歌。此外，还有在德国出版的"中国思想家经典文库"，包括《孔子》《孟子》《老子》《庄子》等书目。作为诗人，在德国出版了《新离骚》等五本诗集，在中国出版了《顾彬诗选》，他也是第一位在中国出版中文诗集的在世德国诗人。2017 年还在中国出版了散文集《中国往事》《一千瓶酒的英雄与一个酒壶的故事》，回顾了顾彬本人的汉学研究之路。此外，从 1989 年开始，顾彬还主编了《袖珍汉学》和《东方方向》两本杂志，主要刊载德文文章。

综观顾彬的学术生涯，虽然"顾彬"这个名字在学术界和国界的"出圈"是通过"中国当代文学是垃圾"的新闻（事实上，已经有不少学者分析过，甚至顾彬自己也屡次澄清过，这是一条误传的言论），但抛开这段误解，我们会发现，作为一位汉学家的顾彬，是有着较高的学术成就的。他的研究兴趣广阔，涵盖了中国文学的各个阶段（包括中国古代文学和中国现当代文学）。

一 初露锋芒——《论杜牧的抒情诗》

顾彬早期的研究主要以中国古代文学和文化为主。年少时对诗歌的痴迷、青年时期李白诗歌的指引，以及初入汉学时以古代汉语为基石，顾彬最早的研究兴趣，自然聚焦在了中国古典诗歌之上。由此，顾彬在 1973 年的博士学位论文《论杜牧的抒情诗：一种解释的尝试》（*Das lyrische Werk des Tu Mu：Versuch einer Deutung*）便成为他在汉学界初露锋芒的敲门砖。在谈及为何会在攻读博士学位期间选择杜牧作为研究对象时，顾彬写到自己的汉学老师曾在与他交谈中，偶然吟诵起杜牧的一首诗《盆池》："凿破苍苔地，偷他一片天。白云生镜里，明月落阶前。"这首很少有人注意的小诗令顾彬大为赞叹，他觉得这首诗的意象太奇妙了，诗人的艺术表现造诣极高。于是，顾彬决定研究杜牧。在这篇论文中，顾彬从杜牧生活的时代背景及诗人的生平经历入手，深入分析了杜牧的政治观、历史观、自然观，同时，借"情与景"的关系，提出杜牧诗歌中存在的三重境界。

虽然这篇论文只是顾彬的最初尝试，但我们可从中窥见其后所展现出的一贯独到、结合了宗教、哲学、社会政治的跨学科研究方法。顾彬认为，对于杜牧诗歌的分析要系统而全面，不仅要将儒、释、道三种思想对杜牧创作的影响考虑在内，同时也要关注文学和文学所产生的社会历史之间相互作用的关系。因此，顾彬分别从杜牧的政治诗中的政治态度、写景抒情诗中的历史观以及杜牧诗歌精神背景中所凸显的自然观展开分析。在探讨杜牧的文学成就及历史地位时，顾彬提出，后世对杜牧的评价有两个倾向：其一是中国本土的学者们，他们倾向于过分强调杜牧诗歌的政治意义；其二则是来自西方汉学界，他们热衷于渲染杜牧的风流韵事及其作品中的香艳成分。显然，这两种评价都失之偏颇，粗暴而又浅薄。在顾彬看来，杜牧的诗歌用意象来表达思想。这让顾彬感到惊叹，因为"很长的一段历史时期，德国的诗先是'思'，然后才是'诗'，所以哲理诗很多。而中国古代的诗，却是以意向为主，好像诗中没有思想，也没有感情，其实思想感情都融注、渗透在诗中的人物或山水景物中去了"[①]。顾彬正是凭着自己对中国古典诗歌的精确理解，以王国维的"境界说"为指引，从"情"与"景"之间的关系考察了杜牧作品里的三重境界。最后，顾彬指出，杜牧的诗歌不仅有文学价值和诗学意义，更蕴含着深刻丰富的文化和历史维度。

二 "发前人所未发"——《中国文人的自然观》

1975年，顾彬完成了在北京语言学院一年的学习后回到德国，陆续在鲁尔大学东亚研究所、西柏林自由大学东亚研究所从事汉语教学工作

[①] 陶文鹏、陈才智：《"我喜欢中国古典意象诗歌"——德国汉学家顾彬访谈录》，《文学遗产》2007年第2期，第152页。

和对中国文学的研究。1981 年，他凭借论文《空山——中国文人的自然观》("Der Durchsichtige berg: Die Entwicklung der Naturanschauung in der Chinesischer Literatur") 获得教授资格。这篇论文的名称"空山"，颇有禅意，正取自唐代诗人王维的诗歌"空山不见人，但闻人语响"。顾彬曾在一次访谈中，向记者谈起《空山》一书的缘起。其时，顾彬正在日本学习汉学。在日本，他读到一位汉学家小尾郊一专门讨论中国人自然观发展的书——《中国文学中所表现的自然和自然观》[①]。他发现，这本书资料非常丰富，作者小尾郊一关于中国文人"自然观"的阐释也非常独到。唯一遗憾之处在于，小尾郊一只写到了六朝，而且"更多地是站在中国人的视角来看问题"。于是，顾彬也决定写一本讨论中国文人自然观的书，但他有意识地"站在欧洲人的视角来看问题"，并在论述时间上，涵盖了先秦到唐宋时期。[②] 1990 年，上海人民出版社出版了这本书的中文译本，并将之收入周谷城主编的"中国文化史丛书"之中，书名改为《中国文人的自然观》。

在这本书中，顾彬认为，中国传统自然观约于周至唐代的一千五百年间形成，这种自然观的特征，"是伴随着多变的宗教面貌而衍生的精神上的渐次归真"[③]。由此，他将中国文人的自然观进行了历史性的梳理，并将其发展演化分为三个阶段：其一"自然作为标志"，其二"自然作为外界"，其三"转向内心世界的自然"。他以《诗经》《楚辞》到唐代诗歌的文本为基点，分析文学文本中出现的自然描写，顾彬指出，文学文本中的自然描写，正展现出中国文人自身的自然意识。在这三个发展阶段中，"自然观"依次被视为相对于社会的"他者"面以及相对于我的"非我"面。而产生这种自然与社会、自我"对立"的主要原因，在于商周两代旧有世道的瓦解，汉朝地主阶级豪族及其后六朝贵族的兴起。顾彬在分析中，将文人的自我意识和自然意识相联系。在他看来中国文人

[①] 成书于 1962 年，后于 1989 年由戴燕译为中文，由上海古籍出版社出版，并收入"海外汉学丛书"中。

[②] 陶文鹏、陈才智：《"我喜欢中国古典意象诗歌"——德国汉学家顾彬访谈录》，《文学遗产》2007 年第 2 期，第 154 页。

[③] 陶文鹏、陈才智：《"我喜欢中国古典意象诗歌"——德国汉学家顾彬访谈录》，《文学遗产》2007 年第 2 期，第 153 页。

"自我意识"的出现，肇始于东汉末年，而在"自我意识"出现后，"自然意识"随之产生——从人认识了自我并渴望表现自我的那一刻起，其全部内心世界才有了自然感受"①。

虽然中国古代文学同自然的关系非常密切，其关于自然观的"完美"表现，甚至早于西方一千八百年。因此，学界历来都十分重视古典文学，尤其是对山水田园诗的研究。然而，学界在对中国古代文人的自然观的总体研究上却相对较为缺乏。顾彬的这本书一经出版，便引起了中国学界的兴趣。《中国文学中所表现的自然和自然观》的译者戴燕提到，如果将小尾郊一和顾彬这两部阐释中国文学中自然观的著作放在一起来读，会感觉到小尾郊一的叙事细腻敏感，顾彬的逻辑清晰、分析透彻，从而呈现出东西方学者在学术上的显著差异，"饶有趣味"。② 庞朴先生则夸赞顾彬在书中的观点是"发前人所未发"。

三 一部集"毕生心血"的文学史——《中国文学史》

在中国，从1904年林传甲编写的《中国文学史》开始至今，国内的中国文学史书写已历经百年。虽然最初国内文学史的书写起步于对西方的模仿，但经历了发展、繁荣和成熟，相关研究已收获颇丰。海外中国文学史的书写则开始于1880年俄国学者瓦西里耶夫的《中国文学史》，其间出现在我们视野中的、成就较大的有美国梅维恒（Victor H. Mair）主编的《哥伦比亚中国文学史》（*The Columbia History of Chinese Literature*，2001），孙康宜（Kang-I Sun Chang）、宇文所安（Stephen Owen）主编的《剑桥中国文学史》（*The Cambridge History of Chinese Literature*，2010）等。比较中西不同文化体系中对中国文学史的书写，在国内的文学史写作已经趋于僵化、缺乏创新的情况下，西方较受关注的文学史则大多体现出后现代理论文学史观的影响，从而为中国文学史的书写开启了新的面向。在这样的语境中，顾彬的中国文学史书写同样展现出令人惊喜的新视野。2008年，顾彬历时五年半组织编写的十卷本《中国文学史》

---

① ［德］顾彬：《中国文人的自然观》，马树德译，上海人民出版社1990年版，第63页。
② 戴燕：《在研究方法的背后——读小尾郊一〈中国文学中所表现的自然与自然观〉及顾彬〈中国文人的自然观〉》，《文学遗产》1992年第1期，第114—117页。

(*Geschichte der Chinesischen Literatur*)问世。这是迄今为止"西文中迄今为止卷帙最为浩繁的一部文学史巨著",也被称为"目前为止规模最大的西文中国文学史专著"①。参与编撰的学者包括卜松山、莫宜佳、司马涛等,都是德国当代最为活跃的汉学研究者。这部文学史以独特的视角与方法,对上下 3000 余年的中国文学进行了细致的描写、分析和阐释。它们分别为:《中国古典诗歌艺术史》《中国章回小说史》《中国中短篇叙事文学史》《中国古代散文史》《二十世纪中国文学史》《中国美学和文学理论》《中国戏曲史》《中国文学作品德译目录》《中国文学家小传(辞典)》以及《索引》共十卷。其中,《中国古典诗歌艺术史》《中国古典散文》《二十世纪中国文学史》由顾彬亲自撰写。顾彬的《中国文学史》是当时德语世界中第一套完整的中国文学史,这套书一经出版,便受到海内外学界的广泛关注。《中国文学史》的中文版则由北京外国语大学中国海外汉学中心负责翻译和组织筹备工作,十卷本中,截至 2021 年,已有 7 本被译为中文出版。

曾经在谈及海内外学者编写的文学史著作时,顾彬认为不少学者"喜欢以资料编辑的方法来写中国文学史"②,如写某位作家的出生背景、生平经历以及主要创作。这样的编撰方法,无疑以时间串联最为便捷省力。因此,对于这部文学史,顾彬自信地评价"力求出新",与以往的和目前西方出版的中国文学史都不大相同。这种"新",不仅在对文学作品本身的文本分析上,同时,也在写作思路和写作视角各个方面。但这在顾彬看来,显然已经成为文学史书写的"陈词滥调"。其实我们从该丛书各单元著作的题目中,便能泛略地了解一二。这部文学史并没有一以贯之地采用线性历史的叙述方式,而是以文类史的思路,按照题材如诗歌、小说、叙事文学来编写,从文学作品本身出发,发掘作品的思想深度,更清晰地展现了一个文类是如何在历史的进程中与社会发生关联的。本书仅考察顾彬在《中国文学史》中亲自撰写的《中国古典诗歌艺术史》

---

① 古今:《"汉学与国学之互动——以顾彬〈中国文学史〉为中心"学术研讨会发言摘要》,《国际汉学》2009 年第 2 期,第 287 页。
② 薛晓源:《理解与阐释的张力——顾彬教授访谈录》,《文艺研究》2005 年第 9 期,第 71 页。

《中国古代散文史》及《二十世纪中国文学史》。

顾彬的《中国古典诗歌艺术史》①为《中国文学史》的第一卷本。全书分前言、导言、正文五章以及一篇余论。本书深刻体现出顾彬编撰《中国文学史》的观念，即并不按照朝代分章节，而是从商周开始，到清朝结束的时期分为三个阶段：从商周到汉代的古代阶段、从魏晋到唐代的中世纪阶段以及从宋代到清代的近代阶段。在关注对象的选择上，顾彬提出，"我也不想包罗万象，把所有诗人、作品都包括进去，而是选择最好的诗人、最好的作品"②。

值得一提的是，顾彬在这本书中阐述了他个人对于中国古典诗歌的独特见解。他在对于诗歌文本的细读和分析中，融合了大量的哲学概念和哲学思想，他试图去讨论中国古典诗歌与宗教的关系，与"忧郁"（Melancholie）的关系，以及与"主观性"（Subjektivitat）的关系。中国是一个诗歌的国度，对于诗歌这一文体在中国的地位，顾彬认为其根本原因，源自殷商时期宗教庙堂的祭祀仪式中，文字和权力之间的特殊联系。他援引黑格尔对于艺术起源的阐释，即文学或艺术，总是"在它们各自同宗教的特殊关系中发展其特有的形式"③。另外，顾彬的中国古典诗歌史中有一条一以贯之的核心脉络，即诗歌与"忧郁"之间的关系。在顾彬看来，"忧郁"是一个极端浪漫主义的词汇。然而，中国古代文人的所谓"忧郁"与16世纪以后欧洲文人的"忧郁"完全不同，因为后者的忧郁源自"现代性"。前者的"忧郁"是一种关怀，不涉及个人情感的表达，而后者的"忧郁"则是一种认知模式，"一种生活态度，一种与生俱来的、被铭定的生活方式"④，它是绝对不能被克服的。顾彬关于中国古典诗歌的论述中的最后一条叙述红线，即为诗歌与诗人"主观性"的关系。顾彬认为，中西方诗歌中都存在诗人对于现实世界的主观观察。

---

① 《中国古典诗歌艺术史》为德语版名称的直译，其中文版更名为《中国诗歌史——从起始到皇朝的终结》，于2014年由华东师范大学出版社出版。

② 陶文鹏、陈才智："'我喜欢中国古典意象诗歌'——德国汉学家顾彬访谈录"，《文学遗产》2007年第2期，第154页。

③ ［德］顾彬：《中国诗歌史——从起始到皇朝的终结》，刁承俊译，华东师范大学出版社2014年版，导言第5页。

④ ［德］顾彬：《解读古代中国的"忧郁感"》，《清华大学学报》（哲学社会科学版）2004年第3期，第90页。

但在西方的诗歌中，诗人是作为独立的个体而存在。因而西方诗歌中的"主观性"，首先在于诗人作为一名个体的独立思考。但与此对应的，19世纪以前的中国古典诗歌与西方诗歌不同，封建中国无法孕育出以自我反思为基础的个体，因而也就不存在西方诗歌中"主观观察"的前提。中国的"主观性"依赖于权力和规制，不管在什么情况下，诗人"都把自己视为忠实的臣民，而且决不会认为自己是不依附任何人的作者"①。

除文学史的编排体式、论述的叙事方式外，顾彬所谓的"新"，最终源于一种个体的思维逻辑。顾彬提倡"有个人思想的'不同'的中国文学史写作"，《中国古典诗歌艺术史》充分体现了这一书写理念。顾彬面对中国古典诗歌发展进程的不同研究视角，如同他者之镜，为我们展开思考中国文学史的新面向。有效地突破了我国文学史研究千篇一律的雷同化倾向。

从中国古典文学到中国现当代文学，顾彬的学术生涯经历了明显的转向。而这一转向的根源，在于顾彬与鲁迅的相遇。在前文中我们提到，顾彬认为中国古典诗歌中的"忧郁"是一种不涉及个人情感的关怀，西方的"忧郁"则源自"现代性"。而当历史的车轮向前，中国文学终于开始步入与现代西方文学相似的轨道。从这一点上来说，顾彬"将鲁迅放置在中国现代性萌发的时期"，他是"中国现代性矛盾的一个前兆，一个预言性的表象"②。同时，鲁迅也是顾彬研究中国现当代文学的一个尺度，是 20 世纪中国最伟大的作家，代表着"中国的声音"。受鲁迅影响，顾彬转向现当代文学研究。他先是在 1994 年主持翻译了德文版六卷本的《鲁迅文集》，该文集在瑞士的联合出版社（Unionsverlag）出版。除此之外，他还翻译了一百多名中国现当代作家的作品。正是在此基础上，顾彬在 2000 年开始了他的《二十世纪中国文学史》的写作，该书于 2005年完成。2008 年，华东师范大学出版社翻译并出版了这部作品。

在《二十世纪中国文学史》序言中，顾彬开宗明义："我宁愿尝试去

---

① ［德］顾彬：《中国诗歌史——从起始到皇朝的终结》，刁承俊译，华东师范大学出版社 2014 年版，第 118 页。
② 肖鹰：《波恩的忧郁：罪与对话 汉学家顾彬和他的文学史观》，中国文学网，2009 年 8 月 21 日，http：//sinology.cssn.cn/xryjg/201605/t20160510_3311679.shtml，2023 年 6 月 28 日。

呈现一条内在一致的上下关联，就好像是借文学这个模型去写一部20世纪思想史。我完全清楚，这样一种上下文关联是人为的。它的产生当然要归之于一种阐释，而这种阐释顶多是也只能是许多种可能阐释中的一种"①。因此，这本书在书写逻辑上同样不落俗套。它先是以宏观的思维，简单地将20世纪中国文学分为三个部分：现代前夜的中国文学，民国时期的中国文学和1949年以后的中国文学。而在更为细致的叙事中，顾彬则从思想史的角度，勾勒了20世纪中国文学演变史，其中讨论了中国现代性发生的诸多重要问题，尤其是揭示出中国现代文学文化中"形象和现实的紧张关系"。《二十世纪中国文学史》中，顾彬将20世纪的中国文学置于世界文学的语境之中考察，将三种视角结合起来：站在宗教末世论的角度，将20世纪中国文学理解为一种世俗化的救赎承诺；将作家个体与国家、民族问题联系起来；把中国作家放在知识分子的层面分析。

不过，个人化的解读当然也会带来个人化的误读，这是为何此前学者对文学史书写会一向秉持一种尽可能所谓"客观、公正、贴近历史"态度的最重要原因（当然，绝对的客观永远无法到达，但面对历史，我们永远要保持一种敬畏和谦逊），同时这也是顾彬的文学史书写最为人诟病之处。王张博健在评价顾彬的《二十世纪中国文学史》时，便提出其笔下"历史景观不完整"的问题。跨文化的误读当然不可避免，但"这并不能成为文学史写作放弃求真求实努力的借口"②。当我们在称赞顾彬宏阔的世界观、比较文学的视野时，也许我们应当更加自信一些，要知道，一切来自他山的石头也许并非都是"宝玉"。

第三节　从古典到现代：海内外学界对顾彬汉学研究的梳理

综观目前学界对顾彬汉学研究的现状，我们会发现两个明显的不平衡——以纵向的历史来看，对顾彬中国古典文学的研究远比不上对顾彬

---

① ［德］顾彬：《二十世纪中国文学史》，华东师范大学出版社2008年版，第3页。
② 王张博健：《论顾彬中国现代文学史研究的方法论问题》，《中国现代文学论丛》2021年第2期，第110页。

中国现当代文学的研究；以横向的空间来看，顾彬的汉学研究在中国学界远比在西方学界更受关注。在此，我们将相关文献按照"对顾彬中国古典文学研究的研究"以及"对顾彬中国现当代文学研究的研究"两个部分来进行梳理。

一 对顾彬中国古典文学研究的文献综述

1990 年，刘小枫的《空山有人迹——读〈中国文人的自然观〉断想》发表于《读书》，他主要就顾彬的《中国文人的自然观》的写作视角和分析方法进行了整体的梳理。他认为顾彬的自然观分析是对自然意识本身的审视，旨在揭示历史中的自我存在基本意识及意识内的普遍整体因素，并以意识中的时间性作为贯穿全书的线索，使其文学史论著更具有透视力。戴燕 1992 年发表于《文学遗产》的《在研究方法的背后——读小尾郊一〈中国文学中所表现的自然与自然观〉及顾彬〈中国文人的自然观〉》则是通过将小尾郊一与顾彬的自然观研究进行比较的方式，发现在不同的研究方法背后显现出来的民族文化背景对思维方式和认知方式的影响作用。杜娟的《"望"与"思"和"上天"与"大地"：评述顾彬教授的〈李白的"静夜思"和艾兴多夫的"月夜"〉》发表于 2000 年的《解放军艺术学院学报》，在这篇论文中，正确的主要就顾彬对李白和艾兴多夫的诗歌比较进行分析。《"误解"因"瞬时的理解"而称义》是刘小枫在 2005 年为顾彬的文集《野蛮人来临：汉学何去何从》（文集的德文名称译为《汉学的迷途》）写的序言。他在这篇文章里从现代解释学发展的角度来分析顾彬对汉学研究中对"误解"的肯定。李永村在 2013 年发表于《赤峰学院学报》（汉文哲学社会科学版）的《德国汉学家顾彬对杜牧诗歌研究管窥》主要就顾彬的博士学位论文进行内容上的梳理，就顾彬对杜牧诗歌的研究角度进行分析。2013 年，《中国文化研究》发表了马剑的《视角与方法——读顾彬的〈中国诗史〉》，这篇文章对顾彬的《中国诗歌史》写作提出了一些个人的质疑与意见。2023 年，巫莉丽的《德国汉学家论孔子的宗教观——基于顾彬〈论语〉译本的副文本解析》发表于最新一期的《社会科学论坛》，在文中论者通过对顾彬《论语》译本的副文本进行解析，考察顾彬通过翻译行为实现的对孔子思想的传播，从而聚焦三个维度，来呈现孔子的宗教观。

此外，除了相关研究论文，与顾彬的古典文学研究相关的还有一些访谈录。如薛晓源的《理解与阐释的张力》（2005）主要涉及顾彬的十卷本《中国文学史》的写作和出版情况以及顾彬对中国文化的理解和阐释等。陶文鹏的《我喜欢中国古典意象诗歌》（2007）主要涉及顾彬的博士学位论文关于杜牧的研究，苏东坡、杜甫的诗歌研究及《中国文人的自然观》和《中国诗歌史》的写作思路等。周奕珺和包向飞的《情倾中国 执着汉学——德国汉学家沃尔夫冈·顾彬访谈录》（2014）主要涉及顾彬的古典文学研究历程及其对自身的古典文学研究和现当代文学研究的看法。李雪涛的《"让东西方都拥有并保留自身的特征"——对顾彬教授的采访》收录于《海外中国学评论》第3辑，这篇访谈主要涉及四个方面的内容：顾彬的生平以及对汉学的兴趣；波恩汉学学派；十卷本的《中国文学史》的写作以及顾彬对德国汉学的整体看法。

在海外，从整体上看，汉学界对顾彬的研究关注并不多。经过梳理，其关注点大多在顾彬对中国古典文学的研究之上。1978年，威尼斯大学汉学家兰侨蒂（Lionello Lanciotti）对顾彬的论著《论杜牧的抒情诗：一种解释的尝试》（*Das lyrische Werk des Tu Mu：Versuch einer Deutung*）作出评价。1979年，傅汉思（Hans H. Frankel）在《美国东方学会会刊》（*Journal of the American Oriental Society*）同样也针对前书发表书评。在书评中，傅汉思称赞顾彬对杜牧诗歌的翻译精良，阐释也相当精确。1992年4月，波恩大学举办了一场关于中国古典小说《红楼梦》的研讨会，与会者的参会论文集由瑞士伯尔尼的兰培德出版社出版。2000年，荷兰汉学名家伊维德（Wilt L. Idema）对该书的书评发表在《汉学书评》（*Revue Bibliographique de Sinologie*）上。1988年，伊维德又对顾彬的论著《中国文人的自然观》（*Der Durchsichtige Berg，Die Entwicklung der Naturanschauung in der Chinesischen Literatur*）发表书评，认为顾彬展现了他解读中国古典文学的新方法，以及精良的翻译水平和清晰的风格表达。总的来说，顾彬的这部书是对中国文学史上一个不容忽视的重要学术贡献。而对于顾彬的文学史巨著《中国文学史》（*Geschichte der Chinesischen Literatur*），美国汉学家倪豪士（William H. Nienhauser Jr.）先后两次给予关注。2005年，他先在《中国文学》（*Chinese Literature：Essays，Articles，Reviews*）杂志上对《中国文学史》第1卷《中国古典诗歌艺术史》发表书评，认为这部中国文学史中提出的一些概念和结论可能会引起争论，但"在这种规模的视野中，分歧不可避免"，无论如何"我们现在有了更有意义的讨论的起点"。2010 年，他则同样在《中国文学》杂志上，发表了他对《中国文学》第 6 卷《中国传统戏剧》（*Das Traditionelle Chinesische Theater vom Mongolendrama bis zur Pekinger Oper*）的书评，他认为，顾彬的这部著作肯定会引起人们对中国戏剧的普遍关注，同样的，这本书中所展现出的一些洞见也会让专业人士感到惊喜。

二 对顾彬中国现当代文学研究的文献综述

目前国内对顾彬的关注多集中在其现当代文学研究方面，因此相关文献多就"顾彬事件"及其《二十世纪中国文学史》而展开。

在顾彬的汉学研究经历中最令人印象深刻的当数"顾彬事件"，或者称为"中国当代文学垃圾论"。顾彬对中国当代文学的批判如一石激起千层浪，引发了中国文坛和中国文学批评界的强烈反响。一方面，以肖鹰和王家新为代表的学者肯定了顾彬的批评，认为他说出了很多人想说却不敢说的话。2007 年，肖鹰撰文《顾彬不值得认真对待吗?》，指出当前中国文学确实存在低俗化倾向，顾彬的这些言论正是切中了中国当代文学的要害。王家新则于 2007 年《新京报》发表《李白懂外语吗？也谈顾彬的批评及反批评》，他认为语言是切入文学问题的一个角度。这一观点也支持了顾彬对语言作为文学创作重要条件的看法。除此之外，余开伟也同样支持顾彬，他在 2010 年发表《对顾彬的"追杀"可以休矣》，认为这属于难得的国际文化交流，中外学者应该怀着开放、包容的态度，彼此借鉴，互相尊重。齐一民在他的《日本二次会》中撰文《顾彬说的未必对，但应允许他批评中国当代文学》，肯定了顾彬在《德国与中国：历史中的相遇》这本课堂授课记录中所表现出来的广阔视野和新颖思路，并指出顾彬来自中国近代文学源流之一德国的身份于他的评论而言，更值得中国学者关注。齐一民以非常讽刺和诙谐的语言指出，破解顾彬"垃圾论"的方法，实则是在让当代学者反思，顾彬言论对中国文坛的启示意义。

另一方面，有人认为顾彬根本不了解中国现当代文坛的实际情况，他是在哗众取宠。以刘再复为代表的学者是顾彬言论的强烈反对者。

2013 年,他在《驳顾彬》一文中认为顾彬的文学评论不尊重事实,妄言妄说,并且进行问题之外的人身攻击。陈平原认为顾彬的言论太过娱乐化,是为了迎合中国人"外来的和尚会念经"的心态,是对中国学术的越界,想要刻意引起媒体的关注。①

更多的学者以尽量客观中立的态度,站在不同角度对中国当代文学进行了深入的反思。从跨文化传播的角度看,很多文章的观点都具有广泛的意义。比如,李声凤于 2008 年发表《关于汉学的一点遐思》,在文中她将这场舆论风波归结到"民族情绪"上,认为顾彬此番言论可能是兴之所至,而质问者或许也是触碰到了某种民族情绪,涉及某种文化身份的认同;2009 年,李美皆在《顾彬式的偏激与走俏》一文抛开顾彬这一事件,从顾彬为什么在中国这么有影响力的角度分析问题,不同于陈平原和张莉认为国内对顾彬的追捧在很大程度上只是迎合了读者"崇洋媚外"的文学趣味。李美皆认为这主要是因为顾彬作为汉学家和翻译家的身份,这样的身份可以作为中国文学在国外的"代理人",把握着将中国文学向域外传播的话语权,所以更能受到国内学术界的重视;2009 年,植丹华的硕士学位论文《"顾彬事件"与中国当代文学批评话语生态反思》以"顾彬事件"为导入,重点分析了关于顾彬"垃圾"评语回应的反思,从而进一步探讨顾彬的语言观和"世界文学"的标准;2010 年,潘道正和李进超发表于《社会科学论坛》的《顾彬式批评:反击与反思》则从外语与标准、民族性与世界性、批评家的责任三个方面,对顾彬的言论进行了反思。王学谦在 2011 年发表的《本土化:天朝心态的现代变型——由"顾彬事件"引起的文化反思》则强调此事件主要不是文学问题而是全球化背景下文化冲突、文化融合的呈现。所谓的"中国经验""中国模式"等掺杂着中国文化根深蒂固的天朝心态;吴俊在 2011 年发表《顾彬的意义》,则是透过"顾彬事件",进一步通过顾彬和夏志清这两位对中国现当代文学影响较大的学者来思考中国与世界互动的历史与当下的情境。吴俊认为,我们不要怀疑洋人来华在文化乃至政治上的开放性结果,无论如何,我们将由此不断接触到多样的他者目光,并从中看清我们自身的丰富性和可能性;2017 年,赵洁在《媒体与文学批评新

---

① 肖鹰:《中国学者的大国小民心态》,《新京报》2007 年 4 月 3 日。

秩序——以"顾彬事件"为例》从传播学角度出发，探讨"顾彬事件"的社会文化语境，重构媒体与文学批评的秩序。

顾彬对《二十世纪中国文学史》的书写在国内的学界掀起了一股研究热潮。2020年，南开大学左安秋在《福建论坛》（人文社会科学版）发表《关于顾彬〈二十世纪中国文学史〉》若干史实的辨析。王张博健的《论顾彬中国现代文学史研究的方法论问题》发表于2021年的《中国现代文学论丛》，论者指出顾彬是需要我们认真研读反思的一个学术大家，但不是仅凭义气就可以随便攻击的廉价的标靶。2022年，孙东迪发表《比较视域下的个人文学史书写：以顾彬的中国当代文学史叙述为例》，论者认为，顾彬所写的文学史实现了向文本内部结构性的回归。此外，华中师范大学余迅的硕士论文《海外汉学中的"顾彬现象"研究》（2011）通过分析"顾彬事件"发展的过程，来探讨顾彬与中国现当代文学之间的联系。并通过比较顾彬和李欧梵的研究，来寻找国外汉学家与华裔汉学家之间的异同，对20世纪海外汉学做了一番整体性的研究。

西方学界对顾彬中国现当代研究的关注不多。1995年7月，顾彬在波恩大学组织了题为"忧郁与社团在中国"（Melancholy and Society in China）的国际会议，与会者讨论了传统中国文学和哲学中忧郁的起源、传统与现代文学中的忧郁，会后论文结集为《痛苦的象征：在中国寻找忧郁》（*Symbols of Anguish: In Search of Melancholy in China*）出版。2002年，伦敦大学亚非学院的巴瑞特（T. H. Barrett）在伦敦大学《亚非学院学报》（*Bulletin of the School of Oriental and African Studies*）发表了对该论文集的书评。

如果说，对于中国古典文学史书写的难度在于对浩瀚繁杂卷帙的梳理、处理好漫长的岁月与不同作品之间的关系、能够用一以贯之的思想勾连历史中散落的文学繁星的话，那么对于现当代文学史书写的难度，不仅在于著者是否有一双犀利睿智的双眼，去挑拣出真正于文学、于历史、于未来有所影响的文学声音；更在于著者是否有足够的勇气，面对着现世的喧嚣与吵嚷，仍然敢于去维持一份独立的、作为学者的自我本真。可以说，顾彬对于中国的文学史研究（不管是古典的，还是现当代的）做到了这一点。

平心而论，顾彬对于中国文学的评价，有些不可谓不偏颇。正是如此，他才会激起国内学界如此强烈的反应。但正如季进等学者所指出的"我们显然不能要求海外学者按照我们传统的文学史观来写文学史"，于我们来说，顾彬"毕竟体现了20世纪中国文学史叙述的另一种可能性，也为西方读者提供了20世纪中国文学的基本面貌，其价值和贡献是不容否认的"①。但我们在虚心求教、反思自我之余，也应当警惕国内学界存在的一种现象，王张博健曾犀利地评价，事件与解释行为具有历史性，但并不意味着它们就因此具有了"合法性"。具有巨大偏差的"误读"后便决然有个人化的文化价值判断，对此"我们也应当作出应有的回应"②。

顾彬将以往东西方普遍认为是游离于世界文学之外的中国文学重新放入整个世界文学之中，这是顾彬对中国文学的最大贡献。顾彬曾不止一次地在访谈、散文中提及，在当下的西方学界，尤其是德语学术圈中研究汉学的困境。"如果我放弃了，德国就没有人研究中国文学了。这个声音促使我不断地自我拯救，将中国文学的研究进行下去"③。从这一点来看，正如王安忆所说，顾彬对中国文学也许确实是"爱之深、责之切"④。幸运的是，多年来也正是通过顾彬的努力，一般的德国知识界和民众才得以认识一个相对"真正的中国文学"，一个西方人同样认同的有着文学特征而非只有政治标签的"中国文学"。

---

① 季进、曾攀：《文学·历史·阐释者——论顾彬的〈二十世纪中国文学史〉》，《社会科学文摘》2016年第8期，第109页。
② 王张博健：《论顾彬中国现代文学史研究的方法论问题》，《中国现代文学论丛》2021年第2期，第111页。
③ ［德］顾彬：《我把全部的爱献给了中国文学》，《南方周末》2008年11月28日。
④ ［德］顾彬：《我把全部的爱献给了中国文学》，《南方周末》2008年11月28日。

第 十 章

宇文所安与中国文学史

宇文所安（Stephen Owen，1946－ ）生于美国密苏里州圣路易斯市，美国著名汉学家，哈佛大学荣休教授。他从小就对诗歌感兴趣，14岁那年，他在巴尔的摩市立图书馆里随手翻阅，第一次读到了《白驹》英译本，中国唐朝诗人的忧郁吟诵深深吸引了少年宇文，也影响了他求学和事业发展选择，让他与唐诗和中国古典文学结下了一生的缘分。在汉学研究界耕耘数十载，他于 2018 年荣获汉学研究的最高荣誉——唐奖汉学奖。能够获此殊荣，也充分证明宇文所安是海外中国古典文学研究领域的巨擘。

身为地道的美国人，他的名字应该从英文原名"Stephen Owen"直译作"斯蒂芬·欧文"，据宇文所安自己说，他给自己取了中国姓氏"宇文，是因为他觉得自己的血液里有'胡人'的因子，他又从最喜欢的《论语·为政篇》的'视其所以，观其所由，察其所安'中摘得'所安'两字，作为自己的身份符号"[①]。身为汉学家，宇文所安能讲一口流利但洋味很足的中文，也能写一手繁体汉字。说到读古诗，一般的古诗爱好者，大多止于《唐诗三百首》，而宇文所安读的却是全唐诗，已经超过上万首！宇文所安希望中国故事爱好者能遍布全世界。宇文所安的出现，大力推动了包括唐诗在内的中国古典文学走向全世界、进入世界文学。

1966 年，宇文所安开始攻读耶鲁大学中文学士学位。耶鲁大学专门建立了耶鲁东亚语言文学系和耶鲁东亚研究委员会，成为美国汉学研究

---

① "个人图书馆"：《为唐诗而生的美国人：宇文所安》，2018 年 10 月 3 日，http：//www.360doc.com/content/18/1003/19/9570732_791667956.shtml，2023 年 6 月 27 日。

重镇之一。耶鲁大学向中国语言文学专业的本科生、研究生、博士生提供相应课程支持，促使东亚文化研究在北美得以发展。但据宇文所安回忆，在当时的情境下，他是第一个就读东亚语言文学与文化的本科生，就连他的大学导师都试图阻止他这个决定，但是宇文所安下定决心一定要学习研究东亚语言文学，而这一学就是一生。他在耶鲁大学受到了良好的汉学研究学术氛围的熏陶，接触了大量中西语言文化相关资料，并学习了多国语言，这为他进行汉学研究奠定了重要的语言文字基础。

1968年大学毕业后，宇文所安师从耶鲁研究院德裔美籍汉学家傅汉思（Hans H. Frankel）继续自己的汉学研究，攻读中国古代文学博士。傅汉思是著名汉学家、耶鲁大学东亚语言文学系教授，也是英美新批评的积极倡导者，他的主要研究对象是中国古典文学，研究成果大都被翻译成中文，包括《追忆：中国古典文学中的往事再现》《晚唐：九世纪中叶的中国诗歌》等。但宇文所安在耶鲁大学攻读中国古代文学博士之时，未能有机会来中国提升语言能力和文学修养，只得退而求其次赴日本留学一年，得到了日本著名汉学家清水茂、吉川幸次郎等学者的指导。

1972年获得中文博士学位后，宇文所安得到了在哈佛大学比较文学系和东亚语言文明系任教的机会。任教期间，宇文所安也遇到了自己的人生知己和爱妻——田晓菲。田晓菲目前为哈佛大学东亚系中国文学教授，她与宇文所安亦师亦友，一起致力于中国传统文化研究。宇文所安在学术研究和生活上，都得到田晓菲的大力支持，宇文所安的《他山的石头记：宇文所安自选集》由田晓菲整理、翻译、出版。2018年，执教四十余年的宇文所安从哈佛大学荣休。

宇文所安的中国文学史研究在中西方文化的长期滋养中不断成长和发展，在中国古典文学，特别是中国诗歌领域写作或编辑了三十多本书、文章和选集，并且完成了杜甫全诗六卷本的翻译工作。为了表彰他跨越多学科边界的开创性工作，在1997年其被授予詹姆斯·布莱恩特·科南特特级教授的荣誉，之后他相继获得富布赖特奖学金、古根海姆学者奖、梅隆基金会杰出成就奖以及其他许多奖项和荣誉。2018年，宇文所安获得第三届唐奖汉学奖——汉学研究的最高荣誉。2019年，他研究宋词的新著《只是一首歌：中国11世纪至12世纪初的词》（*Just a Song: Chinese Lyrics from the Eleventh and Early Twelfth Centuries*）出版，并于2020年斩获有"汉学界诺贝尔奖"之称的"儒莲汉学奖"。宇文所安作为海内外中国古典文学研究、跨文化翻译的标志性人物和领军人物，所获成就无数，其学术地位也已得到中外学者的共同认可。宇文所安的研究范围至少涵括跨文化、文本解读、文学史等多个领域。宇文所安细致地探查了中国唐诗的独特韵味，由此激发了其对中国古典文学的热爱，致力于厘清中国文学史的发展脉络，建构一套完整的中国古典文学批评话语体系。

第一节　宇文所安的唐诗研究

宇文所安对于唐诗的研究可谓是独步全球。在某读书网站相关条目下，读者们热情地称宇文所安为"美国文青""一个深深迷恋中国古典诗歌的美国人""可爱的老头"。① 在他的课堂上，学生们似乎能穿越千年与唐代诗人进行对话，深厚的学养让他的课堂生动有趣，学生听他讲解唐诗仿佛就能够和已经逝去千年的诗人进行对话。宇文所安欣赏中国古典的文学之美，从中西方比较视域下对于中国古典文学进行研究，以自己独特的见解突破中西方文论体系的束缚，提出了许多令人耳目一新的研究方法和视野，这或许是宇文所安作为汉学家的独特魅力与成就。拥有深厚中西文化理论基础的宇文所安，强调文学与历史的联结性，而且总是能对文本进行精细解读，特别留意那些传统文论和传统文学史所无法容纳或者刻意忽略，但实际上对文学发展有巨大的潜在影响力的东西的表达。"文学文化史"的研究方法，"去经典化"的叙述策略、"举隅法""非虚构诗学"等种种理念贯穿宇文所安学术生涯的始终，成为其诗学思想的研究特色和独特成就。宇文所安早期主要聚焦中国古典文学唐诗的研究，并出版四部著作：《初唐诗》《盛唐诗》《追忆——中国古典文学中的往事再现》《韩愈和孟郊的诗歌》。

宇文所安的《初唐诗》（*The Poetry of the Early Tang*）出版于 1977 年，英文原版发行 10 年之后中译本问世。宇文所安将该专著第一部分命

---

① 澎湃：《宇文所安：我在解构的家族中是个异类，因为我是个历史主义者》，2022 年 6 月 5 日，https：//m. thepaper. cn/baijiahao_18424633，2023 年 6 月 27 日。

名为"宫廷诗及其对立面",阐释了宫廷诗的规范写法,这些写法的演进也产生了对立诗论,而其目标则带有复古的倾向;著作的第二部分以初唐四杰为分析对象,还原了"脱离宫廷诗"的过程;第三部分以陈子昂为个案分析文学传统的延续问题;第四部分转向武后时期的宫廷诗;第五部分则论述张说与盛唐的关系,证明初唐与盛唐之间并非泾渭分明,而是在相互交融中完成过渡。贾晋华认为就研究取向而言,《初唐诗》有三个方面的特色:一是围绕诗歌发展的主流,勾勒诗史之轮廓;二是运用形式主义理论,探讨诗歌内部结构及规律;三是评析诗人诗作,使用多义性、时空观念等概念来阐释文本。①

《初唐诗》的出版并未在中国引起广泛关注,《盛唐诗》对唐诗史的建构引起较大反响。1981 年,《盛唐诗》(*The Great Age of Chinese Poetry-The High Tang*) 英文版由耶鲁大学出版社出版;中文版则于 1992 年由贾晋华翻译,黑龙江人民出版社出版。在全书的第一部分"盛唐的开始及第一代诗人"中,宇文所安对于初唐前期的诗人进行了细致的分类,将初唐和盛唐的背景联系起来,形成了从《初唐诗》到《盛唐诗》的过渡。第二部分则命名为"后生:盛唐的第二代和第三代诗人",对岑参、杜甫、元结、《箧中集》及另外一些诗人的解读构成了前四章。"八世纪后期的都城诗传统""东南地区的文学活动""韦应物:盛唐的挽歌"构成了后三章。《初唐诗》《盛唐诗》相继出版后,学术界对于唐诗史体系建构的评论文章也大量涌出,学者们大都肯定了宇文所安的立论,但是也指出了一些问题,包括对于唐诗的误读,阐释的可研讨性等。"宇文所安是以中国文化研究者的身份进入文学史的,他一方面不可避免地以本土文化观照中国文学,另一方面也试图进入中国文化语境,形成有效的中西对话,进而达到阅读经典的客观性和有效性"②。

《追忆——中国古典文学中的往事再现》(*Remembrances: the Experience of the Past in Classical Chinese Literature* 1986,中文版 2003)(以下简

---

① 田恩铭、陈雪婧:《宇文所安的中国影响》,《咸阳师范学院学报》2022 年第 1 期,第 103 页。

② 田恩铭、陈雪婧:《宇文所安的中国影响》,《咸阳师范学院学报》2022 年第 1 期,第 104 页。

称《追忆》）是一部呈现随笔式文体样态的小篇著述。在这本书中，宇文所安打破学术陈规，创造出"将文学、文学批评以及文学研究融为一体"的新文体。[①] 20 世纪 90 年代初，此种写法在当时并不常见，《追忆》的中译本传播开来后，其影响力不在《初唐诗》《盛唐诗》之下。《追忆》最初由上海古籍出版社出版，后由生活·读书·新知三联书店收入"宇文所安系列"丛书而不断重印。《初唐诗》《盛唐诗》《追忆》等著作在中国的成功传播，使宇文所安在汉学界及中国古典文学研究界声名鹊起，尤其推动了唐代文学研究。

第二节 宇文所安的中国古典文学史研究

宇文所安抛开传统的文学史话语模式，回归历史语境，挖掘诗歌的真义。例如，宇文所安对于唐诗研究很重要的一个方法就是将诗人和作品与具体历史语境放在一起做整体评述，在《初唐诗》中说："我撰写这本书的初衷是为盛唐诗的研究铺设背景，但是我却发现，初唐诗比绝大多数诗歌都更适合于从文学史的角度来研究。"[②] 由初唐到盛唐，再到中唐和晚唐，是他文学史观念的系列体现。学者史冬冬则发现宇文在书写唐诗史过程中的"破执"观念，他认为宇文的研究法"从文学史的中观层面，打破唐诗史的传统叙事和历史观念，提出了一些有意义的范畴，如初唐的'宫廷诗''对立诗论'，盛唐的'京城诗'等，以这些普遍性的范畴贯穿唐诗史的写作"[③]。再如，在《剑桥中国文学史》中，宇文所安打破了按朝代划分来介绍和评述诗人的传统，还使用了"去经典化"策略，即淡化对传统意义上经典作家作品的关注，如杜甫、陶渊明等，反而对传统文学史不太重视的作家作品着墨颇多。宇文所安承认，绝对真实的历史是不存在的，但是我们可以尝试不断接近它。在这种文

[①] 冯金红：《宇文所安：激活中国传统的"异乡人"》，《中华读书报》2014 年 4 月 9 日第 14 版。

[②] ［美］斯蒂芬·欧文：《初唐诗》，贾晋华译，广西人民出版社 1987 年版，第 7 页。此处的斯蒂芬·欧文与宇文所安为同一人。

[③] 史冬冬：《在传统中破执——论宇文所安的中国古代文学史观》，《湖南师范大学社会科学学报》2012 年第 3 期，第 117 页。

学史观的影响下，宇文所安对于中国古典文学的评析和阐释跳出了传统的中国文学研究框架，为我国学者提供了新的研究视域和研究范式。

在研究中期，宇文所安主要聚焦中国古典文学文论，利用比较文学视野、跨文化翻译、文论话语转型等理论和视野，对于中国文论进行了翔实细致的探讨，出版了《中国文论：英译和评论》（*Readings in Chinese Literary Thought*，1992；中译本2003）、《迷楼：诗与欲望的迷宫》（*Mi-Lou Poetry and the Labyrinth of Desire*，1989，中译本2003）、《他山的石头记》（*Tashande Shitou Ji*，2002；中译本2003）、《韩愈和孟郊的诗歌》（*The Poetry of Meng Chiao and Han Yu*，1975；中译本2004）、《中国中世纪的终结：中唐文学的文化论集》（*The End of the Chinese "Middle Ages": Essays in Mid-Tang Literary Culture*，1996；中译本2006）等多本重磅著作。

《中国文论：英译和评论》（*Readings in Chinese Literary Thought*）① 是宇文所安在中国学界影响最大的文论集之一。这部文论读本英文版出版于1992年，2003年中文译本由我国学者王柏华和陶庆梅翻译并由生活·读书·新知三联书店出版，一发行便很快售罄，足以见得宇文所安在中国学界的影响。这本文论读本是宇文所安在耶鲁大学讲授中国文学理论期间编选、翻译和评注的中国传统文论经典读本，所涉作品从先秦早期经典到著名的《诗大序》《典论·论文》《文赋》《文心雕龙》《二十四诗品》《六一诗话》，直至清初王夫之和叶燮几近现代意义上的文学理论和文学思想。宇文所安以西方诗学传统为参照，通过英文翻译和文本解说的方式，为读者梳理和阐发了中国文学思想的渊源与发展脉络。该书的中西传统互照模式使其成为东西方读者阅读和了解中国传统文论的必读经典之一。

《迷楼：诗与欲望的迷宫》（*Mi-lou: Poetry and the Labyrinth of Desire*，1989）是宇文所安比较诗学研究的代表作。20世纪80年代中西学界均流行"比较文学"，而宇文所安恰好兼有中西方文学理论的深厚基础，在《迷楼：诗与欲望的迷宫》中，他像一个手捧诗歌百宝箱的魔术师，通过一些独特的线索、意象与母题，充满想象力地将古今中西的各种充满爱

---

① 后于2019年再版更名为《中国文学思想读本》。

欲的诗歌串联到一起，既出人意料又似醍醐灌顶。①《迷楼：诗与欲望的迷宫》中"迷楼"原指隋炀帝在 7 世纪初建造的一座供其恣意享乐的宫殿，其本义就是"让人迷失的宫殿"，无论是谁进入迷楼，就会迷而忘返。宇文所安这部著作模仿迷楼的架构，将来自多种文化、多个历史时期的诗歌放在一起进行深入探讨。从《毛诗序》《诗品》到贺拉斯《诗艺》、雪莱《为诗辩护》，宇文所安由此辨析诗歌的作用和价值，用文本诠释艺术的力量。在这篇书评的结尾，宇文所安鼓励读者用自己喜爱的读法去品味文学，而不必拘于一格。

2004 年和 2006 年分别出版了宇文所安的《韩愈和孟郊的诗歌》和《中国中世纪的终结：中唐文学文化论集》中译本，然而两本著作产生了不同的影响，有关前者的研究寥寥无几，后者则引发唐宋文学转型的新思考。《韩愈和孟郊的诗歌》是宇文所安聚焦中唐作家唯一的专著，这部著作分为三个部分：第一部分叙述孟郊和韩愈早期的诗歌创作史；第二部分用联句将两人联系起来，聚焦孟郊和韩愈的山水诗、神话诗；第三部分则从险怪诗派入手叙述韩愈晚期的创作历程。② 作为宇文所安唐代文学"四部曲"之三，《中国"中世纪的终结"：中唐文学文化论集》则成为研究者阐述文学转型问题的出发点。宇文所安认为中唐是中国的一个历史分水岭，某种程度上是一种"现代"的开端。他这样解释道："中唐既是中国文学中一个独一无二的时刻，又是一个新开端。自宋以降所滋生出来的诸多现象，都是在中唐崭露头角的。在许多方面，中唐作家在精神志趣上接近两百年后的宋代大思想家，而不是仅数十年前的盛唐诗人。"③ 由此读者可以更好地理解为何中唐意味着"中世纪的终结"。

《他山的石头记——宇文所安自选集》（*Borrowed Stone：Stephen Owen's Selected Essays*）（以下简称《他山的石头记》）是宇文所安的自选文集，由他的妻子田晓菲翻译，该中译本由生活·读书·新知三联书店于 2003

---

① 冯金红：《宇文所安：激活中国传统的"异乡人"》，《中华读书报》2014 年 4 月 9 日第 14 版。

② 田恩铭、陈雪婧：《宇文所安的中国影响》，《咸阳师范学院学报》2022 年第 1 期，第 107 页。

③ ［美］宇文所安：《中国"中世纪的终结"：中唐文学文化论集》，陈引驰、陈磊译，生活·读书·新知三联书店 2006 年版，第 6 页。

年首度出版。宇文所安用介于论文与散文之间的独特文体，对中国文学史的经典篇章进行细读，以历史主义的方式提出全新的视角与观点。和《初唐诗》《盛唐诗》等专题研究不同，《他山的石头记》走出了唐朝——从《诗经》《左传》到《史记》《汉书》，从六朝文赋、唐宋诗词再到"新书远寄桃花扇"，他的考察贯穿了中国文学史的基本脉络，这种看似轻松跃动的文笔，极大地挑战了固有文学史的书写模式，对中国文学史的传统活力进行了整体思索，突破性地探讨了中国文学、文化传统在全球主义背景中的价值。①

可称为"中期"的这一阶段是宇文所安文学研究的拓展期，更是其中国影响的扩展期。《中国文论：英译与评论》《中国中世纪的终结：中唐文学文化论集》为他带来了更大的声誉，《迷楼：诗与欲望的迷宫》是对《追忆》写法的延续，却呈现出不同的面相。语言创造力十足的宇文所安正走在阅读中国文学文本的路上，这条路越来越宽阔，已经展现出自成一家的气象。

"举隅法"是宇文所安在比较诗学视域下提出的中国古典文学新研究方法。翻看宇文所安的作品，我们常常感佩于宇文所安对于诗歌的精妙解读以及对于文本的准确把握。作为一个美国人，宇文所安是如何理解并阐释中国古代文人的作品的呢？宇文所安的应对之策就是"举隅法"（Synecdoche）。值得一提的是，2008 年，宇文所安第一次来华演讲的题目就是《说烟：想象的举隅法》（*On Mist*：*Synecdoche of the Imaginary*），简要地说，"'举隅法'是宇文所安从中西比较诗学的视野出发所提出的对于中国古典文学传统的认识，是同传统西方文学的隐喻法（metaphor）相对应的一种认知形态（mode of knowing）"②。用宇文所安自己的话来说，就是"以部分使你想到全体，用残存的碎片使你设法重新构想失去的整体"③。以杜牧的《赤壁》一诗为例，埋没在沙子中的"折戟"便是

---

① 三联学术通讯：《新书预告｜宇文所安〈他山的石头记〉（新版）》，2019 年 4 月 25 日，https：//www.sohu.com/a/312196809_669279，2023 年 6 月 27 日。
② 王嫣慧、汤拥华：《"举隅法"与宇文所安的中国古典文学研究》，《文化与诗学》2020 年第 1 期，第 114 页。
③ ［美］宇文所安：《追忆：中国古典文学中的往事再现》，郑学勤译，生活·读书·新知三联书店 2014 年版，第 2 页。

"部分",而"赤壁之战"以及由赤壁之战所引起的古今之思才是"整体"。在阅读的过程中,宇文所安特别强调运用文本细读的方法,通过把握诗人的体验和诗歌的历史背景来还原作品的意义世界。宇文所安身为西方学者,他对中国古典文学的研究不可避免地受到西学的影响(如新批评和解构主义),但是他在研究过程中避免直接使用西方理论,而是关注中国传统文学的独特性,并试图用"举隅法"概括出中国古典文学的"非虚构传统"特质——"诗歌通常被定义为非虚构;它的表述被当做绝对真实"[1]。

宇文所安在研究中注重社会历史背景之整体与文学作品细节之间关联紧密。"在非虚构的传统下,尽管我们可以将文本所呈现出来的断片以及一些已知的历史背景视为一种'真实',但是他们终究是一些碎片,碎片碎片中间总有些东西失落了。为此,我们必须通过想象的方式将碎片和碎片粘合在一起"[2]。中国古典文学是对真实世界的描述,构成了"世界—诗人—诗"的动态对照关系,这既是宇文所安对于中国古典文学的深刻洞察,也是其进行文学批评的前提。

第三节 宇文所安的跨文化翻译研究

除了唐诗研究,宇文所安在翻译上也取得了突出成就,是中国古典文学领域的另一项重要贡献。宇文所安一直想将中国古典诗歌纳入世界文学,而翻译则成为最好的方式。宇文所安多次在译本序言中阐明自己从事翻译活动的缘由,即通向世界文学的理想:从一个全球化的语境下更宏大的思维框架来思考,用精巧的翻译作为媒介,使得中国文学和文化不再是传统的国别文学视域下的地方性知识,而是世界文学视域下的普遍的知识。[3]

---

[1] [美]宇文所安:《中国传统诗歌与诗学:世界的征象》,陈小亮译,中国社会科学出版社2013年版,第16页。

[2] 王嫣慧、汤拥华:《"举隅法"与宇文所安的中国古典文学研究》,《文化与诗学》2020年第1期,第112—133页,第131页。

[3] 陈婷婷:《中国古典诗歌英译的探索者——宇文所安的诗歌译介路径与特质》,《中国翻译》2020年第3期,第97页。

宇文所安先后出版了包括唐诗在内的、涉及文学英译的中国古典文学研究专著十余部，包括大量中国古典诗歌和文论，初唐诗、盛唐诗和晚唐诗七百余首。早在 1996 年，宇文所安选编的《诺顿中国文学作品选：初始至 1911 年》(*An Anthology of Chinese Literature*: *Beginnings to 1911*, 1996) 就将 1911 年前的中国文学，包括诗歌、散文、小说及戏曲等以选集的形式翻译介绍给西方学子，成为中国古典文学的必读教科书。《中国文论：英译与评论》(2003) 是宇文所安在哈佛大学讲授中国古典文论的教案集结，当中有从《诗大序》《典论·论文》《文心雕龙》到《沧浪诗话》《原诗》等主要中国古典文论的英译及评点。宇文所安的翻译和阐释充满真知灼见，读者大呼读来有醍醐灌顶之感。在众多诗人中，宇文所安对杜甫情有独钟。2005 年，宇文所安获得"梅隆杰出成就奖"，此奖也成为宇文所安翻译《杜甫诗》的赞助基金。他在美国主持成立了"Library of Chinese Humanities"（中华经典文库）的翻译委员会，拟参考著名的洛布丛书（拉丁文与希腊文经典文库），精选中国传统典籍中的代表作英译出版。这是一个长期而系统的翻译计划，而《杜甫诗》就是这套丛书的第一部，宇文所安耗时八年独自翻译了杜甫全集，而且称杜甫是"中国最伟大的诗人"。中国古典诗歌讲究"炼字"，有限的诗行给以人无限的想象空间，而宇文所安十分注重文本细读，翻译前的文本细读工作为他的翻译阐释提供了精准的限度，即能"以文本为依据，在文本所提供的整体之中去凸现其语境所明示或暗喻的意义"[1]。宇文所安所翻译的每篇唐诗，用字流畅，情景栩栩如生，宛如英文的原创诗。《杜甫诗》英译本的出版机构选择的是位于德国柏林的德古伊特 (De Gruyter) 出版社，该出版社是一家长期致力于翻译和传播中国文学、文化经典的学术出版社，译本一边是中文，书的另一边是英文，既可以服务不懂中国文言文的西方学子，也可为中国学者提供英文对照。

宇文所安有两种翻译实践。一种是实用性的：为了让不通中文的学生通过译文学习汉语诗歌，在教授这些诗文时，他常不动声色地观察学生脸上的表情，以此判断"哪些文本是成功的，哪些不成功"。另一种翻

---

[1] 许钧：《简论理解和阐释的空间与限度》，《外国语》2004 年第 1 期，第 60 页。

译实践则使用非同寻常的"戏剧化"手段：他仿佛化身为莎士比亚或《桃花扇》的作者，把翻译的中国作家想象成不同的角色，赋予他/她们不同的个性及言说方式，以便在译文中传达万千种感性而微妙的诗意的"差别"，并由此突破对英译汉语诗的类型化陈见。

宇文所安一生致力于中国古典诗歌的译介和研究，他的译文兼顾文学性和学术性，兼顾实用性和趣味性，在文本细读的基础上，跨越了中西方文化语境束缚，为中西方学子的学习和研究提供了丰富严谨的参考资料和模式范本。宇文所安用自己的才情，怀抱对中国文化的热爱之情，用英文讲述中国诗、翻译中国诗，对中国古典诗歌在英语世界乃至全世界范围内的译介和传播做出了卓越的贡献。

第四节　宇文所安的中国文学研究体系建构

宇文所安自称"唐诗世界的异乡人"，他在中国古典文学的累累成就充分体现了他对于中国文化真挚的热爱，并且让读者深深感受到他个人成就与功名之上的学者风范，体现了其真正视学术和文化为"人类共同财产"的视野与抱负。他始终认为中国古典文学并非中国独有，"一个文化传统，就像一个故事说的魔术师的盒子一样，给出去的越多，得到的也越多。如果你一定要把持着，强调这是'我们的'文化遗产，强调文化对'真正'的不可解性，这种态度是有害的"[1]。这种思想真正符合了"美人之美，美美与共"的中国文化理念。作为研究中国古典文学的西方学者，宇文所安从来没有认为与中国的学者相比，自己会因为身份而处于劣势。因为他认为对于现代中国学者来说，他们与唐朝的距离同自己一样远，身为海外中国文学学者群体中的一员，宇文所安认为这个团体是多元的，没有所谓的"外国学者"或者"本土学者"的特权，而中国学者总是称宇文所安为"他者"视角，这其实跟近现代中国的文化自信缺失和民族身份等概念的出现有关。

---

[1]　[美]宇文所安：《汉学家宇文所安谈唐诗：不要给诗人排座次》，《上海作家》2014年7月9日，http://www.spcsc.sh.cn/renda/node5661/node5663/node22024/u1ai6027642.html，2023年7月6日。

研究后期是宇文所安产生全面影响的重要阶段，他在不断推出重量级文学史著作的同时，也通过各种选集奠定其不可或缺的文学史家地位。这一时期的代表作包括《晚唐：九世纪中叶的中国诗歌》(*The Late Tang*：*Chinese Poetry of the Mid—Ninth Century* 2006；中译本 2011)、《中国早期古典诗歌的生成》(*The Making of Early Classical Poetry* 2006；中译本 2012)、《剑桥中国文学史》(*The Cambridge History of Chinese Literature* 2010；中译本 2013)、《杜甫诗歌英译》(*The Poetry of Du Fu*，2015)。其中，《剑桥中国文学史》带动了学术界长期面对的如何书写文学史话题，这一话题引发学者的反思与对话。至此，宇文所安的中国文学研究形成体系化成果。

宇文所安在以"学术散文"的方式串联中唐文学文化史的尝试之后，《晚唐：九世纪中叶的中国诗歌》貌似又回到了传统的文学史架构，为其"四唐"系列拼上了最后一块版图。该书以对杜牧、李商隐和温庭筠的新颖而精审的解读，勾勒出处于中唐余韵中的晚唐诗歌，在"回瞻"与"迷恋"中既实践着独立的诗歌"写作"，又恰如其分地记录了大唐王朝逐渐解体过程中文人们的体验、情感和他们视野中的世界影像，而对当时诗歌语境和手抄本文化的揭示和强调，又使《晚唐》的文学史视野别具怀抱，从而对重新理解晚唐的文学文化乃至社会和历史转型饶富启示。[1]

《中国早期古典诗歌的生成》出版引起了极大反响，该书与《晚唐》聚焦的问题类似，却采用完全不同的研究方法。《中国早期古典诗歌的生成》展现了文学研究的另一面：宇文所安研究诗歌的内在运作机制，以及诗歌主题的筛选与呈现原则。正如学者许继起所言，"《中国早期古典诗歌的生成》一书在手抄本的立场上，对中古诗歌的文本生成和诗歌创作进行解读，对我们重新认识中古诗歌的文本面貌以及创作特点有一定的启发意义"[2]。中国"非虚构"诗学传统这一重要命题出现在宇文所安

---

[1] "豆瓣读书"：《〈晚唐〉内容简介》，https：//book.douban.com/subject/5914507/，2023年6月27日。

[2] 许继起：《略论手抄本时代的文本生成与诗歌创作——兼谈〈中国早期古典诗歌的生成〉中的几个问题》，《东岳论丛》2014年第8期，第67页。

的《中国传统诗歌与诗学：世界的征象》中，宇文所安对此作出了全面阐发、论述。套用费罗诺萨发现中国文字是诗歌的理想语言的句式，可以说，宇文所安发现非虚构诗学传统中的中国诗歌是理想的诗歌，其创作灵感源泉的喷涌得益于自然多样性的激发。该论点颠覆了西方文学传统中的诗歌作为神性的诗人创造的第二自然的论调。阅读中国诗歌须放弃将诗歌作为语言结构进行分析的观念，而应栖居于同时代诗歌语境中聆听真实的声音。①

由孙康宜、宇文所安主编《剑桥中国文学史》的中译本一经出版就引起了强烈反响。《剑桥中国文学史》分为两卷，横跨三千载，上卷自甲骨文青铜文研究开篇至金末明初文学结尾，下卷自明代前中期开篇至1949年的近现代中国文学结尾，可以说囊括了几乎所有历史时期的中国文学，整本书由十多位作者写成，多位译者合译中文版，可谓是工程浩大。相对于传统的文学社会学分析，宇文所安也十分注重文学文化史的呈现，更重视物质文化发展——如手抄本文化、印刷文化、杂志与报纸副刊等——对文学的影响；相对于对作家个体的强烈关注，更注重文学史的有机整体性，以及对一些倾向和潮流的梳理；相对于以朝代断代，宇文所安将文学史与政治史重合，更强调文学、文化的历史自主性等问题。《剑桥中国文学史》与《哥伦比亚中国文学史》引发了文学史如何生成的探讨，蒋寅、方铭、陈文新、魏崇新、徐志啸等中国学者纷纷发表论文，一时成为热门话题。

宇文所安指出了中国学者的局限性，"中国有自己传授中国文化的体系，从很小的时候就统一对国家文化的认识。这种教育的模式（mold）总是给你灌输各种知识和观念，传统的课程重复同样的内容。他们都相信重复的东西，认为中国文学是中国的身份，一定要保护它，避免发生实质性的改变，避免变成死的东西，这就要不断地重复同样的内容"②。田晓菲指出这种现代知识分子的焦虑是"一个因素是文化自信

---

① ［美］宇文所安：《中国传统诗歌与诗学：世界的征象》，陈小亮译，中国社会科学出版社2013年版，第71页。
② 钱锡生、季进：《探寻中国文学的"迷楼"——宇文所安教授访谈录》，《文艺研究》2010年第9期，第69页。

的缺乏，另一个因素就是现代民族国家的兴起还有现在的全球文化"①。宇文所安直言，他不喜欢"传统的中国文化"的概念，因为在他看来，中国文化是变动不居的历史，所以在其著作《剑桥中国文学史》中提出了"文化唐朝"（Culture Tang）的概念，打破了以政治年代划分文学历史的传统，转而通过诗人的文学特点来进行划分。"一个文化传统要繁衍下去，一定要有新的解读、新的阐释，注入新的活力。现代中国似乎有这样一种想法，认为西方的文学是讲述普遍人性的东西，所以人人可以理解，而中国古代文学仅仅属于古代，由中国所独家拥有。这是一个陷阱。"在宇文所安看来，中国文学如果没有进入世界文学的视野，则将不会深入发展下去。中国许多文人学者都将中国文学当成是中国文化的优秀成果来传授和译介，而不是将其当作最伟大的诗歌、散文和小说来看待，事实上《红楼梦》与《堂吉诃德》为同样伟大的小说。"在全球化的语境下，中国文学与中国文化的传统将成为全球共同拥有的遗产，而不仅仅是一个国家的所有物。"②使中国文学成为一种普遍的知识。只有这样，中国文学与中国文化才能永远保持它的活力，宇文所安多次强调将中国文学纳入世界文学的范畴，认为比较文学为国内学者提供了新的视野，在中国文化和文学对外传播的过程中，"单强调中国文学的特殊性、民族性是不够的，还应该努力发掘中国文学的普遍性、世界性"③。宇文所安的研究成果极大地推动了中国文学走向世界的过程，促进了中西方文学文化交流。

总之，宇文所安作为一代汉学家，深耕中国文学研究五十余载，数十本代表作都在汉学界以及国际汉学研究领域产生了深远影响，不断地被世界各国学者引用和讨论，他以中国文学经典阐释（文本细读）为出发点，以中西文化融合为手段，集文学理论、文学选本、文学史著述于一身，形成了影响持久的文化传播效应。宇文所安俨然已成为"汉学研

---

① ［美］宇文所安、田晓菲、荣光启、唐茂琴：《诗的规则与学术的规则——宇文所安、田晓菲二教授访谈》，《长江学术》2010 年第 3 期，第 57 页。

② 钱锡生、季进：《探寻中国文学的"迷楼"——宇文所安教授访谈录》，《文艺研究》2010 年第 9 期，第 70 页。

③ 李庆本：《宇文所安：汉学语境下的跨文化中国文学阐释》，《上海交通大学学报》（哲学社会科学版）2012 年第 4 期，第 21 页。

究以文学史为第一关键词"观点的代表人物①，为中国古典文学研究的发展做出巨大贡献。

第五节 宇文所安学术成果研究综述

宇文所安著述等身，其研究成果备受国内外学者的关注。目前国外学者多聚焦于宇文所安的著作，大概有30多篇书评，与国内学者大多呈褒奖态度的评述相比，国外学者对宇文所安的著作进行了理性争辩与批判，指出了书中的问题和不足。结合陈小亮关于国外学者对宇文所安著作的评论的分析、总结，笔者将国外关于宇文所安著作的研究成果概括为以下三个方面。

一是翻译解读的错误，宇文所安对于中国诗歌和文论的翻译中，有不少对于字句和诗意解读的错误存在，例如刘若愚在研究中指出《盛唐诗》中有许多翻译方面的错误。②

二是关于学术规范行为的问题，对于宇文所安早期论述诗词时，援引的文学作品并未提供参考文献以及诗歌来源，版本和注释等也未标注，这些错误在宇文所安的许多著作中普遍存在。尤其在《韩愈与孟郊的诗》《初唐诗》中较为明显，后期虽表现出改善的倾向但仍较明显。

三是对宇文所安研究思路与方法的探讨和批判，例如加拿大汉学家、翻译家杜迈可（Michael S. Duke）反对宇文所安运用西方翻译技巧阐释唐诗，"这会让读者产生麻木、厌倦和无聊的感觉"③；又如历史学家伊懋可（Mark Elvin）提出了部分国内学者都持有的一个观点，即批判宇文所安爱用自命不凡的手段进行研究，将文学追求"娱乐化"。

由此可见，国外学者将过多的注意力集中于宇文所安的唐诗翻译及学术规范问题，而对其作品体现的诗歌史和诗学观等方面的研究有待深

---

① 田恩铭、陈雪婧：《宇文所安的中国影响》，《咸阳师范学院学报》2022年第1期，第112页。

② James J. Y. Liu. "*The Great Age of Chinese Poetry; the High Tang* by Stephen Owen", *Chinese Literature: Essays, Articles, Reviews*（CLEAR）, Vol. 4, No. 1, 1982, pp. 97-104.

③ Duke, M. S., "Review of the Poetry of Meng Chiao and Han Yü, by S. Owen, M. Chiao, & H. Yü", *Chinese Literature: Essays, Articles, Reviews*（CLEAR）, Vol. 1, No. 2, 1979, p. 284.

入,应从整体性出发把握宇文所安的中国古典文学和文论研究。

从整体上看,国内自20世纪90年代起至今,有关宇文所安的研究成果丰硕,自1983年宇文的著作首次引入中国,学者们对其思想的解读和审视就从来没有停止过。相比而言,西方学者主要关注宇文所安的英译唐诗以及对中国文论翻译的研究,而国内学者则对宇文研究中国唐诗以及古代文学的思路和视角更感兴趣,笔者将国内对于宇文所安的研究分为唐诗研究和文学史观研究、翻译研究、文论及比较诗学思想研究三个主要方面。

(一) 唐诗研究和文学史观研究

宇文所安的唐诗研究最先引起了国内学者的注意,国内最早认识到宇文研究中国诗歌新思路和新视角的当属李珍华[1]和王丽娜[2],她们分别从宇文的文学史观念和对唐诗的翻译入手,肯定了其在审视中国古典诗歌时所采取的路径以及带给我们的启发。宇文所安《初唐诗》(The Poetry of the Early Tang)出版于1977年,10年后贾晋华的中译本问世,而作为《初唐诗》的译者,贾晋华早在1985年就发表《〈初唐诗〉评介》一文,提纲挈领地介绍了《初唐诗》的框架结构。《盛唐诗》出版后,围绕宇文所安唐诗史体系建构的评论文章开始大量出现,如莫砺锋《评宇文所安的〈初唐诗〉〈盛唐诗〉》、高超《形象学视域中的"唐代诗人形象"——以宇文所安的〈初唐诗〉〈盛唐诗〉为中心》。蒋才姣在《对盛唐诗歌的重新解读——读宇文所安的〈盛唐诗〉》中从三个方面分析了宇文在《盛唐诗》中所透露出来的文学史观念:对唐代8世纪文学史的重写、对盛唐诗人的重新评价和对文本的重新解读,从而对宇文所安研究盛唐诗的方法有了全面的理解和认识。

2009年,徐志啸在《文学史及宫廷诗、京城诗——宇文所安唐诗研究论析》中说:"作者尽可能地将文学史的发展线索在阐述诗人和诗歌作品中予以融合,特别是没有孤立地就诗论诗、就人论人,而是努力做到

---

[1] 参见李珍华《美国唐代文学研究十年——(一九八二—一九九二)的远瞻与近观》,《中国典籍与文化》1993年第1期,第117—120页。

[2] 参见王丽娜《中国古典文学在世界各国翻译出版系列研究 唐诗在世界各国的出版及影响(上)》,《中国出版》1991年第3期,第52—56页。

了纵向诗歌发展的前后联系观照和横向作品的风格特点比较,这是很不容易的"①。陈小亮《论宇文所安的唐代诗歌史研究》是一部比较专门的著作,该书第一章以《初唐诗》《盛唐诗》为中心进行论述。这部分内容首先探讨宇文所安使用新批评理论分析陈子昂的历史地位,而后聚焦于类的比较,将宇文所安与叶维廉进行比较。《他山之石——论宇文所安中国古代文学与文论研究》第一章聚焦于唐诗史研究,以《初唐诗》《盛唐诗》为中心探讨唐诗史的叙述结构、情节编织、话语方式。

总的来说,对于宇文所安唐诗研究占国内研究的很大一部分,硕博论文统计 30 篇以上,研究较为深入,研究视角广泛。

(二) 翻译研究

国内对于宇文所安的研究也有很大一部分聚焦于对其唐诗的翻译研究。1999 年孔慧怡在《翻译·文学·文化》一书中,就宇文所安《中国文学选集》的编选特征在《以翻译选集构建文学传统》一文中作出了探讨,总结其翻译理念,且从译者角度出发分析译者的文学视域,可以称为研究宇文所安翻译理论的奠基之作,具有重要的价值和意义。2004 年,朱徽关注了宇文所安对于唐诗的翻译研究以及世界文学经典化,撰文《唐诗在美国的翻译和接受》(2004)和《经典的结构与重构》(2007),并且在《中国诗歌在英语世界》(2009)一书中有专章归纳和分析了宇文所安的译介和译诗策略。这些研究开启了宇文所安唐诗翻译研究的起步阶段。

而后国内学者对于宇文所安的唐诗翻译研究具有了系统化趋势。2008 年,朱易安、马伟的《论宇文所安的唐诗译介》,探讨了宇文所安在研究唐诗的过程中其翻译观念和实践策略的关系。2012 年,陈橙的专著《文选编译与经典重构——宇文所安的〈诺顿中国文选〉研究》(上海外语教育出版社)发表,探讨了编选、翻译和编译与经典重构之间的关系,是国内第一部研究宇文所安翻译的著作。2016 年,裔传萍的专著《宇文所安的翻译诗学》(江苏人民出版社)是首部研究宇文所安唐诗翻译理论的著作,从宇文所安唐诗史、比较文学以及诗学理论中有价值的

---

① 徐志啸:《文学史及宫廷诗、京城诗——宇文所安唐诗研究论析》,《中国文化研究》2009 年第 1 期,第 208 页。

观点提炼概括，成为系统化的理论分析，从具体翻译策略提升至哲学高度，从理论化和系统化方面为唐诗的翻译研究指明前行路径。

还有些中国学者指出了宇文所安的翻译译文中存在值得商榷之处。例如，邓国军的着眼点主要在宇文所安对中国唐诗及古典文化的误译现象，并认为宇文对中国古代文论的核心范畴还缺乏哲学背景的考虑，对抽象范畴的翻译存在"硬译"现象。①

（三）文论及比较诗学思想研究

除关注宇文新的文学史写法和对中国古典诗歌的大胆重构外，中国学者还注意到了宇文在解读中国文学时所运用的比较诗学思想。他的《追忆》《迷楼》《他山的石头记》以及《中国文论》中评论的部分都是这种比较诗学方法论的体现，他不断发掘文本中的断片式美学形态，用残存的碎片整理并重构出全新的整体，从而得出中国文学"非虚构传统"的结论。

1998年，王晓路撰文《西方汉学界的中国古代文论研究述评》，总结西方学者认知中国文论的新思维和新视角，在谈到宇文的比较诗学研究法时，他认为虚构与非虚构的差异被宇文过分强调了，我们必须认识到，"对于异于自身传统的不同文本的解读，绝不可停留在其表层结构之上，而须意识到其表述方式背后所支撑的完全不同的文化架构、文学及文论传统"②。客观合理地评述了宇文的比较诗学研究法。

2003年，乐黛云为中译本《中国文论：英译与评论》（2003）作序时高度赞誉了宇文所安的比较诗学思想，认为"此书本身就是一个中西文论双向阐发、互见、互识、互相照亮的极好范例"③。由此引发了国内学界就《中国思想读本》对于宇文所安文论的热潮。例如，陈引驰与赵颖之合著《与"观念史"对峙："思想文本的本来面目"——宇文所安〈中国文论〉评》（《社会科学》，2003年）、葛红兵《中国文论的跨文化

---

① 邓国军：《双语教材〈中国文论：英译与评论〉英译指瑕》，《重庆三峡学院学报》2009年第6期，第142页。

② 王晓路：《西方汉学界的中国古代文论研究述评》，《文艺理论研究》1998年第4期，第90页。

③ ［美］宇文所安：《中国文论：英译与评论》，王柏华、陶庆梅译，上海社会科学院出版社2002年版，序言第5页。

解读——评宇文所安〈中国文论〉》（《文汇读书周报》，2003 年 5 月）等。

2011 年，徐志啸在《北美学者中国古代诗学研究》（上海古籍出版社）肯定了宇文所安的《中国文论：英评与评论》在理论阐释方面的价值，对"诗言志"的诠释作了评论，对意、象、言的关系的中西观点作了区别；并对宇文所安的《中国"中世纪"的终结》的独到见解和创新之处给予了肯定，指出了所谓"中世纪"这一概念的不确定性。同年，黎亮的论文《美国学者宇文所安的中国文论思想》从比较文学的跨文化视野，研究了宇文关于中国文论从真情与虚构、真实与谎言等角度的思考问题的价值。2014 年，刘毅青的论文《"为诗辩护"：宇文所安汉学的诗学建构》通过对宇文所安非虚构解释学的分析指出了"意图"分析方法是对中国诗学的基本模式的重新解读，是对西方诗与哲学之争的反思。

总之，笔者梳理前人对宇文所安研究成果的探讨后发现，学者们对宇文所安的诗学思想研究的成果数量可观、内容丰富。从文本研究、翻译研究和比较文学等多方面，对宇文所安的学术研究成果进行了探究。

宇文所安对于中国古典文学的研究，在没有系统大理论支撑的条件下自成一派，构建了自己的学术体系。然而没有庞大完整的学术理论支撑，不代表没有学术思想的凝结。宇文所安常常将诗歌比作"碎片"，诗歌文本是作者生活世界的一个"碎片"，他自称是"捡拾碎片的人"，通过捡拾碎片的过程——阅读和重构，可以回到诗歌作者生活的时代，在"非虚构性"诗歌的传统下，把读者引领到历史和未来的历史性情境中，并与读者当下的世界形成共时性相连的整体。宇文所安利用比较文学的视野，不断遨游于文本所反映的历史与当下的世界中，形成了自己独特的汉学学术体系。虽然，早期由于语言背景的差异以及学术方法的不准确适用，常常导致宇文所安对中国古典诗歌的过度阐释以及错误解读。但是，值得肯定的是，宇文所安将优秀的中国古典文学带给了世界，推动了中国文化的海外传播，增强中国的"软实力"，扩大了中国文学和文化的核心价值在西方社会的影响力，同时也促进了中西学者的互补、互证、互鉴的文学文化交流局面和开放包容的学术视野，最终共同促进世界学术和文明的繁荣。

第十一章

卜正民——全球史框架中的中国研究

2020年3月,"新型冠状病毒"侵入北美,彼时,中国的"抗疫大战"业已鸣金。在温哥华附近的公益组织"岩泉论坛"组织医学、文化、政治和经济界专家讲座,跟民众解释和交流抗疫对策。当话题涉及中国时,论坛邀请的正是英属哥伦比亚大学(University of British Columbia)著名历史学教授、汉学家卜正民(Timothy James Brook,1951—)。节目录制于3月27日,当时病毒在北美的传播达到最高峰,民众遭逢大疫,陷入惊恐与疑惑之中,连加拿大总理的夫人都因感染而居家隔离。"岩泉论坛"从现场搬到网上,模式也变成了主持人和专家的对话。节目一开始,卜正民征求主持人同意,先用中文对华语观众说:"我学习中文研究中国历史已经快50年了,所以我对中国有一点了解。我们的立场不一样。我站在外面,用外面的视角看中国,跟中国人的视角稍微不一样,可是有它的价值。我分析中国,关心中国",语毕,他自己又现场翻译为英文。当时,加拿大的气氛紧张而微妙,卜正民明显意识到了自己作为一个汉学家的历史责任,呼吁加拿大人了解中国,也呼吁中国人了解外国人怎么看中国。他用中英双语及自己的学术研究把中加两国放在一起,也将两国人民置于一个全球框架中,通过分析阐释中国的抗疫方法和模式,增强了两个国家人民的共感力和同情心。这就是一个汉学家对世界的关心。

而卜正民这番话也精练地概括了他50年来学习和研究中国历史的方法和目的——提供新视角,创造新方法,分析新问题,以实现跨文化和跨语言的交流和理解。在不列颠哥伦比亚大学的教授主页上,卜正民对自己的介绍是一位中国历史学者,学术研究范围"以明朝时期为主,延伸至13世纪蒙古族治下的中国和20世纪日本沦陷区"。卜正民对中国的研究贡献之一是方法论的创新。例如，以往学者在研究元、明两代历史时，倾向从政治斗争角度出发，认为两朝衰败是腐败统治和政治斗争的结果。但卜正民撰写的《哈佛中国史》（History of Imperial China）第五卷"挣扎的帝国：元与明"，是从环境地理学视角入手，通过叙述气候变化对元、明社会发展的影响，解读两大王朝的兴衰历程。他从分析神话传闻、地理气候、社会结构、宗教信仰、外部世界等维度向读者展现了元、明两朝的不同面貌。他认为，元、明两个时代正处于气象史中的"小冰河期"，气候变化引发诸多自然灾害，进而影响两代的农业经济和政治发展，是威胁其政权稳定性的重要因素。卜正民提出的气候变化这一切入点，在一定程度上为元史和明史研究提供了新的观察角度。

在誉满学界的《哈佛中国史》以前，卜正民就已赢得了太平洋两岸学术界的瞩目。《纵乐的困惑：明代的商业与文化》（The Confusions of Pleasure：Commerce and Culture in Ming China）（以下简称《纵乐的困惑》）荣获2005年美国亚洲研究学会颁发的"列文森奖"。这是一部以明朝商业文化为中心的研究，但关注的却是商业发展对中国人和中国文化的影响。他把商业贸易放在日常生活和政治运作中，最后，通过商品的流通把中国放在世界交流的地图中。以贸易为切入点，卜正民为现代读者展示出17世纪明朝人生活的全景，以及当年中国与世界的关系。而《维米尔的帽子：17世纪和全球化世界的黎明》（Vermeer's Hat：The Seventeenth Century and the Dawn of the Global World）（以下简称《维米尔的帽子》）则是卜正民在中国流传最广的作品。这是艺术史研究，也是文化史研究，文笔流畅，引人入胜，通过对荷兰画家维米尔及其同时代的画作或艺术品的鉴赏，勾勒出17世纪全球文化经济交流的风情画。与《纵乐的困惑》相似，《维米尔的帽子》也是以重建日常生活为基础，分析画作和器物中的建筑、风景以及幕后故事，引经据典，带领读者走进17世纪欧洲的日常。通过追溯日用品和艺术品流通途径，卜正民把画作中的荷兰和商品产地中国，放在当时的世界版图中，也为读者展示了航海、贸易、商业和艺术交流的全球史。这独特的学术书写和切入角度，让他的中国史研究在学术界和民间都获得极高赞誉。

卜正民为古代中西方碰撞出的火花以及其交流路径而着迷，对东西方文明的看法也并未局限于欧洲中心主义的视角中。西方学界过去惯于以欧美作为现代文明的中心，认为西方为现代世界提供了社科研究的范式，将西方学者对国家、封建主义、资本主义的探讨当作首发和标准的研究。在欧美学界，对中国的研究通常是西方想象的中国形象。理论上，中国是一个文化他者，而对中国的研究则常常着眼于这一文化他者的话语传统如何发展或消亡。爱德华·赛义德的《东方学》就是对此富有殖民色彩的研究思想的批判。在这个意义上，卜正民的汉学研究也充满了后殖民的批判性色彩。对中国文化和社会的深刻理解促使卜正民用批判性和思辨性的眼光来看西方中心主义，将研究推进到了新时代的全球史研究层面。

近年来，不少西方学者逐渐意识到人类经验的世界史是由世界不同地区共同构成的，中国也是其中重要的贡献国之一。中国不只是构成人类知识的"证据"，也是构成人类知识的"主体"。中国对所谓现代和现代性的理解，不是一个被动接受的过程，而是一个主动定义和建立的过程。中国科学院外籍院士李约瑟（Joseph Terence Montgomery Needham）对中国科技史的研究就是这样的思路。卜正民近年来不少著作也是试图去西方中心，把中国和亚洲纳入一个国际视野的新全球史。这些著作包括他与加拿大历史学家布鲁（Gregory Blue）编著的《中国与历史资本主义——汉学知识谱系》（*China and Historical Capitalism：Genealogies of Sonological knowledges*），及其专著《塞尔登的中国地图——重返东方大航海时代》（*Mr. Selden's Map of China：Decoding the Secrets of a Vanished Cartographer*）。《塞尔登的中国地图——重返东方大航海时代》一书，通过对"塞尔登地图"——中国航海图的揭秘，展现了17世纪"东方大航海时代"背景下，海洋贸易和东西方交往的历史。卜正民采用倒叙手法，用八个章节，即"超乎想象的地图""海洋封闭论""在牛津大学阅读中文""约翰·萨利斯与中国船长""罗盘图""从中国起航""天圆地方""塞尔登地图的秘密"，为读者解读这份地图及其所关联的人物和事件，悬念迭起。这种近乎侦探小说的写法，给一部学术著作制造了别样的阅读快感。为了与西方大航海时代的帝国形成对照，卜正民力图把明代中国展示为"一个富饶的海洋国家"，"通过航海贸易在东南亚地区建立了深厚的根基"，这么做，其实是为了启发他的非华语读者思考一下中国曾经进行的航海和贸易的尝试，也是为了给他的中国同侪提供一个全球化的视角来研究中国。

正是因为卜正民创新的研究方法、后殖民的批判精神，以及富有超越性的全球视角，让他的汉学研究达到了不同寻常的高度。本章将在介绍卜正民学术经历的基础上，并以《纵乐的困惑》和《维米尔的帽子》为例，展示卜正民的汉学研究特点和成就。

第一节　卜正民与中国结缘

1973 年，卜正民从多伦多大学毕业时正逢"中加交换学者项目"启动。这个由周恩来总理与加拿大的皮埃尔·特鲁多总理（其子贾斯汀·特鲁多后亦为加拿大总理）促成的计划，把无数渴望知识的中国学生送至海外，也将如卜正民一般迷恋中国文化的研究者带到中国。20 世纪 70 年代，中国重返联合国，"文化大革命"即将结束，对外开放即将开始。在宏大的历史叙事中，或许还会提到中加关系的友好进程。但若以卜正民的方法来书写这段历史，他会给读者讲一个普通大学生的故事。这个学生在 1974 年通过中加学术交换项目来到中国，那时，饱读诗书的老先生都还健在，下一个世纪的学术明星们还在复旦或者北大的食堂吃白菜馒头，从加拿大来的青年成了他们中的一员。他先在北京语言学院进行短期汉语培训，后入北京大学学习历史，尔后又赴复旦大学学习古代文学。经过这般扎实的语言学习和治学训练，日后得以在各种采访中毫不费力地说起一口文雅的中文。

这就是卜正民的故事。那时卜正民并不知道风云莫测的国际政治给了他什么，他还不清楚自己此后的几十年都会研究时代与人，中国与世界，从 17 世纪的世界到 21 世纪。在复旦师从李庆甲教授的岁月，卜正民被领入了以李贽和王夫之为代表的明朝士大夫的思想世界。循着传统文人的哲思和人生，卜正民开始思考晚明的礼义与享乐，崩坏与秩序，商业与政治间的挣扎。在华学习结束，卜正民进入哈佛大学，后经孔飞力教授亲炙，进一步研究明代商业与交通，最终获得历史和东亚语言领域的博士。[①] 从 1976 年到 1984 年，卜正民的八年哈佛时光都献给了明朝的

[①] 江素云：《卜正民——历史之外的"陌生人"》，《新民周刊》，2007 年 11 月 7 日，http://news.sina.com.cn/c/2007-11-07/124114255176.shtml，2020 年 8 月 6 日。

人和事。受到汉学家孔飞力（Philip Alden Kuhn）的影响，卜正民对寻常人物和日常生活有异于常人的兴趣。所以他总是着眼于细节和肌理，通过对史料的爬梳与解释，搭建起帝国的日常，再逐渐走向宏观，探寻明朝的政策、经济、疆域和统治，最后把古代中国放回它所在的人类时空，研究这个庞大帝国对时间与空间的回应。

"我感兴趣的是芸芸众生"，在中国接受采访时，他如是介绍自己。而这样的著史态度对中国人来说是很新鲜的。中国读者熟悉帝王将相的历史。司马迁的《史记》被当作"史家之绝唱"，历史人物的地位甚至在文体中已经体现——"本纪""世家""列传"和"书"与"表"。它们记录的大多数是英雄或王侯的言行功绩，关注那些一举一动能改变中国历史走向的人。中国读者相信"以史为鉴"，通过阅读不朽人物的生平，一个个普通人见贤思齐，见不贤而内自省。后代修史的传统，也不免导致历史为意识形态所左右。历史的书写常常是在一个宏大的叙事框架之中，写宫廷中朝廷上的人和他们的道德秉性，以及他们如何左右了朝代更迭和历史进程。中国历史太悠久，江山代有才人出，我们习惯记录那些独领风骚的人事来规训上位者和启迪下位者，通过修身齐家最后实现治国安邦。这样，乡野村妇，贩夫走卒，那些被政权或者时代影响的主体，当然在这宏大的叙事中毫无立身之处。

但这隐去身影的众生却成为卜正民几十年皓首穷经描摹的对象。市井乡间的匹夫匹妇，他们的经历和挣扎带领卜正民走进了风云激荡的明初和波谲云诡的日据时代。卜正民的海外视角让他从五千年文明中抽离出来，看中国文化与其自身经历间的关系。采访卜正民的文章都酷爱引用一个屋内屋外的比喻，在这个故事里，中国的历史学家是坐在屋内的人，可以洞察内部的一钉一榫；而如他一般的海外汉学家则是屋外的观察者，因为懂得"局外人"好奇什么，不知道什么，所以他的英文写作可以把中国介绍给更多的非华语读者。对这一读者群而言，不仅中国的历史文化与他们有隔阂，就连中国的日常生活也是陌生的、遥远的存在。因而，卜正民的中国书写通常是从搭建历史场景开始，让读者与陌生的历史产生具体而微的联系。这样的写作也引领中国读者从另一方面思考时代的更迭如何塑造了我们的文化生活还有思想。

第二节　卜正民的明代商业文化研究

《纵乐的困惑》就循着一本明代歙县县志作者的生活开始，通过对个体生活和遭遇的分析，研究商业的发展对明朝人和社会的影响。商业和商业文化是卜正民的研究主题，为了把这个主题放在不同的历史时空中，卜正民搭建了新颖的研究框架，解读史料，通过对每一位活生生的个体的考察，最终实现考察国家与商业的关系，商品的流通与人类生活的关系，士绅与商人以及消费与生产的关系。

爬梳史料是传统的历史研究方法，卜正民的研究也是基于大量的史料，比如明清地方志、商人手册、路程指南以及古籍插图等。他对史料的梳理和掌握，可以得到传统学者的认可。除此以外，卜正民也独辟蹊径，以地方志编纂者为原型，解读这些明朝知识分子在社会与文化变革过程中各种心理变化。书中主要出场人物共有9位，《歙县志》编纂张涛是歙县知县也是卜正民书中的"导游"。其他人物还有《惠安县志》编纂张岳，第一位进行实地勘察绘制本县地图的官员叶春及，桐乡的商业市镇志编纂李乐等。有的中国学者认为卜正民对史料的选择局限于中国东南，不能作为复原明代整体风貌的充分依据。这样的批评体现了中国的历史研究和海外汉学研究方法上的一种不同。前者重视文献的研究，包括对文献的分析和对新文献的发掘。[①] 而当代的海外汉学，因为主动把社会科学研究的理论和方法应用于文化历史或者文学研究上，更侧重于创造新方法，建立新框架，加深对中国现象的理解与认识。

海外汉学研究的特点在《纵乐的困惑》中有所体现，一方面，是对年鉴学派风格的沿袭，审视实际的人类经验，书写世相和民生，而非只着眼于国家统治或伟人生平。另一方面，《纵乐的困惑》通过解读史料，分析明朝的经济、人类生活和文化之间的关系——这是典型的马克思主义社会经济史的写法。这一风格在西方学界并不常见，但却为中国研究

[①] 刘兴亮：《中国方志"大用户"——加拿大汉学家卜正民》，《中国地方志》2013年第3期，第53页。

者熟悉，卜正民自认受到了20世纪50年代的中国历史学家的影响。① 比方说，明初实施严格的人口政策，以发展保护地方农业，重建战乱后的家园。卜正民读《歙县志》时则关心这个中央政策给地方民生风俗带来了什么影响？作为地方官，县志作者张涛如何看待中央的抑商政策？到明朝中后期，商业发达，人口和货物流通顺畅，带来了文化和商业的交流与繁荣。可是，当商品和消费文化最终裹挟整个帝国时，作为儒家文化的传承者和捍卫者，地方精英又要如何面对价值的冲击？

为了回答这些问题，卜正民按照王朝的兴衰和商业的发展把全书分为四季。明初1368年到1450年的百废待兴时期是冬，这也呼应了卜正民所关心的14世纪初的"小冰河时期"，尔后的1450年到1550年为春，1550年到1644年为夏，最后帝国走向终结的1640年到1644年勉强被定为萧瑟的秋天。卜正民的"断代法"确实是大胆而主观，但也极富诗意。四季的更迭象征时代的变迁，让读者可以感性地感受到盛衰之于个人的力量。接受采访时卜正民说，受到《歙县志》结构的启发，他才决定用四时之变赋予自己的作品一种形式感。② 对于重视史料运用的中国学者来说，第一手资料提供了史实，展示了历史中人对世界的想象和他们如何理解自己的时代；而卜正民这种对一手史料创意性的运用，或许是一种新的写作思路。

明王朝由兴而盛乃至衰亡的四个阶段，也是商品文化由萌芽到巅峰以至威胁到儒家传统的过程。具体到"冬""春""夏""秋"的每一章中，卜正民都截取了一些重要商品或者行业来考察国家与商业的关系，商品的流通与人类生活的关系，士绅与商人以及消费与生产的关系。③

《纵乐的困惑》是从1609年的歙县的县志开始。县志作者在行文中流露出对农业退行、收入差距上升的焦虑。他认为贸易的发达让人们弃

---

① 河西：《卜正民：站在窗户外看中国》，2019年8月6日，https：//www.sohu.com/a/331793199_611133，2020年8月6日。

② 河西：《卜正民：站在窗户外看中国》，2019年8月6日，https：//www.sohu.com/a/331793199_611133，2020年8月6日。

③ 倪毅、夏爱军、范金民：《矛盾困惑中的历史反思——评卜正民新著〈纵乐的困惑——明代的商业与文化〉》，《南京大学学报》（哲学·人文科学·社会科学版）2005年第3期，第141页。

农经商而逐利，加剧了社会和道德问题；因而，限制商人的流动性或可"再使风俗淳"。卜正民认为，《歙县志》主要展示农耕文化营造的稳定感如何在前现代的商业文化中变得岌岌可危。从明朝开始，社会稳定和经济发展之间的矛盾成为中国社会几百年都挥之不去的大问题。为了深入了解明朝人对经济和道德秩序改变的感受，卜正民通过阅读张涛等人的所著所书来观察明朝的生活。同许多明朝的精英一样，张涛认为自己生活在一个堕落的时代，社会风俗被消费主义的生产和商业败坏。个人也时时因受诱惑而感到羞耻。

第一章《冬季》围绕明朝第一个百年展开，研究的对象分别是：明城墙上的一块带字砖，取道陆上"丝绸之路"来华的波斯商团，遭逢海难被迫靠岸的朝鲜商团，一个为了学医而离家的昆山青年等。串联起这些毫不相干的人和物的，就是他们在中国的旅程，那跨越明朝中国庞大疆域的漫漫旅程。

不得不承认，卜正民是一个文字高手，能够将纷繁复杂的经济问题以简明清晰的方式展现出来。通过考证明城墙上的带字砖提到的工匠名字籍贯，他介绍了明初为增加农产和提高税收而执行的赋税、里甲和户籍制度。深入各村的里甲制不仅可以保障地税收入，也可以增强地方管理；再辅以严格的户籍制度，就能降低人口流动，保障农田有人耕种。这样，低速的流动性就如同明城墙上的砖一样，巩固了帝国的秩序，才能诞生之后波斯商人和朝鲜商团所见的富庶繁华的江南。

透过波斯商人的所见和朝鲜商人的日记，卜正民又介绍了明朝的水路交通和保障交通要塞的军事制度，以及沿大道通衢而兴起的市场、贸易和消费。贸易的发展带动了各种商业的发展，积极的流动性也促进了消费文化的兴起，于是改变了人们的娱乐、审美和道德。卜正民通过描述商品的流通让我们看到了明初中国人的日常。我们也通过外国人在中国的遭遇，看到了中国在世界中的位置，以及中国文化在14—15世纪对外国的影响。

交通的发展和贸易的流通让明朝的经济走上了一条不同以往的道路，《纵乐的困惑》第二章《春季》讲的是明朝中期农业经济被商品经济甚至资本经济发展取代的故事。到明朝中期，陆路和水路交通的便利程度令欧洲来的传教士惊叹。选择商品经济和资本经济不是历史的偶然而是必然。卜正民的研究表明，发达的基础设施建设进一步促进了商品和人口的流通。因为商品交易能比农业生产带来更多的利益，吸引了更多人弃农经商或者做工。朝廷对商业的发展不再采取打压态度，某种程度上，朝廷甚至助长了资本经济的发展，从"金花银"到"一条鞭法"就是典型的体现。新的税收政策把千年以来形成的田赋、税赋和徭役全都折换成货币形式。依靠"里甲"制的税赋制度也逐渐瓦解，促进更多劳动力流动起来，因而，对货币的追逐引发资本的膨胀和文化的变革，农村的组织生产结构也相应受到影响。① 地主和商人置田生产的动力减少，开始把资金投入金融活动中去。

朝廷对资本经济发展的支持也体现在官方支持的经济理论研究中。有别于多数士大夫对商业的恐惧，理学家邱濬（1420—1495）在所著《大学衍义补》中提出，商业不会破坏中国的社会结构，贫富悬殊是由不合理的政策引起，市场调控则可更有效地进行资源分配。② 虽然当时的皇帝没有完全采纳这些建议，但在《春季》一章，读者可以通过商品专卖、税收、丝织业、海上贸易，看到明朝中期商品经济的蓬勃发展。而"商业与文化""贸易与知识""贸易与鉴赏"则展示了商品经济的发展如何干预和改变明朝的主流文化。

随着越来越多商人从社会底层升入最顶层的士绅阶级，他们也把越来越多的商品带入士绅文化中，那些诸如奇花异木或海外珍稀的商品逐渐改变了社会核心的审美趣味和消费习惯。③ 士绅的儒家精英地位和特权被稀释，他们所崇尚的礼义传统也被边缘化。卜正民也指出，尽管士绅阶层是这场文化与经济变革中获利最多的阶层，越来越多的知识分子开始如张涛一般哀叹传统的失落，他们把这些归结于正德年间兴起的崇尚享乐和消费的文化，试图恢复上古遗风。④ 然而，儒家思想已经不能再给他们提供任何方法来理解他们所处的时代和文化。

第三章和第四章是关于明朝由盛而衰时期的文化和经济。卜正民依

---

① Timothy Brook, *The Confusion of Pleasure: Commerce and Culture in Ming China*, Berkeley and Los Angeles: University of California Press, 1999, pp. 88-89.
② Timothy Brook, *The Confusion of Pleasure: Commerce and Culture in Ming China*, p. 102.
③ Timothy Brook, *The Confusion of Pleasure: Commerce and Culture in Ming China*, p. 135.
④ Timothy Brook, *The Confusion of Pleasure: Commerce and Culture in Ming China*, p. 152.

然分析的是商品专卖、税收、丝织业、海上贸易等方面的经济，和这些经济对文化发展的转型性影响。到 16 世纪末期，很多明朝士人都敏锐地感受到了秩序的崩坍。在日益增长的人口、资本和竞争中，传统的模式分崩离析。许多中国人感到不再能看清自己和帝国的未来。对大地主和大商人来说，明朝开始变成一个文化繁荣、思想创新、享乐无尽的时代。但对佃农、产业工人这些人而言，勉力维持温饱已然越发困难。明末，乡村经济已不再像过去那样支持广大农民的生存。

商业的繁荣为上流社会创造了越来越多的享乐方式。比方说，出版产业化，随之而来的就有藏书业、新闻出版业的发展。明朝的出版物种类繁多，包括旅行指南、技术书籍、淫书，还有大型丛书。旅行指南本来是为商人和官员宦游服务，后来也为私人旅行提供了便利。随着旅行变成一种娱乐方式，旅行业也应运而生，江南水路上发展起了船运、仓储和物流的行业。闺中女子也借着礼佛的机会，开始自己的观光旅行。对明末的人而言，旅行和观景这类消费是放任天性的"癖好"，而因为人们相信"人无癖不可与"，顺着这样的逻辑，消费与享乐堂而皇之地成为被追捧的文化。

除了旅游和藏书，商品经济的思维把很多人类活动或者器物都变为交易物，比如张岱的笔记里记载的斗鸡、访雪、男妓和女性买春的故事。娈童虽然标志着儒家文化的堕落，但在明末是一个公开的潮流，是阶级的标识。如同上个百年追求各种奇珍一样，只有具有社会和经济特权的男性才能享有同性的性爱。同时，才子与名妓的故事也层出不穷。[①] 一种说法是这些士人在政治上不得志，所以投身男女情爱。但是男女的身体和性都变成风行的商品，也是明末的特点。不只是身体，贵族的权力和名望也可以成为商品。地位不够高的商人家庭，可以通过"润笔"的方式，向内阁首辅徐阶求得一篇墓志铭，不但表现自己的孝心，也标榜其家族的地位。[②] 这样，卜正民为我们展示的明朝，最终成了一个万物皆商品化的时代。

[①] Timothy Brook, *The Confusion of Pleasure: Commerce and Culture in Ming China*, pp. 230 – 232.

[②] Timothy Brook, *The Confusion of Pleasure: Commerce and Culture in Ming China*, p. 259.

读《纵乐的困惑》让人想到中国导演贾樟柯的电影。虽然一个是用文字书写的历史，一个是用影像虚构的故事，两者表现的主体却极其相似——大国小城，小城小人，时代变迁如何在中国地图中难以寻觅的一点产生了蝴蝶效应。贾樟柯过去20年的电影常常都在讲一个汾阳故事，随着中国深入全球化的进程，汾阳也或主动或被动地进入了一个世界语境。这对电影导演来说是必须"在场"（present）的现实，也是必须"再现"（represent）的现实。贾樟柯说，小人物对时代的发展毫无招架之力，外部的变化是沉浸似地改变着个人生活。小偷小武带领观众走进的是沉滞的外省小镇，煤老板张晋生则展示了21世纪海外华人的前传，这样，电影人物的生命轨迹揭示了中国从全球化的边缘进入中心的过程。卜正民对个人与世界关系的处理，也有非常类似的办法。读者跟随不同的人物进入明朝的世界，透过他们的视角去观察不同阶层的人以及各个行业的发展。这些人物，比如说张涛，因其特殊的身份——地方官员和传统代表，所以他的感受和生活可以体现有明一代的社会文化变革。张涛在《歙县志》中表现出对重商主义和商业文化的憎恶，反映了源于农耕文化的儒家士大夫的价值观。农耕文化要求生产、积蓄和协作，重视家族血缘，但商业的发展则需要消费推动以及金钱和人口的流通，而流通则带来变革与动荡。另外，商业文化也带来新的娱乐消费，这一切对如张涛一般的儒家精英来说，都是对社会秩序和传统道德的破坏。而这一切，就是卜正民为我们展示的明朝中国人所面临的变局。

第三节　卜正民的明代文化史研究

如果说《纵乐的困惑》从内部展示了明朝的经济和文化生活，《维米尔的帽子》则是从外部展现了明朝与世界通过商品建立起的经济和文化联系。《维米尔的帽子》并不是一本严格意义的史学研究著作，更像以艺术史和世界史为表现对象的学术散文集。所以其行文更文学化，思路也更跳脱。此书应该无意于发现或证明，而是呈现一些独特的观察，再作出脑洞大开的推理来启发读者，然而此书的文化价值却不可低估——第一，通过维米尔这一吸引人的切入点，卜正民展现了中国艺术与欧洲艺术之间的影响和互动；第二，通过描述中国与外国的联系，吸引中国人用一种全球视角来审视自己的历史和文化发展。

在《维米尔的帽子》中，卜正民的叙事舞台从中国搬到了欧洲和美洲，人物也是大航海时代的冒险家、殖民者、水手等。他们中的大多数人一辈子都未曾踏足亚洲，然而他们的生活中处处都有中国在场。荷兰画家维米尔居住的戴尔夫特不仅是一个欧洲小城，还是受到中国产品——瓷器的影响发展成为荷兰"瓷都"的城市，住在这里的男女也因为荷属东印度公司的发展而与远东产生了联系。而维米尔是荷兰鼎盛时期最负盛名的画家，他消费世界各地的商品，也将这些奇珍异宝放在了他的画作中。选择维米尔作为这本书的"导游"，介绍欧洲与中国的相互影响，实在是巧妙地吸引眼球。

在"豆瓣网"上，读者评论卜正民的写法是不停地告诉读者你没有看到什么。他的写作像是在显微镜下的观察，观察的对象是人们无比熟悉的故事或画作，卜正民的叙事者殷殷劝导读者"再品品"，读者感到怀疑，再去看，还是维米尔，还是代尔夫特，运货的趸船，写信的少女，没毛病。可透过卜正民的显微镜，读者能看到荷属东印度公司和他们与远东的贸易，能看到少女盛水果的仿中国青花瓷，最终，《维米尔的帽子》把从未进入过中国艺术史的荷兰城市代尔夫特与上海联系在一起，将哈德逊河谷中的法国皮毛商人与中国丝绸联系在一起，然后你发现，原来这个世界是一体的，在人们进入现代的过程中，并非永远都是西方在前，东方紧随其后，人类一直都在克服地理的距离、潮汐的涨落、气候的挑战，一直都在互相吸引，共生共存。

本书的英文版第一章《从代尔夫特看世界》或可当作原本的序言。放在前台的是维米尔的画作《代尔夫特一景》，但卜正民真正描绘的是中国与欧洲之间的"关联"（connect）和"文化互化"（transculturation）。从这幅画中，卜正民找到了荷属东印度公司的痕迹，然后用发散的思维，通过东印度公司在亚洲的经营，引出了中国的金融城市上海，还有与维米尔几乎同时代的上海画家董其昌。荷属东印度公司的商船把荷兰的全球贸易变成了可能，也才有了赴华传教士带来的文化交流，以及通过商船来到欧洲的中国瓷器、丝绸和茶叶，荷兰的资本主义经济才得到发展。文化与贸易、东方与西方就是如此"关联"。

而欧洲和中国的艺术互化，也是在历史的这一时期开始。卜正民比较董其昌和维米尔的创作手法，找到了东西方两位风格完全不同的画家，受到对方艺术形式影响的蛛丝马迹——比如说董其昌的透视，或者说维米尔的"留白"。卜正民无法证明直接的联系，但是这浪漫的想象已经足够让读者去思考他提出"关联"和"文化互化"作为一个可能的概念。如果早一个世纪，荷兰绘画里不会出现"留白"和接近"青花瓷"的蓝色，而董其昌的作品中，也不会出现近似于欧洲绘画的视觉效果。恰好就是在16—17世纪，欧洲的传教士去了中国，中国的商品来到了欧洲以后，生活和艺术中才出现了一些"润物细无声"的新意。卜正民用佛教中的"因陀罗网"来比喻他所说的东西方间的关联和互化——这个世界是一个网，缀在网上的宝珠通过网也不限于网相连，每一颗宝珠都反射着别的宝珠的影像。这样，因陀罗网上的每一样东西，都暗含网上的其他所有。

　　这张关联互化的网，在其后的几章中，展示出更引人入胜的神奇力量。跟第一章的结构类似，第二章《维米尔的帽子》讲在北美大陆的法国皮毛商人的故事，而他们心心念念的是一袭中国的袍子，以及通往中国的水路；第三章《一盘水果》通过画中的仿青花瓷盘引出了沉于西非的荷兰商船中的中国瓷器；第四章通过维米尔画的《地理学家》讲17世纪的地图和地球仪中对"全球"概念的呈现和想象，因此给读者上了一堂地理课；第五章通过荷兰陶瓷赝品上描绘的中国抽烟的神仙，结合明朝笔记，介绍了烟草由欧洲进入中国的故事；第六章关注白银；第七章关注旅行；最后一章《人非孤岛》则概括了这些活跃的东西方交流以后的故事。

　　贸易带来了器物和人口的流动、思想的融合和文化的交流，最终，从根本上改变了人类对世界的认识以及人类的世界观。这些从交流到改变的活动，在物质上体现为商品的交换，在金融上体现为货币的流通，在语言上体现为跨语言的沟通，即翻译。在17世纪，当这些人类活动越来越活跃时，世界各地的人第一次开始形成现代国家的概念，以及关于全球的概念和想象。本书的最后一章《人非孤岛》来自17世纪英国诗人邓恩的"岛屿"意象，讲述的是不同的人、国家、文化发生关联以后产生的前所未有的变化。在大航海时代以前，世界像是彼此隔离的地方，某地发生的事，难以影响他处；可是在此之后，人性共通的观念逐渐形成，共同历史的存在成为可能。卜正民认为这就是在全球史的格局下研究东西方物质文化交流的意义，它"能引起我们的全球局势和全球责任的感悟"。虽然"全球化"可能是个理想化的想象，但它的贡献已"随风潜入夜"地渗透到人们的日常生活里。

因为 17 世纪的航海贸易，加大了贸易和人员流通，封建领主制逐渐被强调公民共同体的立宪现代国家概念所取代，英国变成了立宪君主制，并最终取代荷兰成为全球最大贸易强权。而撰写《长物志》的文震亨，他的审美、消费、出世、入仕到最后死于清军入关的人生，则从侧面反映了贸易和文化的发达带给明朝的繁荣和消亡。最重要的是，当西方世界通过贸易实现资本主义现代化的过程中，中国一直都在场。因为航海和贸易联结互化的东西方世界，也在现代化的过程中，走向自己的现代化。通过阅读《维米尔的帽子》，读者可以深刻体会到东方不是西方的追随者，而是同路人。西方的资本主义发展和现代化进程处处都有中国的参与，而中国也对这些新的人类活动和概念有自己的定义。只是最终因为种种个体原因，东西方走向了不同的 19 世纪和 20 世纪。

本书的结尾颇富佛家"色即是空"的意味，经历了喧腾的探索、发现和融合，荷兰人终于来到了亚洲，明朝中国通过贸易实现了极大的物质和文化富足，然后，在北方异族入侵中，江山易色，七宝楼台眼见就塌掉了。只是，王朝的结束并非文明的终结。如同诗人邓恩对"死亡"的理解一样，"死亡不是丧失，而是灵魂被翻译为另一种形式来存在"。17 世纪的"关联"与"互化"已经被翻译成了我们今天审美和生活的一部分，而在 21 世纪，不断推进的全球化也必将把中国与各国创造的文明翻译到未来人类的灵魂中。

第四节 卜正民的中国接受

我国学者已借助民族史、全球史等多种视角对卜正民思想展开研究，并产出了诸多较为重要的研究成果。一些研究者细致分析了卜正民的《明代的社会与国家》一书中所呈现的方志文化。杜锡建的《外国汉学家研究中国方志管窥——以卜正民著〈明代的社会与国家〉为例》一文便由此以管窥外国汉学家是如何认知、研究、评价中国方志的，研究的动机、力度、特色,以及取得的成果。这一研究对中国社会与国家形成、发展有更为深入、系统的了解。①陈时龙的《卜正民〈明代社会与国家〉译介》一文较为详尽地介绍了卜正民这部著作的思想内容,指出"以地方志为基础史料,作者为我们剪拼出了一幅幅明清社会生活的图景,并且从纷繁复杂的地方志记载中归纳出主题。"②刘兴亮的《中国方志"大用户"——加拿大汉学家卜正民》一文指出卜正民借用大量明清地方志研究明代社会经济史,并对卜正民著作中的相关问题进行了细致的梳理和分类,强调"卜正民的明代社会经济研究所用方志则多集中在经济文化发达地区,这显然难以全面反映明代社会与经济的整体面貌"③。

另一些研究者关注到了卜正民研究中的历史反思问题,倪毅、夏爱军和范金民的《矛盾困惑中的历史反思——评卜正民新著〈纵乐的困惑——明代的商业与文化〉》一文重点聚焦于卜正民《纵乐的困惑——明代的商业与文化》一书中对中国商业文化的分析之上,指出卜正民从"他者"视角发掘了晚明商业繁荣发展的同时也造成诸多社会问题,"在明代中国这个时代属于帝国体制的晚近时代,因而作者认为与现世具有较强的可比性,商业力量的膨胀使社会生活日益繁复多彩,同时绚烂的商业文化外表下掩藏的是因社会多种方面的改变而导致的不安情绪,纵乐与堕落成为商业文化的两面,伴随商业的发展,矛盾困惑的情绪也愈加炙烈"④。还有一些研究者将研究焦点聚焦于卜正民对晚明绅士社会中权力关系的分析之上,指出其研究并未跳出西方中心的历史撰述模式。赵旭东的《为权力祈祷什么?——评卜正民著〈为权力祈祷——佛教与晚明中国士绅社会的形成〉》一文,以卜正民的《为权力祈祷:佛教与晚明中国士绅社会的形成》一书为例证,深刻地论辩该书"以实际的历史

---

① 杜锡建:《外国汉学家研究中国方志管窥——以卜正民著〈明代社会与国家〉为例》,《中国地方志》2013年第3期,第57页。
② 陈时龙:《卜正民〈明代社会与国家〉译介》,《中国史研究动态》2009年第6期,第32页。
③ 刘兴亮:《中国方志"大用户"——加拿大汉学家卜正民》,《中国地方志》2013年第3期,第56页。
④ 倪毅、夏爱军、范金民:《矛盾困惑中的历史反思——评卜正民新著〈纵乐的困惑——明代的商业与文化〉》,《南京大学学报》(哲学·人文科学·社会科学版)2005年第3期,第137页。

材料去印证既有的国家与市民社会这两元区分的欧美政治学模式的典范性研究。其以晚明地方士绅捐赠佛寺活动为其分析的核心,最终落实在'国家与社会分离'这样的既有分析套路上去"[1]。

卜正民横跨中西两国文字的跨语言交际能力,在跨文化的语境中将视野拉至全球史的宏大画卷之中的研究视角,让他以一个身在西方之人的身份讲述中国,却并未受限于西方中心主义的思想之中,而是能够独辟蹊径让西方人了解他们想知道的、更为具象化的中国。同时,作为历史学家,他又并未将自己的历史视野局限于鸿篇巨制的历史人物之中,而是愿意以显微镜的视角去观看历史长河中的芸芸众生,从一滴水看一条河、一片海。卜正民是一个西方的历史学家,更是一位具有全球视野、关注中国、深受中国文化启发并将中国历史介绍给世界的汉学家。

---

[1] 赵旭东:《为权力祈祷什么?——评卜正民著〈为权力祈祷——佛教与晚明中国士绅社会的形成〉》,《中国农业大学学报》(社会科学版)2007年第1期,第187页。

第十二章

柯雷与中国现代诗歌研究

2022年3月，荷兰皇家艺术和科学院（Koninklijke Nederlandse Akademie van Wetenschappen，KNAW）正式宣布，任命荷兰莱顿大学的迈克尔·凡·柯雷（Maghiel van Crevel，1963— ）教授为荷兰皇家艺术与科学院（KNAW）的成员。这位享誉中国文学界和海外汉学界的学者，不仅在中国新诗研究领域精耕细作，将当下中国诗坛的发展与风貌带至世界的舞台上，更真切地参与到中国现代诗歌话语体系的建构之中，为这个正在蓬勃发展的场域提供了一个特别的观察视角，并对中荷文化交流与中华文化的海外传播做出了卓越的贡献。

柯雷与汉学研究结缘已久。1982年，柯雷进入荷兰莱顿大学学习，正式开启了他对于中国文学与文化的探索之路。1986年，柯雷来到中国，成为北京大学的一名交换生，进行沉浸式的汉语学习。两年后，他与中国诗人马高明一同翻译的《荷兰现代诗选》，成为20世纪80年代风靡一时的畅销读物。此后，柯雷频繁踏上这片土地，直击中国当代诗歌活动现场，感受根植于悠久文化传统的中国新诗在当代社会与文化的变迁中焕发出的全新风貌。1996年，柯雷在伊维德（Wilt Idema，1944— ）、汉乐逸（Lloyd Haft，1946— ）等知名汉学家的指导下，完成了他的博士学位论文，随后前往悉尼大学任教。三年后，年仅36岁的柯雷通过全球遴选，成为莱顿大学汉学院第六任教授。

柯雷在中荷现代诗歌的双向译介中做出了卓越的贡献，先后将荷兰语诗歌译为中文，或将中文诗歌译成荷兰语，代表作品包括《荷兰现代诗选》《苍茫时刻：中国现代诗选》（*Een onafzienbaar ogenblik：Chinese dichters van nu*，*Moment with No End in Sight：Chinese Poets Today*；1990）

等诗歌译著。而在对中国当代诗歌、中国文学社会学以及文化翻译等问题的研究过程中，柯雷陆续出版了《破碎的语言——中国当代诗歌与多多》（*Language Shattered: Contemporary Chinese Poetry and Duoduo*，1996）（以下简称《破碎的语言》）、《精神与金钱时代的中国诗歌：从1980年代到21世纪初》（*Chinese Poetry in Times of Mind, Mayhem, and Money*，2008）（以下简称《精神与金钱时代的中国诗歌》）、《行走江湖：中国诗歌现场快照》（"Walk on the Wild Side: Snapshots of the Chinese Poetry Scene"，2017）（以下简称《行走江湖》）等颇具分量、影响广泛的研究成果，在海内外中国新诗研究领域均引发了热烈的响应，成为备受海内外瞩目的当代汉学家。

在柯雷的带领下，莱顿大学的汉学研究中心继续发展和壮大，保持着几百年来作为欧洲汉学研究中心阵地的重要地位。2009年，莱顿大学区域与国别研究院（Leiden University Institute for Area Studies，LIAS）成立，由柯雷担任学术主任。此外，柯雷还被任命为"全球莱顿"（Leiden-Global）的执行主席、莱顿大学宗教研究中心（Leiden University Center for the Study of Religion，LUCSoR）的主任、国际亚洲研究所（International Institute for Asian Studies，IIAS）董事会成员。也正是在柯雷的积极推动下，莱顿大学图书馆建立起了一系列中国当代诗歌史料数据库，成为能够辐射全世界的当代诗歌资源中心。

第一节　中荷诗歌的沟通之桥

提到如何踏上汉学研究之路时，柯雷坦言自己是先对诗歌产生了强烈的兴趣，然后才开始对中文和中国文化产生兴趣的。对中国诗歌的喜爱，也越发让他希望能够掌握中文，从而近距离地欣赏这份来自东方的诗意言说。后来，柯雷进入莱顿大学汉学院，开始进行系统的汉语学习和汉学研究。然而，学习一门来自陌生语系的语言，对于一位"土生土长"的荷兰人来说，无疑是件格外艰辛的事情。虽然莱顿大学中文系的授课内容并未局限于语言的教授，同样涵盖中国历史、文化等专题的研习，但其整体上"重语法而轻实践"的教学模式，仍然无法满足柯雷的学习诉求，只能投入更多的精力来攻克这门"外语"，以获取更为丰富的

"一手资料"。于是，柯雷在汉语学习上付出更多的努力，每每听到一个"新词"，柯雷便会立刻用手中的纸笔将它记录下来，逐渐汇成一部颇为丰富的"汉语小词典"。积年累月的学习，为他打下了良好的语言基础，也让他在语言习得的过程中感受到了中国文字的博大精深。虽然相对陌生的语言已经令柯雷的研习颇为艰辛，但他仍然抽出大量的时间阅读和学习中国历史、文学、哲学和艺术等关于中国社会各个方面的内容。随着对东方文化理解的不断加深，柯雷也越发喜爱这个屹立在世界东方的文明古国。1986年，柯雷获得了前往北京大学进行为期一年的交换学习机会，开始真切地感受着"课本之外"的中国。沉浸式的语言学习环境，加上此前扎实的语言基础和持之以恒的累积，让柯雷的汉语水平突飞猛进。一口带有京腔的普通话，甚至比一些母语为汉语的人还要标准。也正是在这一年，柯雷结识了中国诗人、翻译家马高明，并萌生了翻译一本荷兰现代诗歌选集的想法。两年之后，二人共同选译的《荷兰现代诗选》由漓江出版社出版，首印的一万册迅速销售一空，成为20世纪80年代中国风靡一时的诗歌读物。

荷兰语隶属印欧语系—西日耳曼语支，在全世界的范围内，约有两千万人将其作为母语使用。对于中国读者而言，这个"欧洲小国"的风车、郁金香、凡·高，似乎早已深入人心，但其现代诗歌仍然属于十分陌生的存在。充满异域风格的荷兰诗人诗作，成功激发了渴望了解世界的中国读者的好奇之心。作为首部介绍荷兰现代诗歌创作的诗集作品，《荷兰现代诗选》精心挑选了44位具有代表性的荷兰诗人的两百多篇作品，集中展现了20世纪，特别是第二次世界大战之后，在这个对于中国读者而言相对陌生的国度上盛开出的璀璨诗歌之花。选集中的诗作风格多样，甚至在荷兰本地所受到的评价也存有争议，褒贬不一。但毫无疑问的是，这些诗歌作品中呈现出的现实性和平民化特征，及其对于诗艺颇为大胆的实验性探索，成功地引发了中国读者的好奇之心，为中国诗坛带来了一股别具韵味的新风尚，更成为中荷文明交流互鉴的全新路径，展现出诗歌作为一个独特的桥梁，承载着两个不同语言环境、不同文化背景的情感联结。这种语言和语言、文化和文化之间的碰撞，也同样"唤醒了诗歌古老民族沉睡多年的诗歌本体意识，催发了当代中国诗人更自由、更自觉地创作状态"①，作为中国新诗发展的一个独特的参照体，展现出了 20 世纪 80 年代中国文化热潮的蓬勃发展。

  回忆起这段难忘的翻译经历，柯雷在《瘸子跑马拉松》一文中真实记录了自己学习汉语和诗歌翻译的心路历程，虚心地言明，自己作为一个外国人，阅读汉语的速度是很慢的。因此，想要基于广泛的阅读，进而开展评介和翻译活动，无疑像瘸子跑完一场马拉松一样艰辛。②然而，柯雷还是凭借自己长期的努力，完成了这一看似不可能完成的工作。在将荷兰现代诗作翻译成中文的过程中，两位译者通力协作，"从荷兰语原文出发，吃透原作精神，在保证能够准确无误的基础上，还力求传达原作的语言、语感和语气风格，以及诗体、形式诸方面"③。在跨越不同语言的诗意传递过程中，想要真正实现"以诗译诗"，其难度可想而知。文学的翻译并非易事，诗歌翻译更是艰辛。在没有相关译本参照的情况下，"汉语母语者与荷语母语者拿双语讨价还价，在双语之间的桥梁碰头，在双语之间的深渊里掰腕子，既要忠于原文又要给予译文生命力"④。为了实现这一预期，译者首先需要对文本在母语环境之中进行精准的把握，然后在目标语言中找寻相似效果的"再现"甚至是"回应"，而这一过程无异于一种重新创造。特别是对于诗歌翻译而言，译者要努力实现原诗特殊效果的直接呈现，虽然十分重视对文本形式上的艺术品质，却同时要尽可能地避免过度的延伸和发挥，拒绝按照自身的理解与感受，用华丽的辞藻将其刻意"修改"和"美化"。即便是有一些不符合译文语法的表述，在不影响读者理解的前提下而进行的直译，同样可以"有利于中国文学语言的更新和复壮"⑤。恰如《荷兰现代诗选》的序言中，柯雷对自己翻译的原则进行诠释时所提出的，诗歌的翻译需"最大限度地缩短与原作的距离，同时也最大限度地缩短与读者的距离，并力求在两者之

---

  ① 章红雨：《"小"给"大"带来了什么——访〈荷兰现代诗选〉编译马高明》，《中国新闻出版报》2007 年 5 月 14 日第 4 版。
  ② [荷] 柯雷：《瘸子跑马拉松》，《诗探索》1994 年第 4 期，第 49 页。
  ③ 马高明、[荷] 柯雷：《荷兰现代诗选》，漓江出版社 1988 年版，第 13 页。
  ④ [荷] 柯雷：《逝者"我的中国诗歌语言强化班"——纪念马高明》，《新京报》2022 年 11 月 24 日，https：//baijiahao.baidu.com/s? id = 1750374752080825155&wfr = spider&for = pc，2023 年 6 月 30 日。
  ⑤ 马高明、[荷] 柯雷：《荷兰现代诗选》，漓江出版社 1988 年版，第 13 页。

间获得平衡"①。这无疑直接展现了其作为译者对于跨文化交流,特别是以诗歌为媒介搭建中荷沟通之桥的基本观念。也正是在这一翻译理念的指引下,《荷兰现代诗选》中的部分诗作虽然读起来晦涩生僻,却尤为直观地呈现出荷兰诗歌创作的先锋性和实验性特征。这种对语言规范的突破与挑战,同样在中国诗歌中产生热烈的响应,致使选集一经推出便广受追捧。多年之后,广西出版社再次出版《荷兰现代诗选》一书,再次受到了读者的欢迎和喜爱,同样被评为年度好书,足可见其诗歌翻译持久性的魅力。

除了将荷兰现代诗带至中国,柯雷还陆续将众多中国当代诗人的新诗作品翻译成荷兰语和英语,刊发于英语或荷兰语的文学刊物上。从1988年起,他陆续将北岛、多多、杨炼、芒克、宋琳、童蔚、王家新、翟永明、顾城、洛夫、江河、食指等人的诗歌作品翻译成荷兰语或英语,将中国诗人的现代诗创作推向鹿特丹国际诗歌节等世界舞台,并与汉学家汉乐逸共同推出了一本中国新诗的荷兰语选集《苍茫时刻:中国现代诗选》(*Een Onafzienbaar Ogenblik*: *Chinese Dichters van Nu*, *Moment with No End in Sight*: *Chinese Poets Today*;1990),集中展示顾城、多多、北岛、芒克等人的诗歌创作成果,同样引起了很多对中国新诗不甚熟悉的海外读者阅读的兴趣。结合自身中、荷、英现代诗歌的翻译实践,在2019年出版的《中国诗歌与翻译:对与错》(*Chinese Poetry and Translation*: *Rights and Wrongs*)一书中,柯雷围绕诗歌翻译这一跨文化活动,分别从"译者观""翻译理论"和"译介影响"三个维度,探查中国诗歌的翻译原则与翻译策略,为诗歌翻译与中国文化之间的交互关系带来了全新的观照视角和思维路径。

为了更好地诠释中国新诗翻译问题,收录于《中国诗歌与翻译》的文章《一门高尚的艺术,一件棘手的事情:中国诗歌翻译选集》("A Noble Art, and a Tricky Business: Translation Anthologies of Chinese Poetry")中,柯雷进一步聚焦21世纪充斥着诸多"商榷与论争"的诗歌现场,结合中国新诗选集的翻译情况,进一步探讨新诗外译过程中,超乎语言转换的语境变迁和文化立场。该书展现出柯雷自身对于诗歌荷译中、中译

---

① 马高明、[荷]柯雷:《荷兰现代诗选》,漓江出版社1988年版,第13页。

荷、中译英翻译实践的思考。诚如柯雷所言，中国新诗的翻译与传播是一个十分复杂的问题，既是古典诗词传统与现代思潮的交锋，又涉及外部环境与内部叙述的相遇，更在不同派别之间激烈的争鸣声中，催生出众多难以被一以贯之的阐发路径。因此，柯雷基于自己对多种语言，特别是汉语独特的诗歌言说方式的深入思考，建构起了一个"诗歌＋翻译＋汉语""三位一体"的译介模式，并在这个由诗歌、翻译和中文三者共同构成的空间之中，充分表达了自身对于诗学精神、中国文学与文化、诗歌跨文化交流的深度思考。

显然，根植于源远流长的传统文化，中国诗歌早已生成了一套复杂庞大的特殊表达系统，因此在形式与内容的呈现上充斥着大量"只能意会"的言说，却难以为不熟悉东方文化的读者所理解。即便是受西方文化影响甚为明显的中国新诗，也很难脱离这种延续千年的诗意传承。面对百家争鸣、日新月异的当代诗歌活动现场，如何摆脱文化隔阂、立场偏见的干扰，精准把握中国新诗的精神内核与书写路径，并借助语言的转换实现不同语言和文化背景的读者的无碍阅读和有效接受，已然成为每一位翻译者所面临的巨大困难。在柯雷看来，诗歌的翻译可以被视为一个坐落于两种语言、两种文化之间，却又游离于二者之外的"第三空间"。或许唯有在这个空间之中，才能够在一定程度上挣脱文化背景、语言差异、意识形态等因素的干扰，尽可能地还原诗歌的精神意蕴与言说方式。除此之外，如何脱离单一语境的思维方式，实现诗意的跨文化交流，同样是诗歌翻译所要面临的最为核心的问题。因此在语言的措辞与架构中，需要译者对于两种语言系统和文化语境予以充分的理解，方能实现诗歌的有效翻译。也正是在此过程中，诗歌的独特言说路径方能被有效还原，并转换为使用另一种语言的人能够理解和欣赏的语词。这样的转换路径，无疑也在昭示着翻译和研究之间似乎并不存在泾渭分明的边界，亟待对诗歌文本有着深度把握的研究者参与到翻译的活动中。

恰如柯雷在其首部翻译成中文的个人专著《精神与金钱时代的中国诗歌》序言中曾对自己的翻译活动进行概述：

> 我有幸跟北京诗人兼翻译家马高明合作编选了《荷兰现代诗选》。这是我把荷兰诗歌带到中国。后来几年里，我参加了鹿特丹国

际诗歌节的工作，也在荷兰国内文学报刊上发表译作，这是我把中国诗歌带到荷兰。自从1991年开始读博士以来，我的这些文化追求又补充以学术研究，这是我把中国诗歌带到英语世界。①

柯雷的诗歌翻译活动，极大地推进了不同语言与文化的群体，借助诗歌的语言增进彼此的理解。也正是在他的积极推动下，中国当代诗歌在以英语诗歌为主导的欧洲大陆，特别是荷兰，同样已经获得了一定的关注度，在荷兰鹿特丹国际诗歌节上，几乎每一年都会有中国当代诗人的身影。在以柯雷为代表的汉学家的积极推动下，越来越多的海外读者愿意抛开固有的偏见，以更为纯粹的美学属性阅读中国当代诗歌，咀嚼这份来自东方的诗情画意。

第二节　当代诗歌现场的观照

柯雷虽然对中国文学、文化、语言、翻译研究均有涉猎，但其中最具影响力的显然是对于中国诗歌，特别是现代诗的研究。在他看来，"文学是社会的组成部分，尤其在中国，诗人的身份一直具有不容置疑的重要性"②。因此，想要真正认识和理解中国，诗歌无疑是一条十分有效的探查路径。从新诗文本的入微探查，到创作语境的深度参与，再到诗歌元文本的话语建构，柯雷在对现代诗歌与中国文化的交互考察过程中，逐渐形成了自己对于中国新诗的独特研究范式，也为中国当代诗歌的批评与研究，提供了一个独特的视角。"走向诗歌现场的鲜活与喧嚣，将新诗文本置于广大的社会语境中考察，以一颗平等、宽容、谦逊的内心寻求异质文化的沟通与交流，这是荷兰学者柯雷为当代中国诗歌评论界提供的一条有益路径"③。在柯雷的身上，我们可以看到几个世纪以来荷兰

---

① ［荷］柯雷：《精神与金钱时代的中国诗歌：从1980年代到21世纪初》，张晓红译，北京大学出版社2017年版，第1页。
② 黄茜：《荷兰汉学家柯雷：真正理解中国当代诗歌，必须走入民间》，《南方都市报》2022年6月19日第13版。
③ 郝琳：《荷兰汉学家柯雷与中国当代诗歌研究》，《国际比较文学》2008年第3期，第471页。

汉学研究的务实传统，以"田野调查"的方法，进入正处于"进行时"的当代诗歌现场。从北京到上海，成都到哈尔滨，柯雷踏遍中国的南北东西，结交不同派别的诗人，搜集鲜活的一手资料，记录中国诗歌江湖中目之所及的每一个场面。这样细致入微的探查路径，不仅充分彰显了一位"局外人"赤诚而谨慎的求索之心，同样也为中国诗歌批评带来了一个独特的研究思路。

1996年，柯雷基于博士阶段的研究成果，推出专著《破碎的语言——中国当代诗歌与多多》，以朦胧诗派代表诗人多多为中心，对20世纪50—80年代的现代诗创作情况进行了全面的考察。该书基于"精密读法"（close reading）的研究范式，对多多诗歌创作展开了细致解读，揭示文本内在的艺术审美特质，更结合多多的创作经历和诗学特质，对中国当代诗歌现场，特别是热闹非凡的80年代进行整体性的观照和探查。因此，《破碎的语言》也成为柯雷诗歌研究的代表之作。

多多本名栗世征，1951年出生于北京，曾旅居荷兰，现为海南大学人文传播学院教授。多多自1972年开始进行诗歌创作，著有《行礼》《里程》《阿姆斯特丹的河流》等多部诗集，是朦胧诗派重要的代表诗人之一。2022年，多多获得了第四届昌耀诗歌创作奖。评委会在授奖词中指出，多多"一系列技艺出色、内涵深刻的现代诗文本，成就了其在中国当代诗歌史上无可置疑的重要地位"[1]。多多的诗歌文本也深深地打动了柯雷，因为他在诗中"发现了中国当代诗歌中的一种无与伦比的美丽和强烈"[2]。而在具体的研究过程中，柯雷不仅纵向梳理了多多在各个阶段创作风格的差异性特征，综合探查其诗作的"内容"（Form）与"形式"（Content）的发展脉络，思考其诗歌作品中普遍运用的艺术性技巧和修辞手段，及其背后所蕴含的精神意蕴和价值取向，特别是与20世纪80年代中国文化思潮之间难以忽视的契合之处。虽然对于中国现代诗生成与发展的观照，离不开中国社会文化的历史语境，但这种对于文本的尊

---

[1] 王十梅：《昌耀诗歌奖·诗歌创作奖·多多》，《青海日报》2022年8月12日第12版，https：//epaper.tibet3.com/qhrb/html/202208/12/node_12.html，2023年6月30日。

[2] M. van. Crevel, *Language Shattered: Contemporary Chinese Poetry and Duoduo*, Leiden：CNWS, 1996, p.109.

重，使得柯雷的新诗研究获得了文学研究与文化研究的双重视野，更为真切地还原出一个回归诗歌本真状态的中国当代诗坛。通过广泛的阅读和深入的思考，柯雷特别注意到多多语言优美、充满个性的诗意言说，无论是从文学批评还是文学史的维度，均真切地反映了20世纪80年代中国先锋诗歌的变迁。[①] 因此，在对多多诗歌创作的商酌过程中，柯雷并没有将他视为一个游离于中国诗歌发展脉络之外的"孤岛"，而是将其置于中国新诗演进的历史长流之中，综合考量中国现代诗歌的先锋性和实验性探索。这种个案探微与诗史梳理相结合的批评路径，也成为柯雷诗歌研究贯穿始终的探究模式。

在主流汉学研究中，中国文学创作的社会文化背景往往会受到格外的关注，似乎当代中国文学史的发展，只是中国政治史的一个优美且富有隐喻意味的脚注。而对此持相反态度的柯雷在进行诗歌研究的过程中，虽然从不刻意地回避政治、经济、社会思潮、文化变革等外部环境对于文学创作所带来的诸多影响，却始终秉持文本的中心位置，聚焦诗作的审美表达，从而在很大程度上跳出了意识形态与政治导向的陷阱，迈向更为开阔的美学场域。通过敏锐的感知与深邃的思索，柯雷努力深挖偏见背后的诗学内涵，"试图消解'政治化'阅读的效力，抵制无处不在的政治关注，以审美标准来制衡政治标准"[②]。这种努力在很大程度上修正了西方读者在观照东方文化时先入为主的偏见，在尊重文本创作语境，从而发掘以多多为代表的中国当代诗歌创作在"政治性"和"中国性"之外，所运用的那些个性化十足的言说方式，和具有普适意义的社会反思与文化批评。也正因如此，《破碎的语言》成为英语世界中国新诗研究的重要参考资料，被著名汉学家、现代诗研究者奚密（Michelle Yeh）誉为是诗歌研究者和所有关注当代中国社会和文化的人的必读书目。

20世纪80年代中期以来，有很多中国诗人同多多一样旅居或驻留海外。伴随着活动空间的全球性拓展，旅居海外的内地作家对自我民族及

---

① M. van. Crevel, *Language Shattered: Contemporary Chinese Poetry and Duoduo*, Leiden: CNWS, 1996, p. ix.

② 梁建东、张晓红：《论柯雷的中国当代诗歌史研究》，《当代文坛》2009年第4期，第244页。

文化身份的探寻,及其笔下对于"漂泊"主题的书写,无不成为一些汉学家热衷探讨的话题。但在具体的分析过程中,研究者们往往会先入为主地将复杂的社会因素和政治因素嵌入其中,以博得海外大众媒体的关注,而"忽视文学文本本身的精妙之处,让这种偏见更加明显"[1]。与这些旅居海外的中国诗人保持密切联系的柯雷,同样也注意到了这一误读现象,并开始寻求一条更为准确、客观、中立的阅读之路。在柯雷的研究中,不仅聚焦这些诗人创作及出版活动的文化属性,更将其诗作独特的审美价值,置于和社会属性同样重要的位置予以综合性的阐释,从而实现对固有研究误区的纠偏。于是,在《旅居国外的诗人:杨炼、王家新、北岛》一文中,柯雷沿袭《破碎的语言》聚焦个案、回归文本、兼顾语境的研究模式,发掘诗人"政治履历"之外的"文学履历","厘清附在他们身上'漂泊'这个众说纷纭、饱受争议的标签"[2],从而在中国当代诗歌史上予以其更为客观、中立的文学评判。在这篇文章中,柯雷基于约翰·葛拉德(John Glad)的关于"流散文学"的理论模式,从情境、出版地、主要目标读者、东道国的生活方式和语言、重返故国几个维度,对杨炼、王家新和北岛三位具有典型代表性的诗人的海外经历,和他们的诗歌创作中呈现出的"漂泊特征"进行细致地辨析。柯雷不仅从他们的漂泊叙事中,挖掘作者个人经历的转喻,更在宏大的历史语境下,探查不同文化之间的冲击,以及对诗人自身言说方式和表达路径层面上的更新与丰富。也正是在个人旅居经历的催化之下,三位诗人内在的漂泊本质被极大地激发出来,构成其诗歌创作的精神内核。换言之,这些诗人独特的漂泊经历,为他们的文学创作带来巨大的创造性潜能和独特性影响,认为这样的特殊经历极大地"提升了他们操控创造性语言的能力,让他们跌跌撞撞地闯入了新的创作领域"[3]。实际上,文本中所显现出的"漂泊"的心理状态,不单出现在那些远离故土之后创作而成

---

[1] [荷]柯雷:《旅居国外的诗人:杨炼、王家新、北岛》,张晓红译,《文艺争鸣》2017年第10期,第134页。

[2] [荷]柯雷:《旅居国外的诗人:杨炼、王家新、北岛》,张晓红译,《文艺争鸣》2017年第10期,第134页。

[3] [荷]柯雷:《旅居国外的诗人:杨炼、王家新、北岛》,张晓红译,《文艺争鸣》2017年第10期,第138页。

的诗作之中，甚至也绝非远行他乡的旅人所独有的。因此，柯雷意图透过具体的文本，揭示诗人的漂泊经历与诗作中的漂泊气质之间的差异性，从而提出"文本的证据，哪怕只是为了抵抗宏大历史和个人传记倾向于把文学变成文献史料这一现象"[①]，努力扭转对于中国当代文学的传记法或史学法的研究误区，从而以更为中立、客观的态度，正视中国文学创作的文学品质和精神意蕴。

《破碎的语言》出版12年之后，柯雷再次推出个人专著《精神与金钱时代的中国诗歌》，奠定了他作为中国诗歌研究领域的重要地位。2017年，该书由学者张晓红翻译成中文，由北京大学出版社出版，并在中国诗歌评论界引发了热烈的响应。《精神与金钱时代的中国诗歌》集严谨的学术研究、广泛的田野调查和敏锐的洞察力于一身，将对于诗歌文本的细致解读，嵌入文化社会学的研究图式，为中国当代诗歌史的研讨提供了一种新的路径和方法。

《精神与金钱时代的中国诗歌》建构起了一个由"文本"（诗歌作品）、"语境"（诗歌的历史、文化、社会环境）和"元文本"（关于诗歌的各种话语）三个维度的坐标系，探查20世纪80年代以来中国现代诗歌的创作主流，特别是朦胧诗及先锋诗歌创作活动，将对文化社会学问题的关注，融入对诗歌文本的审美发掘之中，从而实现了对韩东、海子、西川、于坚、孙文波、尹丽川、沈浩波、颜峻等诗人诗作的探微，串联起中国当代先锋诗人的群像图景。在这一研究过程中，柯雷进一步拓展和丰富了他自《破碎的语言》所采用的聚焦个案、回归文本、兼顾语境的研究模式，提出了"文本—语境—元文本"的三重维度，对当代中国诗歌现场进行有效还原。而这一研究模式在还原诗歌创作现场、直抵文本精神内核的同时，进一步明确"诗歌首先是艺术，诗歌可能具备的社会记录或普遍性再现功能是次要的，诗歌形式对其内容的实现必不可少"[②]。

[①] ［荷］柯雷：《旅居国外的诗人：杨炼、王家新、北岛》，张晓红译，《文艺争鸣》2017年第10期，第146页。

[②] ［荷］柯雷：《精神与金钱时代的中国诗歌：从1980年代到21世纪初》，张晓红译，北京大学出版社2017年版，第60页。

而在对具体文本的个案分析过程中，柯雷依然坚持文本细读的"传统"批评方法，通过文本独特的表达技巧和修辞手法，力图揭示在那个喧嚣的文化语境下，诗歌文本最为核心的内聚力（coherence），以及诗文"内容"和"形式"之间相互关联、相互依存的协同作用。例如在第四章中，柯雷通过西川诗句表层与深层含义之间的互动，总结其"意象捕捉语词"的独特书写路径，及其背后所隐含的"精神高于物质"（mind over matter），展现文本内容与形式之间的复杂性、双重性和协同性。同样，柯雷对于诗歌文本的细致解读并没有局限于纸上语词的字斟句酌，而是由语言拓展至文化分析的维度，在文化社会学的视域下，诠释先锋诗歌表达方式的实验性探索，及其背后所隐含的社会关怀与文化思潮。例如在全书的最后一章，柯雷选择颜峻独特的三维诗歌表演作为聚焦对象，"凸显了诗歌与其他艺术之分、中国与外国之分、高雅与低俗之门的瓦解，至少，这些领域之间的分界中的罅隙在日益增多"①。这样的研究范式，在真实还原诗歌创作现场的基础上，同样实现了研究方法与批评范式的更新，"充分显示出柯雷在中国当代诗歌研究中的学术观念，同时也描绘出这位海外汉学家学术视域上的发展与成熟"②，因此，也奠定了柯雷作为享誉世界的中国当代诗歌研究专家的超然地位。

《精神与金钱时代的中国诗歌》中的探索与阐释，同样映射出柯雷关于"经典化"问题的解读。在柯雷看来，韩东、西川、于坚无疑是最能够代表先锋诗歌创作的诗人，因此在这部书中，大量的篇幅均围绕这三位诗人的创作活动展开。诚然，柯雷在撰写本书时明确表示自己"无意综观中国先锋诗歌全貌"③，只是希望借助对在公共领域产生显著影响的诗人诗作予以观照，从某一个独特的视角，如实反映当代先锋诗歌创作的繁荣景象，以唤起全世界范围内的读者对这一特别文化图景的关注和认知。但抛开具有主观性的审美偏好，柯雷对于典型诗作的择取，无疑

---

① [荷] 柯雷：《精神与金钱时代的中国诗歌：从1980年代到21世纪初》，张晓红译，北京大学出版社2017年版，第429页。
② 郝琳：《荷兰汉学家柯雷与中国当代诗歌研究》，《国际比较文学》2008年第3期，第462页。
③ [荷] 柯雷：《精神与金钱时代的中国诗歌：从1980年代到21世纪初》，张晓红译，北京大学出版社2017年版，第52页。

也为正在进行中的中国诗歌研究,特别是中国诗歌史的梳理提供了新的视角和思路。

2016年,柯雷再次来到中国,担任北京师范大学访问学者,并开展了为期一年的田野调查。次年,柯雷的《行走江湖:中国诗歌现场快照》发表于《现代中国文学与文化》(Modern Chinese Literature and Culture),收录了2016年9月至2017年6月期间,有关中国诗坛的调查笔记、现场报道和断章随想。对于"江湖"一词,柯雷结合中国传统文化中的独特内涵,提出其背后蕴含着一种"社会边缘对国家制度和精英传统的咧嘴一笑的反叛"①,并将中国当代诗歌江湖视为一个"广阔"(wide)且"疯狂"(wild)的诗歌世界。在这个看似边缘的小众文化群落中,既海纳百川般地容纳着万千竞相追逐的游侠浪子,又构筑起颇具先锋性和反叛性的自由天地。"诗歌江湖"的"民间"定位,也在昭示着中国新诗对于社会公共话语的高度参与。例如,2003年抗击非典疫情和2008年纪念汶川地震而涌现出的作品,使得新诗疆域的拓展并没有局限于先锋性的语言和结构,在吟唱的对象和现实的沉思中,亦有其独特的脉动节奏。

《行走江湖》一文同样延续着《破碎的语言》的阐释风格和研读视角,体现出对于中国诗坛的整体性观照。柯雷本人也在"走向民间"的行进过程中,以一个田野调查"亲历者"和异域学人"旁观者"的双重视角,记录了中国当代诗坛正在发生的各类活动和事件,以及自身对于中国新诗活动现场的观点与态度。在他看来,各类研讨会、聚会、线上交流活动,无不印证着中国当代诗歌的创作者、阅读者和研究者始终处于十分活跃的状态。中国当代诗坛看似居于"边缘化"的位置,却从未停止过激烈证明和热情求索的步伐,依然保持着一种"折腾"的状态:

> 总之,诗歌的场景散发出一种几乎难以想象的活力,这使得对其"边缘化"的持续哀叹成为谎言。在这一点上,如果我们只看数字,其实我们不应该这么做,现代诗歌在世界范围内处于边缘地位。如果我们允许这一类型的现代化身的本质进入我们的视野,那么说

---

① M. van. Crevel, "Walk on the Wild Side: Snapshots of the Chinese Poetry Scene", *Modern Chinese Literature and Culture*, December 2017, p. 47.

这种边缘性是它固有的可能只是一点争议。这在中国比在其他许多地方更重要，因为古典诗歌的持续大量存在，与喧嚣的 80 年代形成鲜明对比——但 80 年代新诗的激增确实是一种反常现象，它是由文化大革命后公众对文化自由化的渴望和诗人的激进主义的愉快相遇引起的，当时其他干扰还没有开始竞争。每当我有机会说这些的时候，我觉得自己就像一个被撕掉的记录，因为我是希瑟·因伍德（Heather Inwood）所称的当代中国诗歌悖论的局外人：一种诗歌近乎死亡的表现，和一种诗歌非常活跃的现实。①

显然，柯雷以近似中国传统笔记体小说的书写笔法，对正处于"进行时"的中国当代诗坛，进行了由表及里、由小到大、由浅至深的综合探查。看似松散的"碎片化"书写背后，展现了一个早已参与其中并亲身见证着中国诗坛正当时的"异域者"，凭借"仗剑走天涯"般的热情与豪迈，对于"他乡文化"最为真切的体验与感受。在《行走江湖》中，柯雷特别谈到了许多中国诗评人和大众媒体对其《精神与金钱时代的中国诗歌》的看法，特别是他作为一个"局外人"形象的塑造。对于这一问题，柯雷也作出回应，提出"我们与研究对象之间的距离仍然十分重要，就像语言与文化、自我与他者一般。语言、文化、教育、研究传统等因素决定了我们是谁，也在时刻影响着我们'入场'与'退场'的方式"②。

近年来，柯雷对打工诗歌的关注热情极高，认为"它能让我们这些象牙塔里的学者，以及其他很多人，重新反省什么叫好诗"③。柯雷敏锐地注意到，虽然在全世界的诗歌创作中，对劳动生活的书写并不罕见，但无论是创作的规模还是文本中对社会现实的反映程度，中国的打工诗歌都占据着绝对性的优势，可谓是一个独有的创作景观。这种"全民皆诗"的表达，不仅是当代中国社会背景下，借助诗歌的言说方式对于自

---

① M. van. Crevel, "Walk on the Wild Side: Snapshots of the Chinese Poetry Scene", *Modern Chinese Literature and Culture*, December 2017, p. 2.
② M. van. Crevel, "Walk on the Wild Side: Snapshots of the Chinese Poetry Scene", *Modern Chinese Literature and Culture*, December 2017, p. 57.
③ 易彬：《"跳进中国当代诗坛多维空间的漩涡"——柯雷教授访谈录》，《文艺研究》2019 年第 4 期，第 85 页。

身生存境遇的深度忧思，更与中国诗歌的源头《诗经》有着千丝万缕的关联，展现出这个诗歌大国对于劳动者的命运叩问和浪漫书写。因此，柯雷的打工诗歌研究不单是对中国当代诗歌现场的真实记录，也超越了诗歌本身，涉及了对更为深邃的人生际遇、社会语境与审美经验之间复杂关系的深度洞察。

在《中国打工诗歌：重拳出击》("China's Battlers Poetry: Punching Up", 2021) 和《无人掌控：中国打工诗歌》("No One in Control: China's Battler's Poetry", 2021) 两篇新作中，柯雷对打工诗歌这一独特的创作现象进行了整体性的考量，特别是它的创作动机及其背后所反映的社会文化语境。《中国打工诗歌：重拳出击》充满激情地肯定了打工诗歌的现实意义，认为它触及了诸多具有启发性的严肃话题，是一首唱响社会正义的"战斗者之诗"[1]。而在《无人掌控：中国打工诗歌》中，柯雷一方面延续着自己文本细读与文学社会学相结合的批评路径，以郑小琼和小海两位中国诗人的诗歌创作为切入点，充分探查打工诗歌的话语建构模式，并对当前海内外的研究情况进行综述和反思。在他看来，这两位诗人以及他们背后千千万万的打工诗人，所处于有别于一般人的生活经历和创作状态，也更为生动地展现出当下中国社会中盛行的"草根文化"与国家主流话语建构之间的复杂关联。[2] 作品对于个体命运和社会体系的沉思，同样彰显了这个古老的诗歌国度在不同的现实语境下对于家国情怀的别样书写。而抛开打工诗歌的社会意义，打工诗歌在国内外的迅速"走红"，以及由它所引发的一系列文学及文化问题的争论，无疑也印证了当下汉学研究乃至区域和国别研究的多元化发展模态，值得持续地关注和探索。

第三节　柯雷与莱顿大学的汉学研究

恰如学者在梳理荷兰汉学史时所指出的，柯雷求学和任教的"莱顿

---

[1] M. van. Crevel, "China's Battlers Poetry: Punching Up", *World Literature Today*, Spring 2021, p. 33.

[2] M. van. Crevel, "No One in Control: China's Battler's Poetry", *Comparative Critical Studies*, Vol. 18, No. 2–3, p. 171.

大学见证了荷兰早期汉学发生和发展的全部历史进程"①。莱顿大学成立于1575年，经历了将近五个世纪的发展，逐渐成为一所世界级的顶尖研究型大学。根据黄金时代海外贸易业务的需求，莱顿大学东方语言研究，凭借大量国际知名学者和丰富的馆藏文献资源，而成为欧洲汉学研究的中心。在菲利普·弗朗兹·冯·西博尔德（Philipp Franz van Siebold，1766－1866）、霍夫曼（Johann Joseph Hoffmann，1805－1878）、薛力赫（Gustaaf Schlegel，1840－1903）、高延（J. J. M. de Groot，1854－1921）、戴闻达（Jau Julius Lodewijik Duyvendark，1889－1954）、何四维（Anthony Francois Paulus Hulsewe，1910－1993）、许理和（Erik Zürcher，1928－2008）、施舟人（Kristofer Schlepper，1934－2021）、伊维德、梁兆兵（James Chao-ping Liang，1936－ ）等汉学家的大力推动下，荷兰莱顿大学逐渐成为欧洲汉学研究的重要基地。这些汉学家"开放包容的品格以及许多人掌握多国语言的优势"②，也使得荷兰的汉学研究形成一支团队化、国际化和专业化的研究队伍，在世界的舞台上施展自身的才华与魅力。

早期莱顿大学的汉学研究侧重于语言、历史、文学和宗教等领域的探查。随着欧洲区域和国别研究领域的不断发展，莱顿大学中国文学研究培养也同样"从比较注重文本的研究向偏重文化社会学的研究转变"③，进一步确立了多维度视野和多元价值观共同发展的开放性研究模式，其研究深度和影响广度也随之不断提升。如今，莱顿大学汉学院主要设置中国语言和文学组、中国历史组和现当代中国三个组别，除了基础性的语言习得和研究之外，更涉及历史、社会、文化等更为开阔、丰富、多维的学术领域，从而做到科研与教学、地方性与学科性、历时角度与共时角度之间的促进和融合。④

1996年，柯雷获得文学博士学位后，担任悉尼大学中文系讲师，后

---

① 熊文华：《荷兰汉学史》，学苑出版社2012年版，第48页。
② 熊文华：《荷兰汉学史》，学苑出版社2012年版，第3页。
③ 易彬：《"跳进中国当代诗坛多维空间的漩涡"——柯雷教授访谈录》，《文艺研究》2019年第4期，第79页。
④ ［荷］柯雷：《荷兰莱顿大学汉语教学和汉学研究的历史及现状》，《国外汉语教学动态》2002年第1期，第36页。

于 1999 年成功获得了莱顿大学中国语言文学教授的职位，主要负责现代汉语课程的设计和发展，并承担中国文艺导论、散文研究、诗歌和戏剧研究、现代中国文学世界、海外中国文学研究等课程的教学活动。实际上，面对自己的汉学家身份，柯雷对于中国当代诗歌"中国性"问题的思考，也贯穿他的研究始终。在《精神与金钱时代的中国诗歌》中，他就曾明确地提出，自己的研究对象并非局限于对中国诗作的探查，"把这些诗歌称为'中国'诗歌，并不意味着它的读者必须是任何一种意义上的'中国'人，也不意味着这些诗歌对所谓真实性作了本质化、异域化的误导"①。在他看来，汉学家并非是聚焦一国的探查，更"应该勇敢地抛弃殖民主义思想遗产，与时俱进，以全球视野和世界情怀建构一种社会科学、人文科学和区域研究协同的新型中国学"②。也正是在这样的研究理念的带领下，柯雷在积极开展学术研究和教学活动之余，还肩负起莱顿大学区域和国别研究机构的行政职责。2009 年起，柯雷负责的莱顿大学区域与国别研究院、"全球莱顿"、莱顿大学宗教研究中心等学术研究机构，为大量汉学研究者提供了有力的平台支撑。在由柯雷负责起草的莱顿大学区域和国别研究发展报告《此处为何处：区域研究之反思》（"'Where Is Here?'：Reflections on Area Studies"，2012）中，柯雷同样细致阐述了自己对于区域国别研究的思考，提出了对于将莱顿大学打造成为一个多元开放、兼容并蓄的国别和区域研究中心。特别是要从一个"当下的、包容性的、具有全球意识的区域视野出发"③，让莱顿大学区域研究所成为一个以真正的全球视角审视世界的平台。

设立于 1969 年的现代中国文献中心，在莱顿大学汉学研究的发展过程中起到了十分积极的影响和作用。然而，由于中国当代诗歌发展的独特态势，大量珍稀的资料难以被完全收录和统计。特别是对于海外研究

---

① ［荷］柯雷：《精神与金钱时代的中国诗歌：从 1980 年代到 21 世纪初》，张晓红译，北京大学出版社 2017 年版，第 55 页。

② 张晓红：《柯雷（Maghiel van Crevel）与中国当代文学》，《荷兰汉学》2021 年 2 月 26 日，https://mp.weixin.qq.com/s/pr5hBeZjI7PDsTJF8MkvyA，2023 年 6 月 30 日。

③ 参见莱顿大学区域与国别研究院简介，网址：https://www.universiteitleiden.nl/binaries/content/assets/geesteswetenschappen/lias/where-is-here-leiden-university-institute-for-area-studies-lias-2012-and-updates.pdf，2023 年 6 月 30 日。

者而言，先锋诗歌资料的收集和整理，无疑是一件非常棘手的事情。在完成博士毕业论文撰写期间，柯雷注意到海外对于中国当代诗歌相关资料的匮乏，因此也萌生了整理和收藏中国当代诗歌文献，特别是仍处于"零散"状态民间诗歌资料的想法。于是自 1991 年起，柯雷定期前往中国进行实地考察和资料搜集，并逐步建立起"现代中国文学与文化资料中心"（Modern Chinese Literature and Culture Resource Center），收集各类正式及非正式出版的诗歌集著、报刊读物、影音资料、通信手稿等。2006 年，柯雷将这些依靠个人力量搜集到的珍贵文献捐赠给莱顿大学图书馆，并成功吸引了全球学者的瞩目。随后，这些资料被制作为电子档案，供全世界的诗歌爱好者阅览使用。这些资料被先后整理形成线上数据库，分别包括"中华人民共和国非官方诗歌期刊：一份研究笔记和加注参考书目"（Unofficial Poetry Journals from the People's Republic of China：A Research Note and an Annotated Bibliography，2007）、"中华人民共和国先锋诗歌：单作者和多作者文集参考书目"（Avant-Grade Poetry from the People's Republic of China：A Bibliography of Single-Author and Multiple-Author Collections，2008）和"中华人民共和国先锋诗歌：中文学术和批评作品参考书目"（Avant-Grade Poetry from the People's Republic of China：A Bibliography of Scholarly and Critical Books in Chinese，2008），以便海内外研究者阅读使用。这一内容丰富的当代诗歌资料库，对展现当今中国新诗风貌起到了重要的作用，更惠及全球学者的多个领域的研究工作。2019 年，荷兰莱顿大学图书馆中国当代民间诗刊特藏数字化项目正式上线，来自世界各地研究者能够以更加便捷的方式，在线阅览这些珍贵的馆藏资源。

恰如柯雷自己所总结的那样，通过"民族志学的田野调查方法，将文本研究和语境研究相结合"[①]，柯雷凭借自身对多门语言的驾驭能力和丰富多元的知识储备，建构起了一条独特的"文学人类学"（Literary Anthropology）的文学研究范式，从正在进行的文学活动中探查个体生存境遇和人类社会发展趋势，无疑是其学术研究颇为独特的探查路径。这一

---

① 黄茜：《荷兰汉学家柯雷：真正理解中国当代诗歌，必须走入民间》，《南方都市报》2022 年 6 月 19 日第 13 版。

研究范式的逐渐生成，不仅为中国当代诗歌批评提供了一个难能可贵的"旁观"视角，更充分展现出了当代汉学研究的多样发展。在柯雷汉学研究的大力推动下，以当代诗歌为代表的中国文学，受到了越来越多海外读者的关注和阅读，也帮助中国新诗在更为广阔的世界舞台上，唱响来自诗歌之国的时代之音。

结　　语

汉学研究可谓为联通中国和世界其他国家之间的友谊之桥、沟通之桥，也是在百年未有之大变局背景下，需要维护和继续建设的和平之桥。习近平总书记在出席中国共产党与世界政党高层对话会的主旨讲话中提出全球文明倡议，揭示文明交流和发展的基本规律，强调尊重世界文明多样性，加强国际人文交流合作，不同文明包容共存、交流互鉴，从而促进人类文明进步、推动人类命运共同体构建。汉学研究是实现全球文明的重要途径，在文明交流互鉴中，汉学是融通中西文明的重要学术桥梁，汉学家尤其是推动中华文化和世界各国文明互学互鉴的文化先导。汉学通常被理解为外国学者研究和介绍中华文化与文明的学问，汉学家们的研究则促进了中华文化的海外传播，带动了中外文化的交流与融合，让世界更好地认识和理解中国。汉学研究是一个丰富而多样化的范畴，它不局限于研究汉语或中国文化，而是涵盖了对中国历史、语言、宗教、哲学等多方面的综合研究，研究方法也可以借鉴多学科领域的成熟方法论。因此，本书从文化批评视角入手，主要聚焦于欧美汉学研究，重点论述了 20 世纪对中国文化研究颇有见地的 12 位评论家的文化观念。

本书选取的 3 位英国汉学家分别对中国语言、科学技术史、中国艺术等方面展开探索。翟理斯是较早将中国文化引入当代西方世界的汉学研究者，他以文学为纽带，通过高质量译介和扎实的文学研究，努力消除西方社会对中国的曲解。翟理斯的汉学研究更具人性化特征，他通过文学翻译，把中国宗教、民俗、礼仪等多个领域的知识都展现在西方读者面前，致力于将汉学研究与文化传播相结合，使译书超脱一般翻译作品的价值，具有更多文化传播的意义。李约瑟的研究更具跨文化、跨学科特征，涉及科技、医学诸多领域，注重整体观和辩证的思维模式，开拓了中国古代科学研究的新视角，推进了世界各国科学家的交流与合作。苏立文以亲历者、旁观者与记录者的不同身份来审视中国艺术的发展，这些身份中的矛盾又以和谐的方式在他的研究中呈现出来。因此，与其说他是在以一种"西方的眼光"来观看中国艺术，不如说他使用的是一种个人化的独特视角，向西方读者展现他眼里的中国。他坚信艺术作品本身就是不可分割的第一手材料，他在绵长悠远的历史中梳理中国艺术的脉络，从山水、人物到建筑和雕塑，他在西方学界对中国艺术知之甚少的年代，通过自己全面而立体的叙事风格，质朴却扎实的研究方式，唤醒了西方对中国艺术的关注。

　　本书选取的2位美国汉学家则重点关注中国社会史和文学史的发展。孔飞力在受益于导师真传的同时，并未沿用其导师提出的"冲击—反应模式"来阐释中国历史，而是提出了"中国中心说"，强调以中国社会历史为基础来解读中国的发展变化，从中国内部去探究历史变迁的原因和动力。宇文所安的研究范围涵盖了跨文化、文本解读、文学史等多个领域。宇文所安细致地探查了中国唐诗的独特韵味，由此激发了其对中国古典文学的热爱，致力于厘清中国文学史的发展脉络，建构一套完整的中国古典文学批评话语体系。宇文所安利用比较文学的视野，不断遨游于文本所反映的历史与当下的世界中，形成了自己独特的汉学学术体系。早期由于语言背景的差异以及学术方法的不准确适用，宇文所安的确对中国古典诗歌往往形成过度阐释甚或误读。但值得肯定的是，宇文所安将优秀的中国古典文学带给了世界，推动了中国文化的海外传播，增强中国的"软实力"，扩大了中国文学和文化的核心价值在西方社会的影响力，同时也促进了中西学者的互补、互证、互鉴的文学文化交流局面和开放包容的学术视野，最终共同促进世界学术和文明的繁荣。

　　本书选取的2位荷兰汉学家对中国的俗文学和现代诗歌产生浓厚兴趣。对于伊维德而言，中国女性为抒发共同的情感而开始写作，并创造了自己的文字，她们用自创的文字来书写自己的生活和故事。这些故事就是代表中国文学丰富性和多样性的典范。柯雷凭借自身对多门语言的驾驭能力和丰富多元的知识储备，建构起了一条独特的"文学人类学"的文学研究范式，从正在进行的文学活动中探查个体生存境遇和人类社会发展趋势，无疑是其学术研究颇为独特的探查路径。这一研究范式的逐渐生成，不仅为中国当代诗歌批评提供了一个难能可贵的"旁观"视角，更充分展现出当代汉学研究的多样发展。在柯雷汉学研究的大力推动下，以当代诗歌为代表的中国文学，受到了越来越多海外读者的关注和阅读，也助推中国新诗在更为开阔的世界舞台上，唱响来自诗歌之国的时代之音。

本书还呈现了其他国家汉学家的研究成就。瑞典汉学家喜仁龙的研究在某种程度上打破了欧洲中心论，他将一种东方叙事带入西方历史文化发展之中，在中西文化比较的视野下彰显中国艺术的独特魅力，从而潜移默化地改变着西方学术界对东方文化与文明的认知。加拿大汉学家卜正民不仅是一个西方历史学家，更是一位具有全球视野、关注中国、深受中国文化启发并将中国历史介绍给世界的汉学家，尤其重视中国史研究。他以西方人的身份讲述中国，在跨文化的语境中将视野拉至全球史的宏大画卷之中，却并未受限于西方中心主义的思想之中，而是能够独辟蹊径让西方人了解他们想知道的、更为具象化的中国。作为历史学家，他又并未将自己的历史视野局限于鸿篇巨制的历史人物之中，而是愿意通过微观视角去挖掘历史长河中的芸芸众生，把握中华文化的整体发展。喜仁龙在阐释自己的中国艺术观念的过程中，致力于让中国人自己言说，遵从中国艺术自身的叙事模式，而不是将其纳入西方的历史化、理性化的艺术史书写架构中。

德国汉学家顾彬的研究兴趣在于当代中国文学的发展，他将以往东西方普遍认为是游离于世界文学之外的中国文学重新放入整个世界文学之中，这也是顾彬对中国文学的最大贡献。法国汉学家葛兰言的学术研究路径体现了一种学科共融的意识，他将历史学、社会学方法引入中国文化研究。葛兰言与生俱来的文化他者旁观性视角，使得他得以跳脱出既有的研究范式与文献阐释模式，重新发现历史材料的新价值。可见，葛兰言一方面带着不同的学科视角考察中国历史文化，也天然具有文化的"他者"视角，将中国置于世界文化背景下发掘其特殊性与一般性。

日本汉学家竹内好可谓域外鲁迅研究最为重要的研究者之一，他将鲁迅的思想置于时代语境之中，考察鲁迅思想对世界的启示。鲁迅生于战争年代，其"绝望"不仅是对混乱现实的无奈，亦是对中华民族发展的忧虑。由此，竹内好认为鲁迅形成了"回心"观念，他不断地进行自我抗辩，在自我否定中获得前进动力，成为具有革命精神的启蒙者。

本书选取的 12 位汉学家绝非 20 世纪汉学研究的整体状貌，他们只是这一时期最具代表性、最具影响力、研究成果较为突出的汉学研究者，受篇幅所限，仍有许多汉学研究者未能纳入本书之中。在汉学研究领域，除欧美汉学、日韩汉学、俄罗斯汉学等构成当今世界汉学主要格局的主流汉学研究外，像墨西哥、埃及、伊朗、秘鲁等新兴汉学研究在一定程度上探讨尚不充分，而这些地区的汉学研究是世界汉学的重要组成部分，在本书中也还未能给予充分论述。因此，全面探讨世界汉学发展将是我们之后的研究方向，研究将以更全面的视角审视汉学发展。

参考文献

Brook, Timothy, *The Confusion of Pleasure: Commerce and Culture in Ming China*, Berkeley and Los Angeles: University of California Press, 1999.

Burnett, Katherine P., "Art and Artists of Twentieth-Century China by Michael Sullivan", *Modern Chinese Literature and Culture*, Vol. 11, No. 2, Fall 1999, pp. 186 – 192.

Chemla, Karine, "Needham and The Issue of Chinese as a Language for Science: Taking a Linguistic Turn Materially", *Isis*, Vol. 110, Issue 1, 2019.

Chen, Buyun, "Needham, Matter, Form, and Us", *Isis* 110, Vol. 110, No. 1, 2019.

Chavannes, Ed., "*An Introduction to the History of Chinese Pictorial Art* by H. A. Giles", *T'oung Pao*, Second Series, Vol. 6, No. 2, 1905, p. 251.

Crevel, M. van, *Language Shattered: Contemporary Chinese Poetry and Duoduo*, Leiden: CNWS, 1996.

Crevel, M. van., "China's Battlers Poetry: Punching Up", *World Literature Today*, Spring 2021.

Crevel, M. van., "No One in Control: China's Battler's Poetry", *Comparative Critical Studies*, Vol. 18, No. 2 – 3.

Crevel, M. van., "Walk on the Wild Side: Snapshots of the Chinese Poetry Scene", *Modern Chinese Literature and Culture*, December 2017.

Duke, M. S., Review of *The Poetry of Meng Chiao and Han Yü*, by S. Owen, M. Chiao, & H. Yü, *Chinese Literature: Essays, Articles, Reviews (CLEAR)*, Vol. 1, No. 2, 1979.

Giles, Herbert Allen, *Chinese Sketches*, London: Trubner, Ludgate Hill, Shanghai: Klley, 1876.

Giles, Herbert Allen, *Strange Stories from a Chinese Studio*, Shanghai: Kelly & Walsh, 1916.

Giles, Herbert Allen, *Gems of Chinese Literature*, Shanghai: Kelly & Walsh, 1923.

Giles, Herbert Allen, *Chuang Tzus: Taoist Philosopher and Chinese Mystic*, London: Hmwin Hyman, 1980.

Idema, Wilt and Beata Grant, *The Red Brush: Writing Women of Imperial China*, Cambridge: Harvard University Asia Center, 2004.

Idema, Wilt, *Personal Salvation and Filial Piety: Two Precious Scroll Narratives of Guanyin and Her Acolytes*, Honolulu: University of Hawaii Press, 2008.

Jaivin, Linda, "Art and Artists of Twentieth-Century China by Michael Sullivan", *The China Journal*, No. 39, January 1998.

Kuhn, Philip A., *Origins of the Modern Chinese State*, Stanford, CA: Stanford University Press, 2002.

Lim, Jongtae, "Joseph Needham in Korea, and Korea's Position in the History of East Asian Science", *East Asian Science, Technology and Society: An International Journal*, Vol. 14, No. 2, 2020.

Liu, James J. Y., "*The Great Age of Chinese Poetry; the High Tang* by Stephen Owen", *Chinese Literature: Essays, Articles, Reviews (CLEAR)*, Vol. 4, No. 1, 1982.

Lo, Vivienne, "How Can We Redefine Joseph Needham's Sense of A World Community for the 21st Century?", *Cultures of Science*, Vol. 3, Issue 1, 2020.

Loehr, Max, "The Birth of Landscape Painting in China by Michael Sullivan", *Journal of the American Oriental Society*, Vol. 82, No. 2, 1962.

Maugham, W. S., *On a Chinese Screen*, London: Heinemann, 1922.

Moule, A. C., "Herbert Allen Giles", *The Journal of the Royal Asiatic Society of Great Britain and Ireland*, No. 3, 1935.

Nappi, Carla and McKenzie Wark, "Reading Needham now", *Isis* 110, Vol. 110, Issue 1, 2019.

Segraves, Julie M., "Art and Artists of Twentieth-Century China by Michael Sullivan (Book Review)", *China Review International*, Vol. 5, No. 2, Fall 1998.

Silbergeld, Jerome, "Michael Sullivan (1916 – 2013)", *Archives of Asian Art*, Vol. 63, No. 2, 2013, pp. 209 – 210.

Sirén, Osvald, *The Chinese on the Art of Painting*, New York: Schocken Books, 1963.

Sullivan, Michael, *A Short History of Chinese Art*, Berkeley and Los Angeles: University of California Press, 1967.

Sullivan, Michael, *Art and Artists of Twentieth-Century China*, Berkeley and Los Angeles: University of California Press, 1996.

Sullivan, Michael, *The Birth of Landscape Painting in China*, Berkeley and Los Angeles: University of California Press, 1962.

Törmä, Minna, *Enchanted by Lohans Osvald Sirén's Journey into Chinese Art*, Hong Kong: Hong Kong University Press, 2013.

Yang, L S. "Reviews", *Harvard Journal of Asiatic Studies*, Vol. 18, No. 1/2, 1955.

Zhang, Baichun and Tian Miao. "Joseph Needham's Research on Chinese Machines in the Cross-Cultural History of Science and Technology", *Technology and Culture*, Vol. 60, No. 2, 2019.

［德］顾彬:《二十世纪中国文学史》,范劲等译,华东师范大学出版社2008年版。

［德］顾彬:《汉学是外国学吗?》,《南方周末》2015年4月30日,http://www.infzm.com/contents/109266,2023年6月25日。

［德］顾彬:《解读古代中国的"忧郁感"》,《清华大学学报》(哲学社会科学版)2004年第3期。

［德］顾彬:《每个时代都有它自己的语言》,《新京报》2017年11月4日,http://epaper.bjnews.com.cn/html/2017 – 11/04/content_700376.htm? div = −1,2023年6月25日。

［德］顾彬：《希望和孔子、老子、庄子见面》，《瞭望东方周刊》2014年第22期。

［德］顾彬：《我把全部的爱献给了中国文学》，《南方周末》2008年11月28日。

［德］顾彬：《中国诗歌史——从起始到皇朝的终结》，刁承俊译，华东师范大学出版社2014年版。

［德］顾彬：《中国文人的自然观》，上海人民出版社1990年版。

［德］顾彬、朱谅谅：《忆当年（二）》，《美文（上半月）》2015年第11期。

［法］葛兰言：《古代中国的节庆与歌谣》，赵丙祥、张宏明译，广西师范大学出版社2005年版。

［法］葛兰言：《中国人的宗教信仰》，程门译，贵州出版集团公司、贵州人民出版社2010年版。

［法］葛兰言：《中国文明》，杨英译，中国人民大学出版社2012年版。

［荷］H. 弗洛里斯·科恩：《科学革命的编史学研究》，张卜天译，湖南科学技术出版社2012年版。

［荷］Maghiel Van Crevel、柯雷：《瘸子跑马拉松》，《诗探索》1994年第4期。

［荷］柯雷：《精神与金钱的中国诗歌：从1980年代到21世纪初》，张晓红译，北京大学出版社2017年版。

［荷］柯雷：《荷兰莱顿大学汉语教学和汉学研究的历史及现状》，《国外汉语教学动态》2002年第1期。

［荷］柯雷：《旅居国外的诗人：杨炼、王家新、北岛》，张晓红译，《文艺争鸣》2017年第10期。

［荷］柯雷：《逝者"我的中国诗歌语言强化班"——纪念马高明》，《新京报》2022年11月24日，https：//baijiahao. baidu. com/s？id = 1750374752080825155&wfr = spider&for = pc，2023年6月30日。

［荷］伊维德：《我们读到的是"元"杂剧吗——杂剧在明代宫廷的嬗变》，宋耕译，《文艺研究》2001年第3期。

［美］孔飞力：《他者中的华人：中国近现代移民史》，李明欢译，江苏人民出版社2016年版。

［美］斯蒂芬·欧文：《初唐诗》，贾晋华译，广西人民出版社1987年版。

［美］宇文所安：《汉学家宇文所安谈唐诗：不要给诗人排座次》，《上海作家》2014年7月9日，http://www.spcsc.sh.cn/renda/node5661/node5663/node22024/u1ai6027642.html，2023年7月6日。

［美］宇文所安、田晓菲、荣光启、唐茂琴：《诗的规则与学术的规则——宇文所安、田晓菲二教授访谈》，《长江学术》2010年第3期。

［美］宇文所安：《中国传统诗歌与诗学：世界的征象》，陈小亮译，中国社会科学出版社2013年版。

［美］宇文所安：《中国文论：英译与评论》，王柏华、陶庆梅译，上海社会科学院出版社2002年版。

［美］宇文所安：《中国"中世纪的终结"：中唐文学文化论集》，陈引驰、陈磊译，生活·读书·新知三联书店2006年版。

［美］宇文所安：《追忆：中国古典文学中的往事再现》，郑学勤译，生活·读书·新知三联书店2014年版。

［日］丸山升：《鲁迅·革命·历史：丸山升现代中国文学论集》，王俊文译，北京大学出版社2005年版。

［日］竹内好：《从"绝望"开始》，靳丛林编译，生活·读书·新知三联书店2013年版。

［日］竹内好：《近代的超克》，李冬木等译，生活·读书·新知三联书店2016年版。

［日］竹内荣美子：《武田泰淳的中国——鲁迅与竹内好》，侯冬梅译，《鲁迅研究月刊》2018年第11期。

［瑞典］马悦然：《我的老师高本汉：一位学者的肖像》，李之义译，吉林出版集团有限责任公司2009年版。

［瑞典］喜龙仁：《中国风景》，苏清茂译，湖南人民出版社2020年版。

［瑞典］喜仁龙：《北京的城墙与城门》，邓可译，四川人民出版社2017年版。

［瑞典］喜仁龙：《5—14世纪中国雕塑（上）》，广东人民出版社2019年版。

［瑞典］喜仁龙：《中国画论》，张冰译，外语教学与研究出版社2021年版。

[瑞典］喜仁龙：《中国园林（上）》，陈昕、邱丽媛译，北京日报出版社2021年版。

［英］奥斯卡·王尔德：《王尔德全集——评论随笔卷》，杨东霞等译，中国文学出版社2000年版。

［英］苏立文：《20世纪中国艺术与艺术家》，陈卫和、钱岗南译，上海人民出版社2013年版。

［英］迈克尔·苏立文：《中国艺术史》，徐坚译，上海人民出版社2022年版。

［英］文思淼：《李约瑟：揭开中国神秘面纱的人》，姜诚、蔡庆慧等译，上海科学技术文献出版社2009年版。

曹雪萍：《德国汉学家顾彬入围中国奖金最高诗歌奖》，《新京报》2007年6月25日，http：//book. sina. com. cn/newsyc/c/2007 - 06 - 25/1149 216555. shtml，2023年6月25日。

常琳：《"个的自觉"：竹内好的"抵抗"和鲁迅的"回心"》，《中国文学研究》2020年第2期。

陈荣捷：《评李约瑟〈中国科学思想史〉》，《东方杂志》1969年第12期。见王钱国忠主编《李约瑟文献50年（上）1942—1992》，贵州人民出版社1999年版。

陈时龙：《卜正民〈明代社会与国家〉译介》，《中国史研究动态》2009年第6期。

陈婷婷：《中国古典诗歌英译的探索者——宇文所安的诗歌译介路径与特质》，《中国翻译》2020年第3期。

陈晓兰：《文学经典与当代学术——上海大学中文系学术演讲录3》，复旦大学出版社2015年版。

陈媛：《荷兰的中国学研究：现状、焦点与评价》，2020年4月7日，https：//www. aisixiang. com/data/120773. html，2021年8月17日。

程枭翀：《解读近代西方学者"非历史"视角下的中国建筑观》，博士学位论文，天津大学，2015年。

戴燕：《在研究方法的背后——读小尾郊一〈中国文学中所表现的自然与自然观〉及顾彬〈中国文人的自然观〉》，《文学遗产》1992年第1期。

邓国军：《双语教材〈中国文论：英译与评论〉英译指瑕》，《重庆三峡学院学报》2009 年第 6 期。

董守信：《翟理斯和他的〈华英字典〉》，《津图学刊》2002 年第 2 期。

杜彬：《20 世纪初喜仁龙对北京城市与建筑的研究》，硕士学位论文，北京建筑大学，2017 年。

杜锡建：《外国汉学家研究中国方志管窥——以卜正民著〈明代社会与国家〉为例》，《中国地方志》2013 年第 3 期。

范迪安：《苏立文与 20 世纪中国美术》，《中华读书报》2012 年 10 月 10 日第 12 版。

方华、史册主编：《参考的启示 2 国事卷（1959—1960）》，陕西师范大学出版社 1999 年版。

方维规：《顾彬："往前走，找你自己"》，《读书》2021 年第 8 期。

冯金红：《宇文所安：激活中国传统的"异乡人"》，《中华读书报》2014 年 4 月 9 日第 14 版。

葛桂录主编：《中国古典文学的英国之旅》，大象出版社 2017 年版。

葛强：《"竹内鲁迅"与"西田哲学"——基于东方思想传统的考察》，博士学位论文，苏州大学，2019 年。

龚咏梅：《汉学家孔飞力的中国不了情》，2016 年 3 月，https：//difang-wenge.org/forum.php？mod = viewthread&tid = 18021&extra = page% 3D35，2024 年 6 月 17 日。

龚咏梅：《孔飞力 90 年代中期以来的新课题——关于海外华人移民史的研究》，《探索与争鸣》2004 年第 5 期。

龚咏梅：《"脱胎换骨"的现代中国——孔飞力与他的中国近代史研究》，博士学位论文，华东师范大学，2004 年。

龚咏梅：《著名汉学家孔飞力与他的中国学研究》，《中国社会科学报》2014 年 1 月 8 日，https：//www.chinesefolklore.org.cn/web/index.php？NewsID = 13234，2020 年 8 月 15 日。

辜鸿铭：《中国人的精神》，天津教育出版社 2007 年版。

韩琛：《革命辩证法：鲁迅、竹内好与近代的超克》，《西南民族大学学报》（人文社会科学版）2020 年第 6 期。

韩琛：《竹内好鲁迅研究批判》，《山东师范大学学报》（人文社会科学版）2017 年第 4 期。

杭春晓：《打开西方对 20 世纪中国画认知的钥匙》，http：//book. si-na. com. cn/news/books/2009 - 04 - 27/1648255343. shtml，2023 年 5 月 15 日。

杭春晓：《苏立文：打开西方对 20 世纪中国画认知的钥匙》，新浪读书，2009 年 4 月 27 日，http：//book. sina. com. cn/news/books/2009 - 04 - 27/1648255343. shtml，2023 年 6 月 1 日。

郝琳：《荷兰汉学家柯雷与中国当代诗歌研究》，《国际比较文学》2008 年第 3 期。

何炳棣：《读史阅世六十年》，广西师范大学出版社 2005 年版。

河西：《卜正民：站在窗户外看中国》，2019 年 8 月 6 日，https：//www. sohu. com/a/331793199_611133，2020 年 8 月 6 日。

洪再辛选编：《海外中国画研究文选（1950—1987）》，上海人民美术出版社 1992 年版。

胡道静：《梦溪笔谈校正》，虞信棠、金良年整理，上海出版公司 2016 年版。

新华社：《全球已有 70 多个国家将中文纳入国民教育体系》，2020 年 12 月 15 日，http：//hn. zhonghongwang. com/show - 110 - 39307 - 1. html，2023 年 6 月 27 日。

黄茜：《荷兰汉学家柯雷：真正理解中国当代诗歌，必须走入民间》，《南方都市报》2022 年 6 月 19 日。

霍建瑜：《徜徉于中国古代通俗文学的广场——伊维德教授访谈录》，《文艺研究》2012 年第 10 期。

吉灵娟：《苏轼绘画理论在欧美学界的翻译与研究》，《中国翻译》2021 年第 6 期。

吉灵娟、殷企平：《喜龙仁的苏轼书画理论译介研究》，《杭州师范大学学报》（社会科学版）2020 年第 2 期。

季进、曾攀：《文学·历史·阐释者——论顾彬的〈二十世纪中国文学史〉》，《社会科学文摘》2016 年第 8 期。

江素云：《卜正民——历史之外的"陌生人"》，《新民周刊》，2007 年 11 月 7 日，http：//news. sina. com. cn/c/2007 - 11 - 07/124114255176. shtml，2020 年 8 月 6 日。

古今：《"汉学与国学之互动——以顾彬〈中国文学史〉为中心学术"研讨会发言摘要》，《国际汉学》2009 年第 2 期。

靳丛林：《竹内好的鲁迅研究》，北京大学出版社 2012 年版。

靳丛林：《竹内好的鲁迅研究》，博士学位论文，吉林大学，2009 年。

乐桓宇：《李约瑟研究所新发现老舍〈老张的哲学〉英文译稿》，《书屋》2023 年第 6 期。

李爱慧：《一部大视野之作——孔飞力新著〈他者之中的华人：近代以来的移民〉评介》，《华侨华人历史研究》2009 年第 2 期。

李博：《从"问题之谜"到"范式之争"及其超越——一个关于"李约瑟难题"的文献综述》，《天府新论》2016 年第 4 期。

李长浩、方环海：《翟理斯对汉语语音特征认识的比较研究》，《国际汉语学报》2018 年第 2 期。

李丰：《李约瑟》，海南出版社 1997 年版。

李璜译：《法兰西学者的通信》，《少年中国》1921 年第 3 期。

李明晖：《"竹内鲁迅"的"回心"概念——基于探源的阐释》，《吉林大学社会科学学报》2022 年第 4 期。

李庆本：《宇文所安：汉学语境下的跨文化中国文学阐释》，《上海交通大学学报》（哲学社会科学版）2012 年第 4 期。

李婷婷：《镜中观镜，似幻还真　评李约瑟〈文明的滴定〉》，《科学文化评论》2016 年第 5 期。

李孝迁：《近代中国域外汉学评论萃编》，上海古籍出版社 2014 年版。

李雪涛：《20 世纪上半叶德国汉学家对中国科技史的研究》，《自然辩证法通讯》2017 年第 4 期。

李雪涛：《误解的对话——德国汉学家的中国记忆》，新星出版社 2014 年版。

李雪涛：《与顾彬对谈翻译与汉学研究》，《中国翻译》2014 年第 2 期。

李珍华：《美国唐代文学研究十年——（一九八二——一九九二）的远瞻与近观》，《中国典籍与文化》1993 年第 1 期。

李芝等编著：《中国典籍英译析读》，知识产权出版社 2017 年版。

梁建东、张晓红：《论柯雷的中国当代诗歌史研究》，《当代文坛》2009 年第 4 期。

梁霞：《美国中国古代文学研究管窥》，《浙江大学学报》（人文社会科学版）2020年第2期。

林继平：《对李约瑟〈科学思想史〉之商榷——从陈著评李约瑟一文说起》，《东方杂志》1974年第8期，见王钱国忠编《李约瑟文献50年（上）1942—1992》，贵州人民出版社1999年版。

林夏：《著名汉学家孔飞力逝世，曾是"中国中心观"代表人物》，2016年2月15日，https://www.thepaper.cn/newsDetail_forward_1432019，2020年7月12日。

刘超：《论鲁迅内在精神之发生》，博士学位论文，浙江大学，2014年。

刘钝：《贝尔纳赠书中的"李约瑟问题"》，《中国科技史杂志》2014年第3期。

刘洪涛、张珂：《全球化时代的世界文学理论热点问题评析》，《清华大学学报》（哲学社会科学版）2014年第6期。

刘洪涛：《中国当代文学海外传播的回顾与前瞻》，《南方文坛》2021年第2期。

刘兴亮：《中国方志"大用户"——加拿大汉学家卜正民》，《中国地方志》2013年第3期。

卢梦雅：《葛兰言的汉学发生研究》，山东大学出版社2018年版。

鲁迅：《鲁迅全集》（第一卷），人民文学出版社2005年版。

鲁迅：《中国小说史略》，江西教育出版社2017年版。

罗四鸰：《访谈：寻找孔飞力》，2018年10月7日，https://ipkmedia.com/22940/，2024年6月17日。

罗星：《19世纪英国汉学家翟理斯的汉语观》，《中南民族大学学报》（人文社会科学版）2023年第6期。

马高明、[荷]柯雷：《荷兰现代诗选》，漓江出版社1988年版。

倪毅、夏爱军、范金民：《矛盾困惑中的历史反思——评卜正民新著〈纵乐的困惑——明代的商业与文化〉》，《南京大学学报》（哲学·人文科学·社会科学版）2005年第3期。

彭珊珊：《孔飞力弟子忆先师：那一代美国汉学家，他培养的学生最多》，2016年4月14日，https://www.thepaper.cn/newsDetail_forward_1456353，2020年7月6日。

平石直昭：「竹内好における歴史像の転回——大東亜・魯迅・アジア——」，『思想』，岩波書店 2006 年 10 月。

钱斌、李彦燃：《中国古代科学技术归属的悖谬》，《中国科技术语》2020 年第 6 期。

钱锡生、季进：《探寻中国文学的"迷楼"——宇文所安教授访谈录》，《文艺研究》2010 年第 9 期。

任鸿隽：《评〈中国科学与文明〉第二册——中国的科学思想》，《科学》1957 年第 2 期，见王钱国忠编《李约瑟文献 50 年（上）1942—1992》，贵州人民出版社 1999 年版。

桑兵：《国学与汉学——近代中国学界交往录》，浙江人民出版社 1999 年版。

沈江茜、胡晓晨：《皇帝专制权力与官僚常规权力的博弈——读〈叫魂〉》，《淮海工学院学报》（人文社会科学版）2014 年第 3 期。

沈燕：《作为"叫魂者"的孔飞力：中国中心与文化自觉》，2016 年 3 月 1 日，http://www.cbbr.com.cn/article/47224.html，2020 年 8 月 22 日。

史冬冬：《在传统中破执——论宇文所安的中国古代文学史观》，《湖南师范大学社会科学学报》2012 年第 3 期。

孙歌：《竹内好的悖论》，北京大学出版社 2005 年版。

孙歌：《竹内好的亚洲主义研究》，《开放时代》2019 年第 1 期。

孙冠臣：《现代性视域中的"李约瑟问题"与中国》，《中国社会科学评价》2020 年第 1 期。

谭仁岸：《极端民族主义之后的民族主义——以战后初期的丸山真男、竹内好与石母田正为例》，《山东社会科学》2018 年第 6 期。

唐定坤：《堪舆源流考辨与李约瑟"审美"说》，《文化遗产》2019 年第 6 期。

陶文鹏、陈才智：《"我喜欢中国古典意象诗歌"——德国汉学家顾彬访谈录》，《文学遗产》2007 年第 2 期。

田恩铭、陈雪婧：《宇文所安的中国影响》，《咸阳师范学院学报》2022 年第 1 期。

田恬：《他山之石——从吴派沈周窥喜龙〈中国绘画：名家与原则〉研究的基本方法》，硕士学位论文，中国社会科学院研究生院，2014 年。

王丽娜：《中国古典文学在世界各国翻译出版系列研究 唐诗在世界各国的出版及影响（上）》，《中国出版》1991年第3期。

王明钦、史周宾：《一位英国科学家与一所中国大学的"双向奔赴"》，中工网，2023年7月6日，https://baijiahao.baidu.com/s?id=177063452-8832151699&wfr=spider&for=pc，2023年7月7日。

王铭铭：《葛兰言（Marcel Granet）何故少有追随者》，《民族学刊》2010年第1期。

王铭铭：《人类学讲义稿》，世界图书出版公司2011年版。

王钱国忠、钟守华编著：《李约瑟大典：传记·学术年谱长编·事典（上）》，中国科学技术出版社2012年版。

王绍祥：《西方汉学界的"公敌"——英国汉学家翟理斯（1845—1935）研究》，博士学位论文，福建师范大学，2004年。

王十梅：《昌耀诗歌奖·诗歌创作奖·多多》，《青海日报》2022年8月12日，第12版，https://epaper.tibet3.com/qhrb/html/202208/12/node_12.html，2023年6月30日。

王时中：《破解"李约瑟难题"的实践哲学进路——以普遍性与特殊性的关系为线索》，《中南大学学报》（社会科学版）2021年第1期。

王晓路：《西方汉学界的中国古代文论研究述评》，《文艺理论研究》1998年第4期。

王嫣慧、汤拥华：《"举隅法"与宇文所安的中国古典文学研究》，《文化与诗学》2020年第1期。

王一楠：《中国山水画的自然与真实——重估贡布里希对迈珂·苏立文〈山川悠远〉的批评》，《美育学刊》2022年第1期。

王张博健：《论顾彬中国现代文学史研究的方法论问题》，《中国现代文学论丛》2021年第2期。

魏伯河：《一石激起千重浪——孔飞力〈叫魂〉在中国大陆学界反响综述》，《汉学研究通讯》2018年第1期。

吴国盛：《时间的观念》，中国社会科学出版社1996年版。

吴前进：《孔飞力教授与海外华人研究——在哈佛访孔飞力教授（Professor Philip A. Kuhn）》，《华人华侨历史研究》2005年第2期。

吴文藻：《吴文藻人类学社会学研究文集》，民族出版社1990年版。

吴银玲：《葛兰言〈中国人的宗教〉研究》，硕士学位论文，中央民族大学，2011年。

萧盈盈：《结构主义和去结构主义——比较葛兰言和于连对〈诗经〉的解读》，《国际汉学》2017年第3期。

肖鹰：《波恩的忧郁：罪与对话 汉学家顾彬和他的文学史观》，中国文学网，2009年8月21日，http://sinology.cssn.cn/xryjg/201605/t20160510_3311679.shtml，2023年6月28日。

肖鹰：《偏见的洞见》，《中华读书报》2014年4月23日第9版。

熊文华：《荷兰汉学史》，学苑出版社2012年版。

徐来：《英译〈庄子〉研究》，复旦大学出版社2008年版。

徐式谷：《历史上的汉英词典（上）》，《辞书研究》2002年第1期。

徐志啸：《文学史及宫廷诗、京城诗——宇文所安唐诗研究论析》，《中国文化研究》2009年第1期。

许继起：《略论手抄本时代的文本生成与诗歌创作——兼谈〈中国早期古典诗歌的生成〉中的几个问题》，《东岳论丛》2014年第8期。

许钧：《简论理解和阐释的空间与限度》，《外国语》2004年第1期。

薛晓源：《理解与阐释的张力——顾彬教授访谈录》，《文艺研究》2005年第9期。

闫爱宾、朱诗漪：《喜龙仁摄影与1930—1940年代中国古典园林观念史的转向》，《建筑学报》2023年第5期。

杨堃：《社会学与民俗学》，四川民族出版社1997年版。

叶开：《一位汉学家的中国文学史》，《文景》2008年第10期。

易彬：《"跳进中国当代诗坛多维空间的漩涡"——柯雷教授访谈录》，《文艺研究》2019年第4期。

张海法：《苏立文的中国美术史研究之路》，《美术观察》2017年第6期。

张弘：《中国文学在英国》，花城出版社1992年版。

张磊主编：《孙中山文粹（特选本）》（上卷），广东人民出版社2009年版。

张西平：《海外汉学（中国学）研究模式探究》，《国际汉学》2019年第1期。

张晓红：《柯雷（Maghiel van Crevel）与中国当代文学》，《荷兰汉学》2021

年 2 月 26 日，https：//mp.weixin.qq.com/s/pr5hBeZjI7PDsTJF8MkvyA，2023 年 6 月 30 日。

张雪：《"李约瑟难题"的长时段考察》，《东北师大学报》（哲学社会科学版）2014 年第 2 期。

章红雨：《"小"给"大"带来了什么——访〈荷兰现代诗选〉编译马高明》，《中国新闻出版报》2007 年 5 月 14 日。

章银杰：《孔飞力及其治史理论浅析》，《华章》2011 年第 34 期。

赵静一：《着墨科技史，无问西与东——剑桥李约瑟研究所梅建军所长访谈录》，《科学文化评论》2023 年第 1 期。

赵旭东：《为权力祈祷什么？——评卜正民著〈为权力祈祷——佛教与晚明中国士绅社会的形成〉》，《中国农业大学学报》（社会科学版）2007 年第 1 期。

郑振铎：《中国俗文学史》，商务印书馆 2010 年版。

朱炳荪：《读 Giles 的唐诗英译有感》，《外国语》（上海外国语学院学报）1980 年第 2 期。

朱丁：《试论葛兰言〈诗经〉研究的得失》，《国际汉学》2005 年第 1 期。

朱振武：《〈聊斋志异〉的创作发生及其在英语世界的传播》，学林出版社 2017 年版。

庄新：《翻译与研究：站在中国文学研究的前沿——伊维德教授访谈录》，2021 年 1 月 22 日 http：//www.sinologystudy.com/html/Interview/444.html，2021 年 8 月 17 日。

后　　记

《汉学家与中国文化》一书的撰写源于"十三五"江苏高校外国留学生英文授课省级精品课程《中国概况》，课程建设团队同人商定除了为中外学生提供优质课程外，也应基于教学与研究成果出版配套教材，为师生提供有益参考。当今时代，随着"汉学"成为一门显学，大量关于中国历史文化的非汉语资料不断增加，汉学研究也由对"语言、文学"的关注转向"历史、哲学、文化"的思考。《汉学家与中国文化》主要将研究焦点聚焦于20世纪、产生广泛影响力的代表性汉学家，尤其是他们对中国文化不同维度的阐释、吸纳和创造。《汉学家与中国文化》在吸纳其他学者成果的基础上，注重对最新研究成果的批评史回顾，期待能对该领域的研究有所贡献。本书的读者对象主要是来华留学生、国外大学中文专业师生和孔子学院师生，也适合对汉学研究感兴趣的其他中外读者。

书稿撰写历时三年之久，其间写作框架数易其稿，所幸在撰稿人的共同努力下，终于可以交付出版。撰稿人既包含部分《中国概况》课程团队成员，也包含部分新秀学者。具体分工如下：张生珍总负责，撰写前言、结语、后记、第十章，负责统稿和全文修改。袁媛撰写第一章、第四章；刘江撰写第二章、第五章；孟欢撰写第三章；郝琳撰写第六章、第九章；郭伟撰写第七章；陈玥撰写第八章、第十一章；崔筱撰写第十二章。

《汉学家与中国文化》面世之际，需要感谢的人很多。感谢钱婉约教授的鼓励和指导。吴笛教授审读了书稿并提出了富有价值的修改建议。特别感谢郑松筠博士对书稿格式的修正和对参考文献的整理。感谢侯冬梅、沈杰明（Ben Seklir）、常少华、张喜越和王亦卓等提供的资料支持和帮助。感谢责任编辑孔继萍女士的耐心帮助。我们真诚地期待学界和读者不吝赐教、多提批评意见和建议，以利于其后的修订完善。